ALEXANDER SCHMEMANN
EUCHARISTIE

ALEXANDER SCHMEMANN

EUCHARISTIE

SAKRAMENT DES GOTTESREICHS

JOHANNES

Originalausgabe:
The Eucharist. Sacrament of the Kingdom
© St. Vladimir's Seminary Press, Crestwood, New York 2003
Eingeleitet von Jan-Heiner Tück.
Aus dem Amerikanischen übersetzt von Matthias Mühl,
überarbeitet vom Johannes Verlag Einsiedeln
und Jeannine Luczak-Wild.

INHALT

GEDENKEN UND DANKEN

EINLEITENDE BEMERKUNGEN

Das Schwerste für den, der an Gott
nicht glaubt: dass er niemanden hat,
dem er danken kann.

Elias Canetti[1]

Alexander Schmemann (1921-1983) gehört zu den bedeutenden Stimmen der orthodoxen Theologie des 20. Jahrhunderts.
Auch wenn er nie einen Zweifel daran gelassen hat, dass sein
theologisches Denken von der Erfahrung der *orthodoxen* Liturgie ausgeht, so hat er doch immer ein ausgeprägtes Interesse an ökumenischen Entwicklungen gehabt. Als russischer
Emigrant in Paris hat er in den 1940er Jahren am dortigen St.
Sergius Institut studiert. Die damalige Konstellation war für
den Austausch zwischen den Konfessionen nicht ungünstig:
Die Aufgeschlossenheit orthodoxer Theologen gegenüber der
Kultur des Westens traf in Paris auf eine Gruppe katholischer
Theologen, die – wie Louis Bouyer und Jean Daniélou – für
den Reichtum der orthodoxen Liturgie ein waches Sensorium

---

[1] Elias CANETTI, *Das Geheimherz der Uhr. Aufzeichnungen 1973-1985*, München 1987, 126. Vgl. auch die Aufzeichnung: «Er hat niemand, den er um Gnade bitten könnte. Der stolze Glaubenslose! Er kann vor niemand niederknien:
sein Kreuz.» DERS., *Die Fliegenpein. Aufzeichnungen*, München 1992, 64.

7

hatten und selbst der Erneuerung der katholischen Liturgie durch eine Rückkehr zu den Quellen vorgearbeitet haben. Als die Anliegen der liturgischen Reform durch das Zweite Vatikanische Konzil kirchenamtlich rezipiert wurden, war Schmemann offizieller Beobachter der russisch-orthodoxen Kirche in Rom. In seinem langjährigen Wirken als Professor und Dekan am St. Vladimir's Orthodox Seminary (Crestwood, New York) hat er in vielfältigen Studien das Programm einer liturgischen Theologie entwickelt, deren Impulse auch über die orthodoxe Theologie hinaus aufgenommen worden sind.[2]

Sein letztes und vielleicht bedeutendstes Buch *Eucharistie – Sakrament des Gottesreichs* ist das Ergebnis langjähriger Reflexionen über die «Göttliche Liturgie», den zentralen Akt kirchlichen Lebens. Die Kirche lebt aus der Eucharistie, und in der Feier der Eucharistie zeigt sich zugleich, was Kirche ist und wozu sie berufen ist. Dieser Zusammenhang, den jede eucharistische Ekklesiologie zu bedenken sucht, ergänzt Schmemann um einen weiteren Aspekt, den er den *eschatologischen* nennt. Wenn nämlich Christus bereits gekommen ist und das Reich des Vaters aufgerichtet hat, dann kann dieses Reich nicht mehr nur als futurische Größe erwartet werden. Die Fülle der Zeit kann in der Zeit erfahren werden, und der privilegierte Ort dieser Erfahrung ist für Schmemann die Liturgie. Hier nimmt Christus die Gläubigen hinein in sein Zeit und Tod überwindendes Leben. Man kann daher sagen: Die Feier der Eucharistie ist eine *Passage*. Sie führt von dieser Welt in die andere und aus der Fülle des Lebens wieder zurück in

---

[2] Zu Werdegang und theologischem Profil vgl. Paul MEYENDORFF, *Alexander Schmemann. Theologian of the Orthodox Liturgy*, in: Robert L. TUZIK (Hg.), *Leaders of the Liturgical Movement*, Chicago 1990, 300-306; Michael PLEKON, *The Church, the Eucharist and the Kingdom*, in: *St. Vladimir's Theological Quarterly* 40 (1996) 119-143. – Zur Rezeption vgl. Aidan KAVANAGH, *On Liturgical Theology*, New York 1984; David W. FAGERBERG, *What is Liturgical Theology? A Study in Methodology*, Collegeville 1992; Kevin W. IRWIN, *Context and Text. Method in Liturgical Theology*, Collegeville 1994; Bruce T. MORRILL, *Anamnesis as Dangerous Memory. Political and Liturgical Theology in Dialogue*, Minnesota 2000; Graham HUGHES, *Worship as Meaning. A liturgical theology for late modernity*, Cambridge 2003.

den Alltag. Die einzelnen Handlungen und Riten sind die Stationen dieser Passage, und jede von ihnen spielt eine unverzichtbare Rolle in der Partitur der eucharistischen Liturgie, deren Grundstruktur bereits in der Alten Kirche festgelegt wurde. Will man die theologische Bedeutung der Eucharistie erfassen, muss man diese Partitur vom Anfang bis zum Ende in den Blick nehmen. Nichts anderes tut Schmemann in seinem Buch. Indem er die liturgische Ausdrucksgestalt des Glaubens als Quelle der Theologie fruchtbar zu machen sucht, entspricht er dem Programm seiner *liturgical theology*[3], das sich vom altkirchlichen Grundsatz *lex orandi est lex credendi* inspiriert weiß. Es geht ihm also nicht darum, *wie* die Rubriken der liturgischen Bücher korrekt umgesetzt werden sollen, auch nicht um eine ästhetische Perfektionierung der *ars celebrandi*, sondern darum, *wie* sich in den einzelnen Gebeten und Riten der Glaube der Kirche manifestiert.[4]

Mit diesem Zugang versucht Schmemann den verhängnisvollen Hiatus zwischen Theologie und Liturgie zu überwinden, von dem die scholastische Sakramententheologie weithin geprägt war und der noch heute die meisten Handbücher der Dogmatik bestimmt. Den *sakramentalen* Charakter der eucharistischen Liturgie in ihren einzelnen Ausgestaltungen wieder zu gewinnen, ist eines der vorrangigen Anliegen von Schmemanns Buch, das im übrigen kein Buch eines Theologen für Theologen ist, sondern eines, das nach dem Durchgang durch die wissenschaftlichen Einzelfragen zu einer *zweiten Einfachheit* zurückgefunden hat und daher jedem, der glaubt oder zu glauben versucht, Orientierung zu geben vermag. Der Begriff *Sakrament*, der in allen Kapitelüberschriften als ver-

---

[3] Vgl. dazu Alexander SCHMEMANN, *Introduction to Liturgical Theology*, London 1966 (3. Aufl. New York 1986).
[4] Vgl. Alexander SCHMEMANN, *Liturgy and Eschatology*, in: *Liturgy and Tradition. Theological Reflections of Alexander Schmemann*, ed. by Thomas Fisch, Crestwood, NY 1990, 100: «The Liturgy is not to be treated as an aesthetic experience or a therapeutic erxercise. Its unique function is to reveal us the Kingdom of God.»

9

bindendes Element wiederkehrt, wird von Schmemann nicht im Sinne einer «illustrativen Symbolik» verstanden, als seien die liturgischen Handlungen und Riten lediglich Zeichen, auf die man sich durch Übereinkunft verständigt hätte. Allegorische Kommentare, die etwa die Prozession des Priesters zum Ambo als Wanderung Jesu zur Predigt oder den «Großen Einzug» als Begräbnis Christi deuten, hält Schmemann für verfehlt. Das Sakrament *stehe* nicht *für*, sondern *realisiere* etwas; Zeichen und Wirklichkeit fallen zusammen. Wenn die Liturgie als *Manifestation einer anderen Wirklichkeit* verstanden wird, steht hinter dieser Sicht unverkennbar das realsymbolische Denken der Patristik.[5]

1. Die Eucharistie als Passage

Der Gläubige geht in die Kirche, um andere Welten zu berühren, hat Dostojewski einmal bemerkt. Die Eucharistie ist die Brücke oder Passage zu dieser anderen Welt. Statt die Stationen dieser Passage im einzelnen durchzugehen, seien hier einige Punkte der sakramentalen Dynamik hervorgehoben, auf die es Schmemann ankommt. Am Anfang der Liturgie steht das *Sakrament der Versammlung*: Mit dem Übertreten der Schwelle des Kirchenportals lassen die Gläubigen die Welt mit ihrer geschäftigen Betriebsamkeit hinter sich. Dieser Exodus aus dem Alltag ist theologisch keineswegs unbedeutsam. Indem die *vielen Individuen* sich aus ihren unterschiedlichen Erfahrungswelten herausrufen lassen (*ek-klesia*) und zusam-

---

[5] SCHMEMANN hat diese Sicht an anderer Stelle auf den Begriff des *eschatological symbolism* gebracht. «The whole point of the eschatological symbolism is that in it the sign and that which it signifies are one and the same thing. The liturgy, we may say, happens to *us*.» *Symbols and Symbolism in the Byzantine Liturgy*, in: DERS., *Liturgy and Tradition*, 127. Und weiter heißt es: «The entire Liturgy is the Church's ascension to Christ's table in His kingdom, just as the Eucharistic gifts sanctified by the Holy Spirit are the Body and the Blood of Christ. And we do all this and we are all this because we are *in Christ*, because the Church herself is our entrance, our passage [sic] into the new *aeon* bestowed upon us by Christ's incarnation, death, resurrection and ascension.» Ebd.

menkommen, um der Einladung zum Tisch des Herrn zu folgen, bilden sie *eine Gemeinschaft* und konstituieren Kirche. Sie stellen dar, was sie seit ihrer Taufe sind: Glieder am Leib Christi. Nun könnte man meinen, dass der Leib Christi in zwei Teile auseinanderfalle: den Klerus hier und die Laien dort. Bekanntlich gibt es in der byzantinischen Tradition ein durchaus wirkmächtiges «mysteriologisches» Verständnis der Liturgie, das zwischen Eingeweihten und Nichteingeweihten strikt unterscheidet und dadurch das ursprüngliche, wohlgeordnete Zusammenwirken von Zelebrant und Gemeinde verdunkelt. Gegenüber dieser Tendenz, die Laien in der Liturgie zu «Bürgern zweiter Klasse» zu degradieren, hält Schmemann fest, dass sie als «Konzelebranten» entscheidend an der Liturgie mitwirken. Die Rede von der «Konzelebration» aller Gläubigen an der Liturgie ist allerdings kein Votum dafür, den Laien Funktionen des Weiheamtes zu übertragen. Sie berührt sich vielmehr mit dem Anliegen der bewussten und tätigen Teilnahme (*actuosa participatio*), das sich die Liturgiekonstitution *Sacrosanctum Concilium* ausdrücklich zu eigen gemacht hat – ein Grundsatz, der nicht im Sinne eines liturgischen Aktivismus misszuverstehen ist, als müssten möglichst viele Rollen verteilt werden, damit die Beteiligung der Laien auch choreographisch sichtbar zum Ausdruck komme. Als könne nicht auch das Zuhören und Mitbeten eine Form aktiver Teilnahme bedeuten![6] Schmemann kommt es gerade auf diesen Aspekt an. Daher beklagt er die in der Orthodoxie üblich gewordene Praxis, Teile des eucharistischen Gebets still zu lesen, obwohl dies in der Alten Kirche völlig unbekannt war, oder bemängelt den geringen Kommunionempfang der Gläubigen, der mit dem Auftrag Jesu «Nehmt und esst. Dies ist mein Leib» nur schwer vereinbar ist. Die ganze Versammlung der Gläubigen soll in das Geschehen der Liturgie hinein-

---

[6] Mit diesem Hinweis sei für die katholische Kirche nicht bestritten, dass die durch die Liturgiereform möglich gewordene Einbeziehung von Lektoren, Kantoren etc. das gottesdienstliche Geschehen bereichert.

genommen werden. In der dialogischen Struktur der eucharistischen Gebete sieht Schmemann die Korrelation zwischen Zelebrant und Gemeinde treffend zum Ausdruck gebracht. Das *Amen* der Gläubigen – repräsentiert durch den Chor – ratifiziere das Gebet und stelle einen unverzichtbaren Akt ekklesialer Rezeption dar.[7] Nach der Versammlung der Gläubigen heißt es in der Einleitungsdoxologie: «Gepriesen sei das Reich des Vaters und des Sohnes und des Heiligen Geistes.» Damit ist das Ziel der Liturgie, der Einzug und Aufstieg der Kirche in das Reich Gottes, angegeben. Das für die Zukunft erwartete Kommen des Herrn ereignet sich – und das wird Schmemann gegenüber einer futurischen Engführung der Eschatologie nicht müde zu betonen – bereits hier und heute im *Sakrament des Einzugs*. Schmemann weist darauf hin, dass das Evangelium nicht nur als Lesung Teil der Liturgie ist, sondern auch als heiliges Buch und «Wort gewordene Ikone der Manifestation Christi und seiner Gegenwart unter uns». Wenn das Evangeliar in einer Prozession zum Ambo getragen wird, dann geht dem Verlesen und Verkünden des Wortes sein *Erscheinen* voraus. Der Epiphanie Christi in seinem Wort korrespondiert der freudige Empfang durch die Gläubigen, der bereits Nikolai Gogol zu der Bemerkung veranlasste: «Auf das Evangelium, das in den Händen der demütigen Diener der Kirche getragen wird, blickt die Versammlung der Betenden wie auf den Erlöser selbst.»[8] Es folgt das *Sakrament des Wortes* in den Lesungen der Schrift und der Homilie des Zelebranten. In der westlichen

---

[7] Eher beiläufig erwähnt Schmemann, dass das Motiv der *Passage* auch im Kirchenbau zum Ausdruck kommt. Entgegen der üblichen Vorstellung, die Ikonostase als trennende Wand zu betrachten, die mit Ikonen dekoriert ist, erinnert Schmemann daran, dass die Ikonostase ursprünglich die Vereinigung zwischen Himmel und Erde, zwischen unsichtbarer und sichtbarer Welt darstellt. Die Ikonen sind Teil der Versammlung, die Kirche umschließt nicht nur die gegenwärtig Anwesenden, sondern alle Heiligen, daher steigt sie mit Propheten, Aposteln, Martyrern und Heiligen zum Tisch des himmlischen Reiches empor.
[8] Nikolai GOGOL, *Betrachtungen über die göttliche Liturgie*, Würzburg 1989, 41.

Theologie-Tradition war es lange Zeit üblich, zwischen Wort und Sakrament strikt zu unterscheiden – mit der Folge, dass der innere Konnex zwischen Wortgottesdienst (*liturgia verbi*) und Eucharistiefeier (*liturgia eucharistica*) nicht deutlich genug gesehen wurde.[9] Schmemann stellt demgegenüber die sakramentale Kraft des Wortes ausdrücklich heraus: «Die Verkündigung des Wortes ist ein sakramentaler Akt *par excellence*, denn ihm wohnt Verwandlungskraft inne.»[10] Es macht den Hörer zu einem Gefäß des Wortes, zu einem Tempel des Heiligen Geistes.

Das Gebet des Priesters vor dem Evangelium, Gott möge das Licht der göttlichen Erkenntnis auf uns herabsenden, damit wir die Lehre des Evangeliums besser verstehen[11], entspricht nach Schmemann durchaus der Herabrufung des Heiligen Geistes auf die Gaben. Sowohl das Verständnis des Wortes Gottes als auch die eucharistische Wandlung erfolgen nicht aus eigener Kraft, sondern sind göttliche Gabe. Dies hat Konsequenzen für das Verständnis der Homilie.[12] Die Predigt ist für Schemann nicht eine *Rede über das Evangelium*, sondern *Verkündigung des Evangeliums* selbst.[13] Der Prediger hat

---

[9] Allerdings hat bereits AUGUSTINUS vom Wort Gottes als einem *sacramentum audibile* und vom Sakrament als einem *verbum visibile* gesprochen. Vgl. tract. 80, 3 in Jo (CCHrSL 36, 529 Willem).

[10] Alexander SCHMEMANN, *Aus der Freude leben. Ein Glaubensbuch für orthodoxe Christen* (For the Life of the World: Sacraments and Orthodoxy), Olten 1974, 35.

[11] In der Chrysostomus-Liturgie heißt es wörtlich: «Lass, menschenliebender Gebieter, in unseren Herzen das ungetrübte Licht deiner Gotteserkenntnis leuchten und öffne die Augen unseres Verstandes, damit wir die Botschaft deines Evangeliums verstehen.» *Die göttliche Liturgie des heiligen Johannes Chrysostomus*, hg. von Anastasios Kallis, Münster 2004, 64.

[12] Ausdrücklich wird in der Chrysostomus-Liturgie auch für den Zelebranten die Gabe des Verstehens erfleht: «Gott gebe dir [...], das Wort mit großer Kraft zu verkünden zur Erfüllung des Evangeliums seines geliebten Sohnes, unseres Herrn Jesus Christus.» Ebd., 66.

[13] Es ist vielleicht angebracht darauf hinzuweisen, dass der Entwurf der Liturgiekonstitution in Art. 3, der von der Gegenwart Christi in der Liturgie handelte, bereits den Satz enthielt: «Er selbst ist es, der spricht, wenn in der Kirche die Worte der Hl. Schrift verlesen werden» (*Acta et Documenta Concilio Oecumenico Vaticano II*, 2, 2, 3, Vatikanstadt 1968, 29). In der Diskussion zu diesem Textvorschlag wurde gefragt, ob diese Aussage nicht auszudehnen sei auf

sich selbst, seine subjektive Befindlichkeit, seine spontanen Einfälle zurückzunehmen, um dem Geist Raum zu lassen, der ihm das Verstehen der Schriften erschließt. Die Predigt darf also nicht zu einer persönlichen Angelegenheit des Predigers verkommen, der Ambo nicht als Tribüne der eigenen Selbstinszenierung missbraucht werden. «Die Bezeugung Jesu Christi im Heiligen Geist ist der Inhalt des Wortes Gottes.» (112) Wie das Lesen und Verkündigen, so erfolgt auch das Hören im Heiligen Geist. Auslegung und Rezeption durch die Gläubigen sind also gleichermaßen pneumatisch qualifizierte Akte. *En passant* wird dadurch deutlich, dass für Schmemann das Kriterium für die verbindliche Schriftauslegung nicht allein die menschliche Vernunft, sondern vor allem die Übereinstimmung mit dem Lebens- und Überlieferungszusammenhang der Kirche ist. Wo die Schrift aus ihrer Verbindung mit der eucharistischen Liturgie gelöst wird, besteht die Gefahr, das historisch-kritische oder philologische Interpretationsmethoden die Glaubensdimension der Schrift neutralisieren und vermeintlich wissenschaftliche Hypothesen an die Stelle des Evangeliums treten. Die Auferbauung des Leibes Christi kann indes nicht durch strittige und strittig bleibende Hypothesen, sondern nur durch die Leben stiftende Verkündigung des Wortes Gottes erfolgen. Diese am Prinzip des Geistes orientierte Schrifthermeneutik mag kritische Rückfragen aufwerfen, dass sie zugleich provokative Anstöße für das Selbstverständnis der exegetischen Wissenschaft mit auf den Weg gibt, liegt auf der Hand.[14]

die Verkündigung des Wortes Gottes in der Homilie. Das Schema, das den Bischöfen vor Beginn des Konzils vorgelegt wurde, enthielt Art. 3 in erweiterter Fassung: «Er selbst ist es, der spricht, wenn in der Kirche die Worte der Hl. Schrift verlesen und dargelegt werden (*explicantur*).» Die Konzilsväter haben diesen Zusatz allerdings wieder gestrichen. Vgl. Otto NUSSBAUM, *Von der Gegenwart Gottes im Wort*, in: *Gott feiern. Theologische Anregungen und geistliche Vertiefungen zur Feier von Messe und Stundengebet*, Freiburg ²1980, 116-132.

[14] Vgl. dazu Joseph RATZINGER (Hg.), *Schriftauslegung im Widerstreit* (QD 117), Freiburg-Basel-Wien 1989. Thomas STERNFELD (Hg.), *Neue Formen der Schriftauslegung?* (QD 142), Freiburg-Basel-Wien 1992.

Es folgt das *Sakrament der Gläubigen*. In der erweiterten Litanei, der Ektenie, werden die Anliegen der ganzen Welt vor Gott getragen. Hier diskutiert Schmemann das Gebet für die Katechumenen, das in der frühen Kirche einen klaren Bezug hatte, heute aber, wo es die Institution des Katechumenats in den orthodoxen Kirchen kaum noch gibt, möglicherweise obsolet, weil anachronistisch geworden ist. Gleichwohl widerspricht er dem Plädoyer, schwer verständliche Texte aus der Liturgie zu entfernen. Er sieht darin eine problematische Neubewertung der Tradition unter dem Gesichtspunkt ihrer aktuellen Relevanz, eine Entwicklung, die er nicht ohne Schärfe «die Versuchung des Modernismus» nennt. Die Gegenwart und ihre Vorlieben werden zum Maßstab gemacht, was liturgisch passt und was nicht, anstatt danach zu fragen, welche Bedeutsamkeit gewisse Gebete in der Ordnung der Liturgie haben. Dass aber gerade sperrig erscheinende Gebete Aufschluss über die Grundstruktur des Gottesdienstes geben können, wird übersehen, wenn das Leitbild eingängiger Kommunizierbarkeit als Kriterium etabliert wird. Demgegenüber hält Schmemann fest: «Eine der wesentlichen Funktionen der liturgischen Tradition ist es, die Fülle der christlichen Anschauung und Lehre von der Welt, der Kirche und vom Menschen zu bewahren – eine Fülle, die aufzunehmen und zu bewahren weder ein einzelner Mensch, nicht eine Epoche oder eine Generation allein in der Lage ist.» Es gilt also, den Reichtum zu erhalten, aus dem alle Zeiten geschöpft haben, ohne ihn ausschöpfen zu können. Man wird in dieser Haltung nicht einfach einen unbeweglichen Konservativismus sehen dürfen, zumal Schmemann sehr wohl für liturgische Reformen eintritt, wenn sie die Grundstruktur des christlichen Gottesdienstes freilegen helfen.

Im *Sakrament der Darbringung* machen sich die Gläubigen die Haltung Christi zu eigen. Sie bringen das, was sie sind und haben, in den Gestalten von Brot und Wein, zum Altar. Sie schreiben sich dadurch ein in die Logik des Opfers Christi. In der Alten Kirche war die Darbringung ein Akt der ganzen

Versammlung. Jeder brachte, was er wollte und konnte, für Belange der Kirche, für die Versorgung des Klerus, für Witwen und Waisen, für die Armen. Die eucharistische Darbringung wurzelt nach Schmemann in diesem Opfer der Liebe, und die Diakone, die für die *Caritas* zuständig waren, sorgten dafür, dass alle am Opfer der Liebe teilnahmen. Sie bereiteten die Gaben für das eucharistische Mysterium vor. Mit dem Anwachsen der Zahl der Christen wurde die Entgegennahme der Gaben dann aus der Liturgie herausgenommen, der caritative Dienst organisatorisch anders geregelt. Das führte nach Schmemann zum Ende der eucharistischen Versammlung als der Mitte des ganzen kirchlichen Lebens – von Lehre und Verkündigung, Liebesdienst und Leitung. Der Zusammenhang von Eucharistie und Opfer als Gabe für die anderen wurde verdunkelt.

Nun gibt es theologische Vorbehalte, den Akt der Gabenbereitung selbst schon als Opfer zu bezeichnen. Man will den Gedanken abwehren, als könne der Mensch durch eigene Leistungen das Wohlwollen Gottes verdienen, oder als sei das eine Opfer Christi am Kreuz ergänzungsbedürftig. Schon der Sinn der Proskomidie, der Zurüstung und Bereitung der Gaben *vor* der eigentlichen Liturgie, besteht nach Schmemann allerdings darin, *den* darzubringen, der sich vor allen Darbringungen der Kirche selbst dargebracht hat. Der Opfercharakter der Zubereitung der Gaben ist also im Opfer Christi, das allem liturgischen Handeln vorausliegt, begründet. Um den theologischen Hintergrund der Darbringung auszuleuchten, entwickelt Schmemann eine eindrucksvolle Theologie des Gedenkens, welche die ganze Heilsgeschichte umgreift. Anstatt den Stationen der eucharistischen Liturgie weiter zu folgen, sei auf diese Überlegungen zur *memoria Dei* ausführlicher hingewiesen, da sie auch wertvolle Anstöße für die systematische Theologie enthalten.

2. Gedenken und danken

«Euer aller gedenke der Herr, Gott, in seinem Reich, allezeit, jetzt und immerdar und in Ewigkeit.» Mit dieser Bitte beginnt die Prozession der Gaben, der sogenannte Große Einzug. Die Einbeziehung aller Menschen in das Leben stiftende Gedächtnis Gottes ist der Herzschlag der Liturgie, die sich im eucharistischen Gedenken verdichtet. Diese ist kein Totenkult, als würden wir uns eines bedeutenden Vorfahren, der für die kollektive Identität unseres Gemeinwesens wichtig wäre, erinnern. Die Gegenwart Jesu Christi in der Eucharistie geht vielmehr auf die pneumatische Selbstvergegenwärtigung des auferweckten Gekreuzigten zurück. Sie ist ebenso wenig ein Produkt menschlicher Erinnerungsleistung, wie die Wandlung der Gaben sich einem kollektiven Zuschreibungsakt der versammelten Gemeinde verdankt. Wie aber hängen menschliches Gedenken und göttliche Selbstvergegenwärtigung zusammen?

Schmemann stellt zunächst den ambivalenten Grundzug menschlicher Erinnerung heraus: Sie vermag zwar vergangene Episoden in das Bewusstsein zurückzuholen und einstige Begegnungen mit Verstorbenen heraufzubeschwören, kann die Toten aber nicht wieder zum Leben erwecken. Die *Anwesenheit* in der Erinnerung macht die *Abwesenheit* des Erinnerten schmerzlich bewusst, daher die Nähe menschlichen Gedenkens zu Trauer und Melancholie. Die Flüchtigkeit und Unwiederbringlichkeit der Zeit, die in der begrenzten Erinnerungskapazität des Menschen nicht wirklich aufbewahrt werden kann, wirft die Frage auf, ob alles Leben am Ende untergeht und die Erinnerung daran verlöscht. «Wie kann man leben, wenn man weiß, dass alles sterben wird?»[15]

Die Gabe der Erinnerung zeichnet den Menschen aus, lässt ihn aber zugleich erkennen, dass seine Existenz unter dem Neigungswinkel der Sterblichkeit steht. Gerade vor diesem

---

[15] Alexander SCHMEMANN, *Aufzeichnungen 1973-1983*, Freiburg 2002, 38.

Hintergrund manifestiert sich die lebensspendende Kraft, die in der *memoria Dei* beschlossen liegt. Schon die biblische Überlieferung versteht das Gedächtnis Gottes als dessen ungeteilte Aufmerksamkeit für die Schöpfung, als seine liebende Vorsorge für die Geschöpfe. *Das Leben der Welt hängt an der Erinnerung Gottes*, jeden Augenblick wird es dem Abgrund des Nichts neu entrissen, die Fortdauer der Welt – *creatio continua* – bezeugt das Gedächtnis Gottes als *Realität*. In der Sphäre der Schöpfung aber ist es allein dem Menschen gegeben, sich bewusst zur Zeit zu verhalten, das Kommende zu antizipieren und das Vergangene zu erinnern. Die ursprüngliche Bestimmung des Menschen ist es, in allem, was er denkt und tut, an seinen Schöpfer zu denken und ihm so für die Gabe des Lebens zu danken. Schmemann fasst diese *Kommunion des noch uneingeschränkten Gedenkens* in den bemerkenswerten Satz: «Auf Gottes Gedenken des Menschen antwortet der Mensch mit seinem Gedenken Gottes. Wenn Gottes Gedenken des Menschen die Gabe des Lebens ist, dann ist das Gedenken Gottes des Menschen der Empfang dieser lebensschaffenden Gabe, ihr immerwährender Empfang und das Wachsen im Leben.»

Das Drama der Sünde besteht darin, sich von Gott als dem lebensspendenden Ursprung abzuwenden, ihn zu vergessen. *Sünde ist Gottvergessenheit*, nicht anerkennen (wollen), dass Gott unser gedenkt und uns dadurch unser Leben schenkt. Daher leuchtet es unmittelbar ein, warum die Sünde ein Gefälle zum Tod hat. Aufzuhören an Gott zu denken, heißt sich vom lebensspendenden Ursprung loszureißen. Nicht zufällig führt die Sünde der Gottvergessenheit zur Angst vor dem Tod, dessen bitterer Geschmack durch Versuche, den eigenen Namen in der Zeit zu verewigen, nicht übertüncht werden kann. Nachruhm verblasst, Bücher vergilben, Bauwerke zerfallen, Grabmäler werden überwuchert, die darin eingemeißelten Lettern verwittern. Dennoch so zu tun, als könne man seinen Namen aus eigener Kraft gegen die zersetzende Kraft der Zeit sichern, ist Selbsttäuschung und Lüge. Aber Sein-wollen-wie-

Gott und Gottvergessenheit gehören nach Schmemann zusammen, beide sind Index gefallenen Menschseins.

Dennoch hat Gott – und darin liegt nach Schmemann die soteriologische Pointe der Inkarnation – die gottvergessenen Menschen nicht vergessen. Er hat ihnen seinen Sohn gesandt, der in der alles umspannenden Gottvergessenheit die Erinnerung an Gott wieder aufgerichtet und dadurch den Zugang zum Leben spendenden Ursprung neu eröffnet hat. Jesus Christus ist die Inkarnation der *memoria Dei*. In ihm hat der ewige Gott sterbliches Fleisch angenommen und die Passibilität des Menschen bis in den Tod geteilt. Aber selbst im Sterben hat er Gott nicht vergessen. Der Schrei des Gottverlassenen ist ein anamnetischer Akt *par excellence*. Daher ist in und durch Christus die wechselseitige Kommunion des Gedenkens ein für alle mal Wirklichkeit geworden: Wie Gott in Christus an die gottvergessenen Menschen gedacht hat, so hat der Mensch in Christus an Gott gedacht.

Diese heilsgeschichtliche Trias von Schöpfung, Fall und Erlösung liegt Schmemanns Theologie des Gedenkens zugrunde. Mit der christologischen Überwindung der Gottvergessenheit erfährt die menschliche Erinnerung selbst einen paradigmatischen Wandel. Indem sie sich auf das Gedächtnis Christi bezieht und in es eintritt, öffnet sie sich neu auf den göttlichen Ursprung des Lebens; die melancholisch eingetrübte Erinnerung, die alles in den Ozean des Todes einmünden sah, ohne das Vergangene wieder zum Leben erwecken zu können, verblasst. Zugleich eröffnet die Kommunion mit der lebensspendenden *memoria Dei* einen neuen Blick auf die Welt. Statt sie lediglich als Steinbruch der eigenen Bedürfnisbefriedigung heranzuziehen, wird die Welt mit ihrer vielfältigen Palette an Farben und Formen, mit ihrem Reichtum an Leben selbst zu einem Sakrament des Reiches. Sie wird diaphan auf Gott hin. Das eucharistische Gedenken, das auf ein Leben bezogen ist, das keinen Tod mehr kennt, gewährt diesen neuen Blick auf die Welt und stellt deren Sakramentalität wieder her – das ist die *kosmische* Dimension der Eucharistie.

Natürlich richtet sich die *memoria passionis* zunächst auf das Leben und Sterben des Jesus von Nazaret zur Zeit des Pontius Pilatus. Aber die Leidenserinnerung, die bei Schmemann auffällig zurücktritt, ist mit einer historischen Reminiszenz an eine exemplarische Gestalt der Weltgeschichte nicht zu verwechseln. Der Glaube geht davon aus, dass der Gekreuzigte *lebt* und dass er uns in seinem Geist Anteil an diesem unvergänglichen Leben gibt: *corpus Christi*. Die *memoria passionis* ist daher immer auch *memoria resurrectionis*, die den Transitus vom Tod zum Leben, das keinen Tod mehr kennt, einschließt. *In der Zeit* feiert die Liturgie den *Sieg über die Zeit*, sie ist – wie Schmemann sagt – «der Eingang der Kirche in das neue Leben der neuen Schöpfung, versammelt im Gedächtnis Christi.» Damit ist wiederum die *eschatologische* Dimension der Eucharistie berührt, die sich in der Freude und im Dank darüber Ausdruck verschafft, dass Gott uns nicht vergessen hat: «Ein kontinuierliches Sich-an-Gott-Erinnern. Ja, darin liegt wirklich Inhalt und Ziel aller Dinge. Darin liegt das Leben.»[16]

Wollte man Schmemanns Theologie des Gedenkens auf die postsäkulare Zivilisation der Gegenwart beziehen, könnte man meinen, dass sie die Flucht in eine ästhetische Gegenwelt antritt und politisch eher folgenlos bleibt. Aber das wäre ein Trugschluss, denn gerade das gläubige Wissen darum, dass das Letzte, der Friede und die Freude, nicht selbst produziert, sondern nur empfangen werden kann, schafft einen nüchternen Blick auf die Gegebenheiten der Zeit. So notiert Schmemann in seinen Aufzeichnungen: «Das ist das Paradox des Christentums: Indem es aufgehört hat, eschatologisch zu sein, hat es die Welt eschatologisch gemacht.»[17] Gerade in den politischen Utopien des 20. Jahrhunderts und ihren totalitären Auswüchsen sieht er den tragischen Versuch am Werk, das Reich Gottes ohne Gott zu installieren. Wo die befreiende

---

[16] Alexander SCHMEMANN, *Aufzeichnungen 1973-1983*, 246.
[17] Ebd., 417.

Kraft Gottes geleugnet werde, träten leicht Programme ideo-
logischer Selbstbefreiung auf den Plan. Auch im vorliegenden
Buch gibt es Passagen, in denen Schmemann die Ersetzung der
«Einheit von oben» durch wie auch immer geartete «Einheiten
von unten» kritisch beleuchtet – bis hin zur Wiederkehr der
Götter, die den ungestillten Hunger nach Transzendenz zu
befrieden versprechen, aber den Menschen um so tiefer in
Abhängigkeiten verstricken.

Dass demgegenüber die christliche Liturgie ein kulturprä-
gender Faktor sein könnte, hat Schmemann an anderer Stelle
angedeutet: «Was ist wahre Kultur? Kommunion. Teilhabe an
dem, was Zeit und Tod überwunden hat.»[18] Wer glaubt und
an der Liturgie teilnimmt, gesteht nicht nur die eigene Begrenztheit und Fehlbarkeit ein, er stellt sein Leben auch in den
Horizont der Zeit und Tod überwindenden Macht Gottes.
Eine Kultur, die den lebendigen Bezug zur Liturgie preisgibt
und diese zunehmend als museales Artefakt betrachtet, schafft
den Nährboden für fragwürdige Ersatzkulte. Anzeichen dafür
könnte man heute in dem global verbreiteten und medial in-
szenierten Jugend- und Körperkult sehen, der Alter, Krank-
heit und Tod ins Anonyme abdrängt; in der Gier nach Unsterblichkeit, die sich in manchen biopolitischen Visionen
unverhohlen ausspricht; in der Jagd nach ekstatischen Erleb-
nissen, die zwar den punktuellen Ausbruch aus dem Alltag
möglich machen, aber nicht wirklich den Verlust der Freude
kompensieren können. Schon Friedrich Nietzsche, der den
Christen hämisch den Spiegel ihrer eigenen Unerlöstheit vor-
hielt, glaubte «ein göttliches Jasagen zu sich aus animaler Fülle
und Vollkommenheit» empfehlen zu müssen, und fügte hin-
zu: «Das Fest ist Heidentum par excellence.»[19] Aber können
dionysische Exzesse die gähnende Leere kaschieren, der sie
entstammen? Das wahre Fest, so ließe sich mit Schmemann

[18] Ebd., 54.
[19] Friedrich NIETZSCHE, *Werke in drei Bänden*, hg. von Klaus Schlechta,
Darmstadt 1997, Bd. 3, 429.

entgegensetzen, verdankt sich einer Freude, die man sich selbst nicht geben kann.

3. *Engführungen*

Alexander Schmemann hat Fehlentwicklungen der eigenen Tradition wie die byzantinische Überwucherung der Liturgie oder die Häresie eines staatskirchlichen Nationalismus, die der völker- und länderübergreifenden Koinonia der bischöflich verfassten Ortskirchen Hohn spricht, offen gebrandmarkt. Ebenso hat er von seinem Eucharistieverständnis her in der westlichen Theologie-Tradition zwei Verkürzungen angesprochen, auf die hier abschließend kurz eingegangen sei. Zum einen moniert er, dass der liturgische Zusammenhang eines Sakraments aus dem Blick gerät, wenn man sich auf «Materie» und «Form», Fragen der Gültigkeit, des Spenders, Empfängers etc. fokussiert. Zweifellos bestand in der scholastischen Theologie die Tendenz, den Kanon, also das eucharistische Hochgebet, auf einen einzigen Augenblick zu reduzieren, die Konsekration. Das *Wie* der Wandlung wurde mithilfe der Transsubstantiationslehre erklärt, das *Wann* mit dem Augenblick identifiziert, in dem der Priester *in persona Christi* die Konsekrationsworte spricht. Die Orthodoxie hat demgegenüber auf den konsekratorischen Charakter der Epiklese, der Herabrufung des Heiligen Geistes auf die Gaben, abgehoben und damit den *einen* durch einen *anderen* Augenblick ersetzt. Schmemann hält beide Lösungen für einseitig. Mit der isolierten Hervorhebung des einen würden die anderen Teile der Liturgie für theologisch sekundär erklärt und leicht auf das Niveau einer katechetischen Illustration herabgedrückt. Anstatt erklären zu wollen, wie Brot und Wein in das Fleisch und Blut Christi gewandelt werden, lautet für Schmemann die entscheidende Frage, was mit der Kirche bei der Feier der heiligen Geheimnisse geschieht, wie sie in den Transitus vom Tod zum Leben hineingenommen wird. Die Dynamik der Liturgie erreiche mit dem eucharistischen Gebet, der Anaphora, ihren

Höhepunkt, doch könne diese unmöglich ohne das Sakrament der Versammlung, das Sakrament des Wortes Gottes, das Sakrament der Darbringung etc. verstanden werden. – Eine zweite Grenze der westlichen Theologie sieht Schmemann in der engen Verknüpfung zwischen Eucharistie und Opfer. Er bestreitet nicht, dass das letzte Abendmahl auf die Passion vorausschaut, das Leiden und Sterben am Kreuz durch die Geste des Brotbrechens und das Wort «Dies ist mein Leib für euch» eine theologisch signifikante Deutung erfährt. Gleichwohl werde durch die Betonung des Opfercharakters der eschatologische Aspekt verdeckt, dass die Eucharistie schon jetzt Anteil am himmlischen Hochzeitsmahl gewährt.

Beide Engführungen, die bereits von Louis Bouyer klar gesehen wurden,[20] wären differenziert aufzuarbeiten. Hier sei lediglich daran erinnert, dass von Seiten der Liturgiewissenschaft schon länger der anamnetisch-epikletische Charakter des Hochgebetes betont wird, um einer Isolierung der eucharistischen Wandlung gegenzusteuern. Allerdings hat die theologische Konzentration auf die Einsetzungsworte doch auch eine gewisse Berechtigung, wenn man bedenkt, dass diese auf Jesus selbst zurückgehen. Sie sind nicht nur das literarische Zitat einer längst vergangenen Szene aus dem Abendmahlsaal, sondern bringen die *Selbstidentifikation* des auferweckten Gekreuzigten mit den Gaben von Brot und Wein zum Ausdruck. In Einklang mit Schmemanns realsymbolischer Theologie kann man sagen, dass Jesus selbst durch den Mund des Priesters spricht. Es ist die performative Kraft *seiner* Worte, welche die Gaben von Brot und Wein, auf die Gottes Geist in der Epiklese herabgerufen wird, in den Leib und das Blut

---

[20] Louis BOUYER, *Eucharistie. Théologie et spiritualité de la prière eucharistique*, Paris ²1968, 7-20. Vgl. auch die programmatische Aussage, die eine gewisse Nähe zu Schmemanns *liturgical theology* erkennen lässt: «[...] c'est un fait que les théologies courantes sur l'eucharistie, en général, ne font aucune place à l'eucharistie au sens premier du mot, à la grande prière eucharistique traditionnelle. Ce sont bien des théologies *sur* l'eucharistie. Ce ne sont à peu près jamais *la* théologie *de* l'eucharistie.» (11)

Christi wandelt. – Was die einseitige Hervorhebung des Opfercharakters anlangt, so unterscheidet Schmemann nicht zwischen der Frage, ob die Eucharistie die Wiedervergegenwärtigung (re-praesentatio) des historisch einmaligen Kreuzesopfers ist,[21] und dem ökumenisch viel diskutierten Problem, ob die Eucharistie ein Opfer der Kirche darstellt.[22] Er beanstandet ganz generell die Fokussierung auf den sakrifiziellen Aspekt der Eucharistie. Allerdings dürfte auch Schmemann anerkennen, dass der Eintritt in die himmlische Liturgie, mithin die Teilhabe am Reich Gottes nicht ohne die Gabe der Sündenvergebung zu haben ist. Anders gesagt: Ohne die Selbsthingabe Jesu Christi, sein blutiges Sterben für uns, gäbe es keine eucharistische Communio mit Gott und keine Gemeinschaft der Gläubigen, die über den Tod hinausreicht. Es ist der geopferte Christus, der sich uns in den Gaben von Brot und Wein selbst gibt. Kommunizieren heißt, in seine Haltung der Hingabe für die anderen einzutreten. Opfer und Kommunion gehören daher zusammen. Die Passage vom Tod zum Leben, die in jeder Eucharistie gefeiert wird, wäre letztlich eine Schimäre, wenn Christus sein Leben nicht für alle gegeben und gerade dadurch zum «Anführer des Lebens» geworden wäre. In der Gabe des Lebens aber ist die Freude begründet, aus der Alexander Schmemann gelebt und die er in seinen Arbeiten zur liturgischen Theologie eindringlich bezeugt hat.

Jan-Heiner Tück

---

[21] Vgl. dazu Joseph RATZINGER, *Ist die Eucharistie ein Opfer?*, in: *Concilium* 3 (1967) 299-304.
[22] Vgl. dazu Hans Urs von BALTHASAR, *Die Messe, ein Opfer der Kirche?*, in: DERS., *Spiritus Creator. Skizzen zur Theologie III*, Einsiedeln 1967, 166-217, der nach einer kritischen Durchsicht durch die Entwürfe von Odo Casel, Max Thurian und Louis Bouyer eine johanneisch inspirierte Deutung vorlegt, die im Geschehenlassen und Einverstandensein mit der Sendung Christi, die in die Nacht des Kreuzes führt, das eigentliche «Opfer der Kirche» sieht.

VORWORT

Dieses Buch ist weder ein Handbuch der Liturgie noch eine gelehrte Untersuchung. Ich schrieb es in seltenen Momenten der Muße mit vielen Unterbrechungen. Jetzt, da ich diese Kapitel zu dem einen Buch zusammenfüge, glaube ich nicht, dass sie eine vollständige oder systematische Darstellung der göttlichen Liturgie ergeben. Das Buch bietet eher eine Reihe von Erwägungen zur Liturgie. Sie entstammen allerdings nicht einer wissenschaftlichen Analyse, sondern meinen eigenen Erfahrungen, so begrenzt diese auch sein mögen. Während mehr als dreißig Jahren habe ich der Kirche als Priester und Theologe, als Hirte und Lehrer gedient. In diesen dreißig Jahren fühlte ich mich stets dazu aufgerufen, über die Eucharistie und ihren Ort in der Kirche nachzudenken. Gedanken und Fragen zu diesem Thema beschäftigen mich seit meiner frühen Jugend, haben mein ganzes Leben mit Freude erfüllt – doch leider nicht nur mit Freude. Denn je wirklichkeitsbezogener meine Erfahrung der Eucharistie, des Sakraments des Sieges Christi und seiner Herrlichkeit wurde, umso mehr empfand ich, dass sich die Kirche in einer eucharistischen Krise befindet. An der Tradition der Kirche hat sich nichts verändert. Was sich verändert hat, ist die Auffassung der Eucharistie, das Wahrnehmen ihres eigentlichen Wesens. Diese Krise besteht wesentlich in einem Mangel an Verbindung und Zusammenhang zwischen dem, was in der Eucharistie vollzogen wird, und der Weise, wie dies wahrgenommen, verstanden und gelebt wird. Bis zu einem gewissen Grad bestand diese Krise schon immer in der Kirche. Das Leben der Kirche, vielmehr der Menschen in der Kirche, war nie vollkommen und ideal. Doch mit der Zeit ist diese Krise chronisch geworden. Diese Schizophrenie, die das Leben der Kirche vergiftet und ihre eigentlichen Grundfesten erschüttert, ist zum normal erscheinenden Dauerzustand geworden.

Inzwischen kann ohne Übertreibung gesagt werden: wir leben in einer erschreckenden und geistig gefährlichen Zeit. Erschreckend ist sie nicht nur auf Grund ihres Hasses, Streits und Blutvergießens. Erschreckend ist sie vor allem, weil sie durch eine ständig wachsende Rebellion gegen Gott und sein Reich gekennzeichnet ist. Nicht Gott, sondern der Mensch ist zum Maß aller Dinge geworden. Nicht Glaube, sondern Ideologie und utopische Realitätsflucht bestimmen den geistigen Zustand der Welt. Irgendwann hat die westliche Christenheit diesen Gesichtspunkt übernommen. Und fast alsogleich entstand die eine oder andere «Theologie der Befreiung». Ökonomische, politische, psychologische Theorien ersetzten die christliche Schau einer Welt im Dienste Gottes. Theologen, Kleriker und andere professionelle «Religiosen» rennen geschäftig in der Welt herum, um – vor Gott? – dieses oder jenes «Recht» zu verteidigen, so verkehrt es auch sein mag. Und dies alles im Namen von Frieden, Eintracht und Brüderlichkeit. Doch in Wirklichkeit sind Frieden, Eintracht und Brüderlichkeit, auf welche sie sich berufen, nicht der Frieden, die Eintracht und die Brüderlichkeit, die uns unser Herr Jesus Christus gebracht hat.

Vielleicht wundern sich viele, dass ich als Antwort auf diese Krise vorschlage, unsere Aufmerksamkeit nicht auf ihre vielfältigen Aspekte zu richten, sie vielmehr dem Sakrament der Eucharistie und der Kirche zuzuwenden, denn ihr innerstes Leben entfließt diesem Sakrament. Ja, ich glaube wirklich, genau hier, in diesem Allerheiligsten der Kirche, in diesem Aufstieg zum Tisch des Herrn in seinem Reich, entspringt die Quelle der erhofften Erneuerung. Und ich glaube wirklich, wie die Kirche immer geglaubt hat, dass diese Reise hinauf da-

mit beginnt, «alle weltlichen Sorgen wegzulegen» und diese
ehebrecherische, sündige Welt zu verlassen. Also kein ideolo-
gisches Getue, keine Mühsal, sondern eine Gabe des Himmels
zu sein, das ist die Berufung der Kirche in der Welt, die Quelle
ihres Dienstes. Ich glaube auch, dass – durch Gottes Gnade – die Orthodoxie durch alle Zeiten hindurch diese Vision, dieses Bewusstsein bewahrt hat und ihm gefolgt ist, dass nämlich «wo die
Kirche ist, dort der Heilige Geist und die Fülle der Gnade» ist
(Irenäus von Lyon, Adv. haer., 3, 24, 1). Und genau weil sich
dies so verhält, werden wir orthodoxe Gläubige die innere
Stärke finden müssen, in diese eucharistische Erneuerung der
Kirche einzutauchen. Weder Reform noch Anpassungen und
Modernisierung tun uns so not wie eine Rückkehr zu jener
Sicht und Erfahrung, die von Anfang an das eigentliche Leben
der Kirche gebildet hat. Uns dies in Erinnerung zu rufen, ist
der Zweck dieses Buches.

Protopresbyter Alexander Schmemann
November 1983

ERSTES KAPITEL

DAS SAKRAMENT DER VERSAMMLUNG

*«Wenn ihr als Kirche zusammen-
kommt...»*

(1 Kor 11,18)

1

«Wenn ihr als Kirche zusammenkommt ...», schreibt der Apostel Paulus den Korinthern. Für ihn wie für die ganze frühe
Christenheit beziehen sich diese Worte nicht auf ein Gotteshaus, sondern auf die Art und die Absicht der Zusammenkunft. Bekanntlich bedeutet ja das Wort «Kirche» (ἐκκλησία)
eine Zusammenkunft oder Versammlung, und als Kirche zu-
sammenzukommen bedeutete für die frühen Christen, eine
Versammlung zu bilden mit der Absicht, Kirche (ἐκκλησία)
zu offenbaren und zu verwirklichen.[1]

Diese Versammlung ist *eucharistisch* – ihr Ziel und Vollzug
liegt darin, die Versammlung zu sein, in der das «Mahl des
Herrn» gefeiert wird, in der das eucharistische «Brotbrechen»
stattfindet. Im gleichen Brief wirft Paulus den Korinthern vor,
bei ihrer Versammlung ein anderes Mahl zu halten als das

---

[1] G. Dix, *The shape of liturgy*, London 1960, sowie H. Chirat, *L'assemblée
chrétienne à l'âge apostolique*, Paris 1949.

«Herrenmahl», oder sich zu einem anderen Zweck zu versammeln als zum eucharistischen Brotbrechen (1 Kor 11,20ff.). Wir können also von Anfang an eine unverkennbare, nicht zu bezweifelnde Dreieinheit von *Versammlung*, *Eucharistie* und *Kirche* feststellen, welche die ganze frühe Tradition der Kirche, im Gefolge des heiligen Paulus, einstimmig bezeugt. Die grundlegende Aufgabe der liturgischen Theologie liegt deshalb darin, Sinn und Wesen dieser Einheit aufzuzeigen.

Diese Aufgabe ist umso dringender, als die Einheit dieser drei Elemente, die für die frühe Kirche selbstverständlich war, aufgehört hat, im christlichen Bewusstsein unserer Zeit selbstverständlich zu sein. Was wir für gewöhnlich «Schultheologie» nennen – die nach dem Bruch mit der patristischen Tradition einsetzt und hauptsächlich einem westlichen Verständnis der Methode wie des inneren Wesens der Theologie entstammt –, ignoriert zumeist die Verbindung von Versammlung, Eucharistie und Kirche. Die Eucharistie wird als eines der Sakramente bestimmt und verstanden, nicht aber als «Sakrament der Versammlung» – wie es noch im 5. Jahrhundert Dionysius Areopagita[2] vertrat. Man wird ohne Übertreibung sagen können, diese «scholastische» Dogmatik habe die ekklesiologische Bedeutung der Eucharistie schlichtweg übersehen und damit auch die eucharistische Dimension der Ekklesiologie, der Lehre von der Kirche, vergessen.

Wir werden später ausführlicher von dieser Scheidung von Theologie und Eucharistie und ihren tragischen Konsequenzen für das kirchliche Bewusstsein handeln. Für jetzt haben wir festzuhalten, dass die Vorstellung der Eucharistie als *Sakrament der Versammlung* allmählich auch aus der Frömmigkeit verschwand. Die liturgischen Handbücher ordnen die Eucharistie unter die Kategorie «öffentlicher Gottesdienst» ein und merken an, dass die Liturgie gewöhnlich in Gegenwart «einer Versammlung von Gläubigen» gefeiert wird. Doch dieses «Zusammenkommen der Gläubigen», d.h. die

---

[2] Ps.-Dionysius Areopagita, *De ecclesiastica hierarchia* (PG 3, 424B).

Versammlung, wird nicht mehr als die ursprüngliche *Form* der Eucharistie verstanden, die Liturgie hat aufgehört, so auf die Eucharistie zu blicken, dass sie in ihr die Urform der Kirche zu sehen und zu fühlen vermag. Die liturgische Frömmigkeit ist völlig individualistisch geworden; der sprechendste Beweis dafür ist die gegenwärtige Praxis des Kommunionempfangs, der den «spirituellen Bedürfnissen» des einzelnen Gläubigen völlig untergeordnet wird. Niemand – weder unter den Klerikern noch den Laien – versteht dies noch im Geist des eucharistischen Gebetes: «Vereinige uns alle untereinander, die wir an dem einen Brot und an dem einen Kelch teilhaben, zur Gemeinschaft des einen Heiligen Geistes.»

So haben wir in der Frömmigkeit wie in der «Kirchlichkeit» (*cerkovnost*) eine fortschreitende und deutliche «Abwertung» der Eucharistie wahrgenommen, eine Schmälerung ihrer ersten und ursprünglichen Bedeutung im Leben der Kirche. Folglich hat jede Erklärung der Eucharistie innerhalb einer Theologie der Liturgie mit der Überwindung dieser Abwertung zu beginnen, indem sie zurückkehrt zum ursprünglichen Verständnis der Eucharistie als «Sakrament der Versammlung» und folglich als «Sakrament der Kirche».

Hier müssen wir darauf hinweisen, dass diese doppelte Abwertung der Eucharistie – sowohl in der Frömmigkeit wie in der Theologie – offen dem eigentlichen Ordo der Eucharistie, wie er von Anfang an in der Kirche bewahrt wurde, widerspricht. Unter «Ordo» verstehen wir hier nicht die vielen Einzelheiten der Riten und Sakramente, die unverkennbar eine Entwicklung und einen Wandel durchgemacht haben und komplexer geworden sind, sondern die Grundstruktur der Eucharistie, ihre *shape* (um einen Begriff von Gregory Dix zu verwenden), die bis zu den grundlegenden apostolischen Prinzipien christlichen Gottesdienstes zurückverfolgt werden kann.

Wie ich bereits anderswo ausgeführt habe, liegt der grundlegende Fehler der Schultheologie in ihrer Sakramententheologie, die nicht von der lebendigen Erfahrung der Kirche, nicht von der konkreten liturgischen Tradition in der Kirche ausgeht, sondern von ihren eigenen apriorischen und abstrakten Kategorien und Definitionen, die kaum mit der Wirklichkeit des kirchlichen Lebens übereinstimmen.[3] In ihrer Frühzeit wusste die Kirche sehr wohl, dass die *lex credendi* (die Regel des Glaubens) und die *lex orandi* (die Regel des Betens) unzertrennlich sind und sich gegenseitig bestätigen – dass, mit den Worten des hl. Irenäus, «unsere Unterweisung mit der Eucharistie übereinstimmt, und die Eucharistie ihrerseits unsere Unterweisung bestätigt».[4] Doch eine nach westlich-scholastischen Modellen aufgebaute Theologie ist an einem von der Kirche nach ihrer eigenen Logik wie nach dem ihr eigenen Ordo gehaltenen Gottesdienst gänzlich uninteressiert. Von ihren eigenen abstrakten Voraussetzungen her entscheidet diese Theologie a priori, was «wichtig» und was «sekundär» ist. Dabei stellt sich bei einer letzten Analyse heraus, dass das, was letztlich als «sekundär», d.h. ohne jede theologische Relevanz beurteilt wird, der Gottesdienst selbst ist, also genau das, was die Kirche, in all ihrer Komplexität und Diversität, in Wirklichkeit tut. Der Theologe richtet seine volle Aufmerksamkeit auf die wichtigen «Momente», die er künstlich aussondert: so in der Eucharistie den «Moment» der Wandlung der heiligen Gaben, dann die Teilnahme an der Kommunion; bei der Taufe das «dreifache Eintauchen»; bei der Vermählung die «Weiheformel» – «kröne sie mit Herrlichkeit und Ehre ...» usf. Einem Theologen, der in solchen Kategorien denkt, ist kaum je eingefallen, dass die «Wichtigkeit» dieser Momente nicht von ihrem liturgischen Kontext isoliert werden kann.

Hier liegt die Wurzel der auffälligen Armut und Einseitigkeit der Erläuterungen, ja der Art, an die Sakramente heranzugehen, die wir in unseren dogmatischen Lehrbüchern finden. Hier liegt auch die Wurzel der Enge und Einseitigkeit unserer liturgischen Frömmigkeit. Denn da wir nicht mehr – wie in

---

[3] A. Schmemann, *Introduction to Liturgical Theology*, New York [3]1986.
[4] Irenäus von Lyon, *Adv. haer.* 4, 18, 5.

den Zeiten der Väter – durch eine «liturgische Katechese» – eine echte theologische Erläuterung – gestützt und geführt werden, fällt sie jeder Art von symbolischer oder allegorischer Interpretation des Gottesdienstes zum Opfer, ja einer absonderlichen liturgischen «Folklore».

Und deshalb, wie bereits gesagt, besteht das erste Prinzip einer liturgischen Theologie in der Erklärung der liturgischen Tradition der Kirche, in der man nicht von abstrakten, bloß intellektuellen Schemata auszugehen hat, die der Liturgie willkürlich übergestülpt werden, sondern vom Gottesdienst selbst – das heißt von seinem eigenen Ordo.

2

Jede ernstzunehmende Studie zum eucharistischen Ordo kann uns nur davon überzeugen, dass dieser Ordo von Anfang bis Ende ausschließlich auf dem Prinzip der Korrelation aufgebaut ist – d.h. des gegenseitigen Bezogenseins von Zelebrant und Volk. Diese Bindung kann noch genauer bestimmt werden als *Mit-Dienst* oder *Konzelebration*, wie sich am Ende seines Lebens etwa Nikolaj Afanasjew in seiner herrlichen, leider noch nicht entsprechend geschätzten Arbeit zum *Herrenmahl* ausgedrückt hat.[5]

Dieser Gedanke aber spielt in der Schultheologie und in der sich daraus ergebenden liturgischen Frömmigkeit nicht die mindeste Rolle und wird für alle praktischen Anwendungen abgelehnt. Das Wort «Konzelebration» wird nur auf den mitfeiernden Klerus bezogen, die Teilnahme der Laien wird als eine rein passive verstanden. Als ein gutes Beispiel dafür können wir die «Gebete während der göttlichen Liturgie» betrachten, die in den verschiedenen eigens für Laien vorgesehenen Gebetbüchern enthalten sind. Ihre Kompilatoren haben es anscheinend für selbstverständlich gehalten, dass die eucha-

---

[5] N. Afanasjew, *Trapeza Gospodnja*, Paris 1952.

ristischen Gebete ausschließlich dem Klerus vorbehalten bleiben. Und was noch betrüblicher ist: die kirchlichen Zensoren, die über Jahrzehnte hinweg diese besonderen Gebete approbierten, waren offensichtlich derselben Meinung. Beim Aufzählen der notwendigen Vorbedingungen für die Feier der Liturgie erwähnen selbst die gelehrtesten und vertrauenswürdigsten liturgischen Bücher (wie etwa *Die Eucharistie* von Kiprian Kern[6]) alles – vom gültig geweihten Priester bis hinunter zur Qualität des Weins –, außer «das Sich-als-Kirche-Versammeln», was offensichtlich nicht als eine Vorbedingung zur Feier der Liturgie erachtet wird.

Indessen weisen alle uns vorliegenden frühchristlichen Zeugnisse darauf hin, dass die *Zusammenkunft* oder *Versammlung* (σύναξις) stets als der erste und grundlegende Akt der Eucharistie verstanden wurde. Dies bestätigen auch die alten liturgischen Bezeichnungen für den Zelebranten der Eucharistie: den «Vorsteher» (προιστάμενος), dessen erste Funktion es war, der Versammlung als Haupt vorzustehen, als «Vorsteher der Brüder». Somit ist die Versammlung der erste liturgische Akt der Eucharistie, ihr Fundament und Beginn.

In der frühchristlichen Zeit und im Gegensatz zur gegenwärtigen Praxis ging das Sich-Versammeln des Volkes dem Einzug des Zelebranten voraus. «Die Kirche», schreibt der hl. Johannes Chrysostomus, «ist ein uns allen gemeinsames Haus, und ihr erwartet uns, wenn wir einziehen ... Darum grüßen wir euch sogleich mit der Gabe des Friedens».[7] Später, wenn wir auf den sogenannten *Kleinen Einzug* zu sprechen kommen, werden wir ausführlicher über Ort und Bedeutung des Einzugs im eucharistischen Ordo handeln. Hier immerhin kurz ein paar Worte zu unserer gegenwärtigen Praxis, wo der ganze Beginn der Liturgie – der Einzug der Zelebranten, das

---

[6] K. Kern, *Evcharistija*, Paris 1947.
[7] Johannes Chrysostomus, *Homiliae in Mt* 32 (33), 6 (PG 57, 384). Vgl. J. Mateos, *Évolution historique de la Liturgie de S. Jean Chrysostome*, 1. Teil, in: *Proche-Orient Chrétien* 15 (1965) 333-351.

Anziehen der Gewänder, die Handwaschung und schließlich die Gabenbereitung – nicht nur zu etwas «Privatem», einzig dem Klerus Vorbehaltenem geworden ist, sondern zu etwas Isoliertem, in ein besonderes «Offizium» der Liturgie samt eigener Entlassung Übertragenem.

Obwohl diese Praxis in unseren Messbüchern formell legitimiert und sanktioniert wurde, sollte sie im Licht einer anderen, noch älteren und bis heute erhaltenen Praxis geprüft werden: nämlich die Feier der Eucharistie als Pontifikalamt. Wenn die Eucharistie von einem Bischof zelebriert wird, versammeln sich die Leute vor ihm in der Kirche und sind bereit, ihn bei seinem Einzug zu begrüßen. Das Anziehen der Gewänder findet inmitten der Versammlung statt, der Bischof begibt sich bis zum Kleinen Einzug nicht an den Altar; und die *Proskomidie* wird unmittelbar vor der *Anaphora* wiederholt, d.h. nach unserer gegenwärtigen Praxis vor dem *Großen Einzug*.

Es wäre falsch anzunehmen, dies alles sei das Ergebnis einer mit der pontifikalen Liturgie verbundenen besonderen «Feierlichkeit», wie wir es manchmal als Protest der Verfechter einer «ursprünglichen christlichen Einfachheit» hören können. Im Gegenteil, in der Bischofsliturgie hat sich in Form und Geist – gewiss nicht bis in alle Einzelheiten, aber doch auf das Ganze gesehen – weit mehr von der frühen christlichen Praxis der Eucharistiefeier erhalten. Denn in der frühen Kirche war es eben der Bischof, der für gewöhnlich der eucharistischen Versammlung vorstand.[8] Erst viel später, im Zusammenhang mit der stufenweisen Umgestaltung der lokalen Kirchgemeinde in einen Verwaltungsbezirk («Diözese»), der sich in eine Vielzahl von «Pfarreien» aufteilte, verwandelte sich die Rolle des Priesters von der eines außerordentlichen Zelebranten der Eucharistie (als Stellvertreter des Bischofs) in die eines «ordentlichen» Zelebranten. Vom Standpunkt der liturgischen Theologie aus hat gerade die bischöfliche Ordnung des Einzugs in die Versammlung als die «normative» zu gelten. Die

[8]   J. Mateos, *Évolution historique*, ebd., 333.

«priesterliche» Ordnung, die aufgrund ihrer «Zweckdienlich-keit» entstand, war vielleicht praktisch unvermeidlich, schmä-lert aber keinesfalls die Bedeutung des *Sich-als-Kirche-Ver-sammelns* als des tatsächlich eigentlichen Prinzips und des die Eucharistie begründenden Aktes.

3

Die Korrelation zwischen dem Zelebranten und dem Volk – ihre Konzelebration – findet einen weiteren Ausdruck in den eucharistischen Gebeten, die alle ausnahmslos dialogisch strukturiert sind. Jedes Gebet wird durch die Versammlung mit einem der Schlüsselworte des christlichen Gottesdienstes, mit dem «*Amen*», «besiegelt»[9] und bindet so den Zelebran-ten und das Volk Gottes, dem er vorsteht, in ein organisches Ganzes zusammen. Jedes Gebet (ausgenommen das «Gebet des Priesters für sich selbst» während des *Cherubikon*, das wir zur gegebenen Zeit behandeln werden), wird in unserem Namen gesprochen. Alle konstitutiven Teile der feierlichen eucharistischen Liturgie – die Lesung des Wortes Gottes, die Anaphora, der Kommunionempfang – beginnen damit, sich gegenseitig den *Frieden* zuzusprechen: «Friede allen – Und deinem Geiste.» Schließlich haben alle diese Gebete als Inhalt *unser* Lobpreisen, *unsere* Reue, *unsere* Danksagung, *unsere* Kommunion: «Vereinige uns alle untereinander, ... zur Ge-meinschaft des einen Heiligen Geistes.»

Dasselbe kann von den einzelnen eucharistischen Riten gesagt werden, die nicht nur die Einheit von Zelebrant und Gemeinde ausdrücken, sondern auch ihre «Synergie» – ihr Zusammenwirken, ihr Konzelebrieren im eigentlichen Sinne des Wortes. So setzt die Lesung des Wortes Gottes und seine Auslegung in der Predigt – die, nach dem einstimmigen Zeug-

[9] Vgl. H. Schlier, «*Amen*», in: *Theologisches Wörterbuch zum Neuen Testa-ment* 1 (1933) 341.

nis aller frühen Quellen den ersten Teil der Eucharistiefeier ausmacht – selbstverständlich Zuhörer voraus, Menschen, die sich die Predigt anhören. Die Verlegung der *Proskomidie* in das Heiligtum und das Auftauchen eines dafür bestimmten «Opfertisches» hat die ursprüngliche Praxis der Darbringung der Gaben in der Versammlung durch das Volk – die sich heute beim *Großen Einzug* vollzieht – nicht verdrängt. Schließlich wird der *Friedenskuss*, obgleich heute nur noch vom Klerus vollzogen, vom Zuruf begleitet: «Lasst uns einander lieben!» und bezieht so, wie auch der abschließende Ruf: «Lasst uns ziehen in Frieden!», die ganze Versammlung mit ein.

Was bisher gesagt wurde, verdient umso größere Beachtung, als sich die Byzantinische Liturgie allmählich und systematisch auf eine stärkere Trennung der «Laien» vom «Klerus» hin entwickelt hat, nämlich Trennung derjenigen, die «beten», von denen, die «zelebrieren». Wie wir schon anderswo zu zeigen versuchten, und wie Afanasjew[10] brillant dargelegt hat, geriet die byzantinische liturgische Frömmigkeit zunehmend unter den Einfluss eines *mysteriologischen* Gottesdienstverständnisses, das sich auf eine Gegenüberstellung von «Eingeweihten» und «Nicht-Eingeweihten» stützte. Doch hat sich dieser Einfluss als zu schwach erwiesen, um die ursprüngliche Ordnung der Eucharistie entscheidend zu verändern, so dass noch immer jedes Wort und jeder Akt die Konzelebration eines jeden mit jedem anderen, sich je an seinem eigenen Platz und in seinem eigenen Dienst in der einen *leitourgia* der Kirche ausdrückt.

Dazu kommt, dass die ursprüngliche, direkte und unmittelbare Bedeutung dieser Ausdrücke und Handlungen das Bewusstsein des Klerus wie der Laien nicht mehr zu durchdringen vermag, sodass sich eine eigentümliche Dichotomie ergab zwischen den «Vorgaben» der Theologie und ihrer Interpretation. Als Folge dieser Dichotomie tauchten für die einfachsten

---

[10] N. Afanasjew, *Trapeza Gospodnja.*

Worte und Handlungen alle möglichen «symbolischen» Erklärungen auf, die sich wie Unkraut ausbreiteten, während ihr unmittelbarer, wörtlicher Sinn oft kaum mehr beachtet wurde. Über die Gründe und Folgen dieser neuen «nominalistischen» Frömmigkeit, die in unserer Kirche leider beinah unwidersprochen vorherrscht, haben wir uns bereits geäußert und werden es wieder tun. Fürs Erste ist es vor allem wichtig herauszustellen, dass es dieser neuen Frömmigkeit nicht gelungen ist, den faktisch *kommunalen (sobornalen)* Charakter der Eucharistie zu verdunkeln noch ihn bis zur Unkenntlichkeit zu verzerren, er wird der Kirche bzw. der *Versammlung* nie entrissen werden können.[11]

Selbst die offensichtlichste und wohl unglücklichste Folge dieser neuen «Frömmigkeit» – der faktische Ausschluss der Laien von der Kommunion, so dass der Empfang der Kommunion für sie zu etwas Außergewöhnlichem wurde, da er nicht mehr selbstverständlich in ihre Teilnahme an der Liturgie eingebettet war – kann vor dem unmittelbaren Zeugnis des eucharistischen Ordo nicht bestehen: «...*uns* alle ...», die wir an dem einen Brot und an dem einen Kelch teilhaben»; «Nahet euch mit Gottesfurcht, Glauben und Liebe» usf. All diese Texte, Anrufungen und Worte betreffen zweifellos die ganze Versammlung, nicht nur einzelne ausgesonderte Teilnehmer.

Wie Afanasjew dies treffend ausdrückt: «Wenn wir all das abschaffen wollten, was besonders in den letzten Jahrhunderten in unser liturgisches Leben dazugekommen ist, wir würden keinen besonders bedeutsamen Unterschied finden zwischen dem, was dann übrigbleiben würde, und der frühen Praxis der Kirche. Das Grundübel unseres liturgischen Lebens besteht darin, dass wir den kleinsten Einzelheiten unserer Liturgien, mögen sie zufällig sein oder nicht, größere Bedeutung zumessen als ihrem Wesen. Die grundlegenden Prinzipien der Eucharistielehre sind in den Gottesdiensten völlig klar. Darin

---

[11] Vgl. N. Afanasjew, *Trapeza Gospodnja*, 90. Zum Begriff *sobor* vgl. Anhang, Zur Erläuterung kirchenslawischer Ausdrücke.

ist das Wesen der Eucharistiefeier unberührt geblieben... Deshalb besteht unsere Aufgabe nicht so sehr in verschiedenen Veränderungen unseres liturgischen Lebens als vielmehr im Erfassen des eigentlichen Wesens der Eucharistie.»[12]

4

Schließlich wird dieselbe Vorstellung von *Versammlung* und *Konzelebration* auch in der Gestaltung des physischen Raumes ausgedrückt und verkörpert, in dem die Eucharistie gefeiert wird: im *Gotteshaus*. Die liturgischen Handbücher behandeln den Kirchenbau, seine Grundstruktur und die «symbolische» Bedeutung der verschiedenen Einzelheiten in aller Ausführlichkeit. Ihre Definitionen und Beschreibungen enthalten jedoch kaum einen Hinweis auf die offensichtliche Verbindung zwischen dem christlichen Gotteshaus und der Versammlung, auf den konziliaren, *sobornalen* Charakter der Eucharistie.

Wir brauchen hier nicht zu wiederholen, was an anderer Stelle bereits zur komplexen Entwicklung des Kirchenbaus und der «Kirchenfrömmigkeit» in der orthodoxen Kirche gesagt worden ist. Es genügt, daran zu erinnern, dass der ursprüngliche christliche Kirchenbau vor allem *domus ecclesiae*, der Ort des Zusammenkommens der Kirche und des eucharistischen Brotbrechens war. In dieser Unterordnung unter den Zweck der Versammlung liegt zugleich das Neue des christlichen Sakralbaus und das Grundprinzip seiner Entwicklung. Worin auch immer die vielschichtige Entwicklung des christlichen Kirchengebäudes bestand, worin auch immer die Auswirkung der früher schon erwähnten «mysteriologischen Frömmigkeit» lag, was sich als der verbindende und leitende

---

[12] Vgl. A. Schmemann, *Introduction to Liturgical Theology*, 105ff. Vgl. dazu auch L. Ouspensky, *The Theology of the Icon in the Orthodox Church*, Crestwood, N.Y. 1978, sowie Y. Congar, *Le mystère du temple*, Paris 1958.

Faktor erwies, ist nichts anderes als die Idee der eucharistischen Versammlung. Wie in der frühchristlichen Zeit, so wird in seiner besten byzantinischen oder russischen Verkörperung das Gotteshaus auch noch heute als Ort der Versammlung, *sobor*, erfahren und empfunden, d.h. als ein Zusammenkommen von Himmel und Erde und aller Schöpfung in Christus – was ja Wesen und Sinn der Kirche ausmacht.

Auch die Form des Kirchenbaus und die Ikonenkunst bezeugen dies. Die Form – das Gotteshaus als «Herrichten von Raum» – bringt wesentlich dasselbe Aufeinander-Bezogensein, die gleiche «dialogische Struktur» zum Ausdruck, die, wie wir gesehen haben, der bestimmende Faktor in der Ordnung der eucharistischen Versammlung darstellt: Hier ist es ein Bezogensein zwischen Altar und Allerheiligstem einerseits und der «Säulenhalle» oder dem Kirchenschiff andererseits – als Ort der Versammlung. Das Kirchenschiff richtet sich auf den Altar aus, in dem es sein Ende und seine Bestimmung findet; aber auch der Altar bedarf des Kirchenschiffes und existiert nur in Beziehung zu ihm.

Wenn es auch stimmt, dass die gegenwärtige liturgische Frömmigkeit den Altarraum als etwas in sich Geschlossenes, nur «Eingeweihten» Zugängliches empfindet – als einen besonders «heiligen» Ort, mit einer ihm eigenen Atmosphäre des «Sakralen», gerade als ob dadurch der «profane» Charakter, dem die außerhalb stehenden Laien zugehören, betont werden sollte –, ist es doch nicht schwierig zu zeigen, dass dieses Verständnis vergleichsweise jung, falsch und, was am meisten ins Gewicht fällt, für die Kirche äußerst schädlich ist. Es dient nur dazu, den – der Orthodoxie zutiefst fremden – «Klerikalismus» weiterhin zu nähren, der die Laien zu Bürgern zweiter Klasse macht, die zunächst negativ bestimmt werden, als solche, die «nicht das Recht haben», bestimmte Orte zu betreten, bestimmte Dinge zu berühren oder an bestimmten Tätigkeiten teilzunehmen. Daraus hat sich leider Gottes unter uns ein Typus von Priester entwickelt, der das Wesentliche seines Priestertums praktisch in der unnachgiebigen «Verteidigung» heiliger Dinge vor der Berührung mit Laien sieht, und der in dieser «Verteidigung» eine besondere, beinahe sinnliche Genugtuung findet.

Doch halten wir nochmals fest: Ein solches Verständnis des Altars ist nicht das ursprüngliche, es ist falsch. Es beruht natürlich auf einem entsprechenden Verständnis der *Ikonostase*, die in erster Linie als eine *Wand* begriffen wird, die den Altarraum von den Laien trennt und für diese eine unpassierbare Schranke aufrichtet. Doch die Ikonostase, so fremd dies den meisten der heutigen Orthodoxen erscheinen mag, entsprang einer ganz gegensätzlichen Absicht: nämlich nicht, um zu trennen, sondern um zu vereinen. Die Ikone ist ein Zeugnis, besser noch eine Folge für die Vereinigung des Göttlichen mit dem Menschlichen, des Himmels mit der Erde, die sich in Jesus Christus ereignet hat. Alle Ikonen sind eigentlich Ikonen der Menschwerdung. Daher hat die Ikonostase ihren Ursprung in der Erfahrung des Gotteshauses als «Himmel auf Erden», als Zeuge des Faktums, dass das «Reich Gottes nahegekommen ist». Wie alle Ikonographie im Kirchenbau ist sie eine Verkörperung der Schau der Kirche als Versammlung (*sobor*), als Einigung der sichtbaren und der unsichtbaren Welt, als Manifestation und Gegenwart der neuen und verklärten Schöpfung.

Das Unheilvolle zeigt sicht darin, dass die authentische Tradition der orthodoxen Ikonenkunst einen länger andauernden Entfremdungsprozess durchgemacht hat, wobei die Wahrnehmung des gegenseitigen Verwiesenseins von Ikone und Gotteshaus fast völlig aus dem kirchlichen Bewusstsein verschwand. Unsere heutigen Kirchen sind nicht mehr mit Ikonen ausgemalt: Entweder hängen wir eine Unzahl von Ikonen auf, die oft keinerlei Beziehung zum Kirchenbau als ganzem haben, oder wir «dekorieren» die Kirche mit allen möglichen «Ornamenten», so dass nicht nur Details unweigerlich das Ganze bestimmen, sondern die Ikone selbst zu einem «Detail» eines dekorativen Ganzen wird. Ein weiterer Aspekt dieser Tragödie ist die allmähliche Degeneration zuerst der Form, dann der Bedeutung der Ikonostase. Von einem Ordo, einem «Rahmen» oder einer harmonischen Anordnung der Ikonen, die selbstverständlich einer tragenden Stellwand (στάσις) bedurften, wurde sie in eine mit Ikonen verzierte Wand verwandelt – mit anderen Worten: ins Gegenteil ihrer ursprünglichen Funktion verkehrt. Zuerst bedurften die Ikonen einer Wand, nun aber fordert die Wand Ikonen und ordnet sich diese unter.

Man kann nur hoffen, dass das überall erwachende Interesse an der Ikonographie – das beides: sowohl das Verständnis der Ikonen wie die Kunst der Ikonenmalerei umfasst – eine Wiedergeburt der eigentlichen Bedeutung der Ikone innerhalb des Kirchenraumes mit sich bringen wird wie auch eine Rückbesinnung auf die Erfahrung, die wir in einer Reihe alter Kirchen noch verspüren: die Ikonen scheinen an der kirchlichen Versammlung teilzunehmen, ihren Sinn auszudrücken, ihr zu ewiger Bewegung, zum ewigen Rhythmus zu verhelfen. Die ganze Kirche, die ganze Versammlung, mit all ihren «Rängen» – Propheten, Apostel, Märtyrer und Heilige – scheint zum Himmel emporzusteigen, von Christus erhöht und an seinen Tisch in seinem Reich emporgehoben.

Hier ist noch darauf hinzuweisen, dass diese neue Einstellung dem Altarraum und der Ikonostase gegenüber, nämlich im Sinne einer Trennung, schon darum falsch ist, weil sie der liturgischen Tradition der Kirche widerspricht. Diese Tradition kennt nur die Weihe eines Gotteshauses mit dem Altartisch zusammen und weiß nichts von einer Weihe des Altarraums ohne Kirchenschiff. Wie der Altartisch ist das Gotteshaus als ganzes gesalbt mit heiligem Chrisam, die *ganze* Kirche wird als Heiligtum, als heiliger Ort «besiegelt». Wir erkennen dies deutlich in der komplexen, wahrhaftig «byzantinischen» Liturgie der Kirchenweihe, bevor die Reliquien gebracht und in den Altar hineingelegt werden. Der Zelebrant verkündet dabei nicht vor der Heiligen Pforte des Altarraumes, sondern an den Außentoren der Kirche: «Empfangt euren Herrscher, o ihr Tore ... Wer ist dieser König der Herrlichkeit? ... Der Herr der

Heerscharen, Er ist der König der Herrlichkeit!» Diesen Ritus erläuternd schreibt Symeon von Thessalonike, selbst einer der bedeutendsten Vertreter einer «symbolischen» und «mysteriologischen» Interpretation der Liturgie: «Die Märtyrer, in Gestalt der Reliquien, und der Hierarch selber repräsentieren Christus, und die Kirche repräsentiert den Himmel … Der Bischof liest das *Eingangsgebet* und lädt alle Konzelebranten und die begleitenden Engel ein. Dann, nachdem er die Pforten des Gotteshauses gesegnet und sie geöffnet hat, betreten es die Zelebranten, wie es im Himmel durch die Majestät des Vaters die Zeugen Jesu Christi tun werden, wenn sich einst die Tore der himmlischen Wohnung für uns öffnen.»[13]

Es ist völlig klar, wie es eine große Zahl weiterer Dokumente bestätigt, dass dieser Ritus in einer Zeit entstand, die unter der «Heiligen Pforte» nicht die Tore des Altarraumes verstand, sondern diejenigen des Kirchengebäudes und dieses selbst als Himmel auf Erden erfuhr und begriff, als der Ort, wo der Herr durch die eucharistische Versammlung der Kirche, «durch die verschlossenen Pforten hindurch» eintritt, und mit ihm und in ihm zugleich sein Reich.

Wir werden noch eingehender über die Bedeutung des Altars bei der Eucharistie im Zusammenhang mit dem sogenannten *«Kleinen Einzug»* sprechen. Für jetzt aber genügt es, sowohl die grundlegende Verbindung von Gotteshaus und Versammlung zu betonen wie auch die Bedeutung des Gotteshauses als nichts anderes denn als *sobor*, als die in architektonische Formen, Farben und Bildern inkarnierte «Versammlung als Kirche».

[13] Symeon von Thessalonike, *De sacro templo* (PG 155, 321 D).

Die Liturgie ist das «Sakrament der Versammlung». Christus ist gekommen, «um die versprengten Kinder Gottes wieder zu sammeln» (Joh 11,52), und von Anfang an war die Eucharistie eine Form der Kundgabe und Verwirklichung der Einheit des neuen, durch und in Christus gesammelten Gottesvolkes. Wir sollten uns tief bewusst sein, dass wir das Gotteshaus nicht um des individuellen Gebetes willen aufsuchen, sondern um uns *als Kirche zu versammeln*, und dass der sichtbare Kirchenbau nichts anderes bedeutet und ist als ein Bild des nicht von Menschenhand geschaffenen Tempels. Deshalb ist die *«Versammlung als Kirche»* in Wirklichkeit der erste liturgische Akt, das Fundament der gesamten Liturgie; und solange dies nicht verstanden wird, kann alles übrige der Feier nicht verstanden werden. Wenn ich sage, ich gehe in die Kirche, heißt das, ich gehe zur Versammlung der Gläubigen, um mit ihnen zusammen *die Kirche zu bilden*, um das zu sein, was ich am Tag meiner Taufe geworden bin – im vollsten, umfassendsten Sinn des Wortes, *ein Glied* des Leibes Christi. «Ihr aber seid der Leib Christi, und jeder einzelne ist ein Glied an ihm», sagt der Apostel (1 Kor 12,27). Ich gehe, um meine Mitgliedschaft zu verwirklichen, um vor Gott und Welt das Geheimnis des Gottesreiches kundzutun und zu bezeugen, das schon «mächtig geworden ist».

Es ist gekommen und kommt mit Macht – in der Kirche. Das ist das Geheimnis der Kirche, das Geheimnis des Leibes Christi: «Wo zwei oder drei in meinem Namen versammelt sind, da bin ich mitten unter ihnen» (Mt 18,20). Das Wunder der Versammlung der Kirche liegt darin, dass sie nicht die «Summe» der sündigen und ihrer nicht würdigen, sie kompromittierenden Menschen ist, sondern der Leib Christi. Wie oft sagen wir, wir gehen in die Kirche, um Hilfe, Stärkung oder Trost zu erhalten? Dabei vergessen wir, dass wir die Kirche sind, dass wir sie ausmachen, dass Christus in seinen Gliedern wohnt und die Kirche nicht neben oder über uns existiert,

sondern *wir in Christus sind und Christus in uns ist.* Das
Christentum besteht nicht in der Ermöglichung «persönlicher
Vollkommenheit» Einzelner, sondern in erster Linie in der
Berufung und Sendung der Christen, Kirche zu sein – «ein
auserwähltes Geschlecht, eine königliche Priesterschaft, ein
heiliger Stamm» (1 Petr 2,9) –, um die Gegenwart Christi und
seines Reiches in der Welt kundzutun und zu bekennen.

Doch die Heiligkeit der Kirche ist nicht unsere Heiligkeit,
sondern die Heiligkeit Christi, der die Kirche liebte und sich
für sie dahingab, «um sie ... zu heiligen, ... auf dass sie heilig sei
und makellos» (Eph 5,25-27). Ebenso ist die Heiligkeit der
Heiligen nur Offenbarung und Verwirklichung dieser Heiligung, dieser Heiligkeit, die jeder von uns am Tag seiner Taufe
empfangen hat und in der wir zu wachsen berufen sind. Doch
wären wir nicht imstande, in ihr zu wachsen, wenn wir sie
nicht schon als Gabe Gottes in uns hätten als seine Gegenwart in uns durch den Heiligen Geist. Deshalb wurden in der
Frühzeit alle Christen *Heilige* genannt; deshalb ist auch das
«Versammeln als Kirche» unsere Aufgabe, unsere erste Ver-
pflichtung und Berufung. Für diese Aufgabe wurden wir geweiht, und sie verbleibt uns, solange wir uns nicht von ihr los-
gesagt haben.

In der frühen Kirche schlossen sich diejenigen, die ohne
zwingenden Grund nicht an der eucharistischen Versammlung
teilnahmen, selbst aus der Kirche aus, indem sie sich selbst aus
der organischen Einheit des Leibes Christi, die sich in der Liturgie kundtut, herauslösten. Denken wir daran, die Eucharistie ist nicht «eines der Sakramente» oder irgendeine Form
gottesdienstlicher Feier, sondern ist das eigentliche In-Er-
scheinung-Treten, die *Vollendung* der Kirche in ihrer ganzen
Wirkmächtigkeit, Heiligkeit und Fülle. Nur indem wir daran
teilnehmen, können wir an Heiligkeit zunehmen und die Aufgabe erfüllen, zu der wir bestellt sind. Die Kirche, die sich in
der Eucharistie versammelt, selbst wenn es nur «zwei oder
drei» sind, ist das Bild und die Verwirklichung des Leibes
Christi, und nur deshalb können die Versammelten daran teil-

nehmen, d.h. am Leib und Blut Christi *Kommunizierende* sein, weil sie Christus in ihrer Versammlung darstellen. Keiner könnte je daran teilhaben, keiner von der nötigen und «hinreichenden» Heiligkeit sein, wenn diese nicht der Kirche übergeben und anheimgestellt wäre, jener Versammlung und mystischer Einheit, in der wir, die wir den Leib Christi bilden, ohne uns schuldig zu machen, Gott als Vater ansprechen und am göttlichen Leben teilhaben und kommunizieren dürfen.

Nun sollte es hinreichend klar geworden sein, wie sehr unser gegenwärtiges «individuelles» Eintreten in das Gotteshaus, zu jeglichem beliebigen Zeitpunkt der Liturgie, das Wesen der Eucharistie verletzt. Wer hier seine «Individualität» und «Freiheit» behaupten will, weiß nichts von dem Mysterium der Kirche, hat es noch nicht entdeckt; er hat keinen Anteil am Sakrament der Versammlung, an diesem Wunder der Wiedervereinigung der zersplitterten und sündigen menschlichen Natur in der gottmenschlichen Einheit Jesu Christi.

6

Wenn die «Versammlung als Kirche» das Bild des Leibes Christi ist, dann ist der *Priester* das Bild des Hauptes dieses Leibes. Er steht vor, er ist das Haupt der Versammlung, und dass er der Versammlung vorsteht, macht eine Gruppe von Christen zur Versammlung der Kirche in der Fülle ihrer Gaben. Denn wenn der Priester seinem Menschsein nach auch nur einer von den Versammelten ist – vielleicht der sündigste und unwürdigste –, so drückt er doch aufgrund der Gaben des Heiligen Geistes, die von der Kirche seit Pfingsten bewahrt und bei der Handauflegung durch den Bischof ohne Unterbrechung weitergegeben werden, die Macht des Priestertums Christi aus, der sich selbst für uns weihte als der eine Priester des Neuen Testamentes: «Er aber hat, weil er auf ewig bleibt, ein unvergängliches Priestertum» (Heb 7,24). So wie die Heiligkeit der Versammlung nicht die Heiligkeit der sie konstituierenden Menschen ist, sondern die Heiligkeit Christi, so ist das Priestertum des Priesters nicht sein persönliches, sondern das Christi, das der Kirche verliehen ist, weil sie sein Leib ist. Christus steht nicht außerhalb der Kirche, und weder seine Macht noch seine Autorität sind an irgendeinen delegiert. Christus selbst lebt in der Kirche fort und erfüllt durch den Heiligen Geist ihr ganzes Leben. Der Priester ist weder ein «Vertreter» noch ein «Abgesandter» Christi: *im Sakrament ist er Christus selbst*, genauso wie die Versammlung Christi Leib ist. Als Vorsteher der Versammlung stellt er in seiner Person die Einheit der Kirche, die Einheit aller ihrer Glieder in Christus dar. So zeigt sich in dieser Einheit von Zelebrant und Versammelten die gott-menschliche Einheit der Kirche in und mit Christus.

Auch das Ankleiden des Priesters, selbst wenn es heute vor der Liturgie geschieht, ist mit der Versammlung verbunden, denn es ist ein Bild, eine Ikone der Einheit Christi und der Kirche sowie der unauflöslichen Einheit der Vielen, die das Eine bilden. Das weiße Gewand – das *Sticharion* (*podriznik*) – ist zunächst das weiße Taufkleid, das jeder von uns bei der Taufe empfing. Es ist das Kleid aller Getauften, das Kleid der Kirche selbst. Dass der Priester es anzieht, stellt das Einssein der Versammlung dar und vereint uns alle mit ihm. Das *Epitrachelion* (Stola) ist das Bild der Annahme der Menschennatur durch den Erlöser um unserer Erlösung und Vergöttlichung willen und somit ein Zeichen des Priestertums Christi. Dasselbe ist der Fall bei den *Epimanikien*: die Hände des Priesters, mit denen er segnet und den Gottesdienst feiert, sind nicht mehr die seinen, sondern die Hände Christi. Und der *Gürtel* war schon immer ein Zeichen des Gehorsams, des Bereitseins, der Brüderlichkeit und des Dienstes. Der Priester nimmt nicht aufgrund eigener Vollmacht einen «erhöhten Platz» ein; er «ist nicht größer als sein Meister». Er ist vielmehr durch seinen Meister, dem er nachfolgt und durch dessen Gnade er dient, zu diesem Amt gerufen. Das *Phelonion* oder *riza* (Kasel) schließlich stellt die Herrlichkeit der Kirche dar als die neue Schöpfung, als Freude, Wahrheit und Schönheit des neuen Lebens, als ein Vorausbild des Reiches Gottes und des Königs, der für immer «regiert; bekleidet mit Hoheit», ist (Ps 93,1).

Das Ankleiden endet mit der Handwaschung des Zelebranten. Die Eucharistie ist für jene, denen die Sünden vergeben sind, die der Gesetzlosigkeit entsagt haben und mit Gott versöhnt sind. Sie ist der Dienst der neuen Menschheit, für die es «einst kein Erbarmen gab, die aber jetzt Erbarmen gefunden hat» (1 Petr 2,10). Wir ziehen zum Haus des Herrn, «versammeln uns als Kirche», wir sind mit den Gewändern der neuen Schöpfung bekleidet – das sind die ersten Riten des «Sakraments der Sakramente», der allerheiligsten Eucharistie.

ZWEITES KAPITEL

DAS SAKRAMENT DES REICHES GOTTES

*«Darum vermache ich euch das
Reich, wie es mein Vater mir ver-
macht hat: Ihr sollt in meinem
Reich mit mir an einem Tisch essen
und trinken, und ihr sollt auf
Thronen sitzen und die zwölf
Stämme Israels richten.»*

(Lk 22,29-30)

1

Wenn die Versammlung als Kirche im letzten Sinn des Wortes
der *Beginn* der eucharistischen Feier ist und ihre erste und
grundlegende Voraussetzung, dann ist ihr *Ziel* und ihre Erfüllung der Einzug der Kirche in den Himmel, ihre Vollendung
am Tisch Christi in seinem Reich. Dies als Ziel, Absicht und
Vollendung des Sakramentes zu nennen, ergibt sich unumgänglich und sogleich aus dem Bekenntnis zur «Versammlung
als Kirche» als ihren Beginn, denn dieses «Ziel» offenbart zugleich die eucharistische Einheit, ihre Ordnung und ihr Wesen
als Bewegung und Aufstieg – vor allem aber und über alles
hinaus als das Sakrament des Gottesreichs. Es ist kein Zufall,
dass die Liturgie in ihrer gegenwärtigen Form mit dem feierlichen Lobpreis des Reiches beginnt.

Heute haben wir uns vor allem wieder dieses «Zieles» zu erinnern, denn in der Sakramentenlehre unserer Schulen – die in den «dunklen Jahren» westlicher «Gefangenschaft» im orthodoxen Osten Einzug hielt – wird weder die «Versammlung als Kirche», als Beginn und Vorbedingung des Sakraments, noch der Aufstieg zum himmlischen Altar, zum «Tisch Christi», erwähnt. Sie beschränkte das Sakrament auf zwei «Akte», zwei «Momente»: die Wandlung der eucharistischen Gaben in den Leib und das Blut Christi und die Kommunion an sich. Ihre Definitionen bestanden in der Beantwortung der Fragen nach dem *Wie*, nämlich auf Grund welcher «Kausalität», und nach dem *Wann*, d.h. Zeitpunkt, an dem sich die Wandlung ereignet. Mit anderen Worten: Unsere Schultheologie bestimmte für jedes gespendete Sakrament eine ihm einwohnende und zu seinem Vollzug notwendige und hinreichende *Weiheformel*.

So definiert zum Beispiel der vom ganzen orthodoxen Osten angenommene *Große Katechismus* des Metropoliten Filaret von Moskau diese «Formel» als ein «Nachsprechen der Worte Christi, die er bei der Einsetzung des Sakramentes gesprochen hat: Nehmet und esset, das ist mein Leib, trinket alle daraus, das ist mein Blut ... und dann die Anrufung des Heiligen Geistes und die Segnung der dargebrachten Gaben: Brot und Wein... Wenn dies geschieht, werden Brot und Wein in den Leib und das Blut Christi verwandelt.»[1]

Der Einfluss der scholastischen Sakramententheologie, der die «Weiheformel» zu Grunde liegt, zeigt sich leider auch in unserer eigenen liturgischen Praxis. Er drückt sich in dem offenkundigen Wunsch aus, den mit der «Weiheformel» identischen Teil des eucharistischen Hochgebetes *auszusondern*, ihn sozusagen als unabhängig und sich selbst genügend zu erklären. So gesehen wird die Lesung des Hochgebets durch das

---

[1] Filaret (Drosdow), Metropolit von Moskau, *Prostrannyj Christianskij Katechizis Pravoslavnyje Kafol. Vost. Cerkvi (Großer Katechismus)*, Moskau 1909 sowie Paris 1926; repr. Jordanville 1961, 86f. Vgl. dazu auch A. Vonier, *Das Geheimnis des eucharistischen Opfers*, Berlin 1929.

dreifache Verlesen des Troparions «zur dritten Stunde» gleichsam unterbrochen: «Herr, der Du zur dritten Stunde Deinen
Allheiligen Geist den Aposteln gesandt hast, nimm Ihn, All-
gütiger, nicht von uns, sondern erneuere Ihn in uns, die wir
Dich darum bitten» – eine Ergänzung, die weder grammatika-
lisch noch semantisch mit der Anaphora verbunden ist.[2] In
gleicher Absicht wird liturgisch und sprachlich ein Dialog
zwischen Diakon und Priester aus dem eucharistischen Hochgebet ausgesondert, dessen Quintessenz in der getrennten
Konsekration, zunächst des Brotes, dann des Kelches, besteht
und schließlich der beiden Gaben zusammen. Ein weiterer
Beweis für die Tatsache, dass wir es mit einer «Weiheformel»
zu tun haben, ist die sprachlich geradezu barbarische Über-
tragung der letzten Worte der Benediktion «... sie verwandelnd
durch Deinen Heiligen Geist» aus der Anaphora des hl. Chrysostomus in jene Basilius' des Großen.

Was die übrigen Riten der Liturgie betrifft, so werden sie
entweder allgemein ignoriert – da sie für den Vollzug des Sakramentes nicht nötig und von daher kein Thema für theologische Erwägungen sind – oder sie werden, wie in dem oben
zitierten Katechismus, als symbolische «Veranschaulichun-
gen» des einen oder anderen Ereignisses im Dienstamt Christi
gedeutet, als «erbauliche» Erinnerungen für die anwesenden
Gläubigen.

Wir werden später auf diese Lehre einer «Weiheformel»
zurückkommen müssen. Jetzt, im Anfangsstadium unserer
Arbeit, ist es wichtig festzuhalten: Die Lehre von der «Weiheformel» isoliert die Eucharistie von der Liturgie und *trennt* so
die Eucharistie von der Kirche, von ihrem ekklesiologischen
Wesen und Sinn.

Diese Trennung ist natürlich eine äußerliche, denn der Geist
der Tradition ist in der orthodoxen Kirche zu stark, um einen
Wandel oder Verrat an den alten Formen des Gottesdienstes

---

[2] K. Kern, *Evcharistija*, 277ff.

zuzulassen. Dennoch ist die Trennung Wirklichkeit, denn unter diesem Aspekt hört die Kirche auf, sich selber nicht nur als «Spender» der Sakramente wahrzunehmen, sondern auch als ihr eigentliches *Objekt*: Die Sakramente vergegenwärtigen die Vollendung der Kirche in «dieser Welt» als das Sakrament des Reiches, das «in seiner Machtfülle gekommen ist». Die bloße Tatsache, dass dieser Beginn der Eucharistie, d.h. die «Versammlung als Kirche», sowie ihr Ziel, d.h. ihre Vollendung und die Verwirklichung als «das, was sie ist», nämlich Erscheinung und Gegenwart des Reiches Gottes, in der Praxis wie auch in den Erklärungen und Definitionen der Eucharistie einfach verloren gegangen ist, bezeugt deutlich den wahrhaft verhängnisvollen *Schaden*, den dieser Ansatz und die darin enthaltene Reduktion mit sich gebracht hat.

2

Was aber ist die Ursache dieser Entwertung, und wie durchsetzte sie das kirchliche Bewusstsein der Kirche? Diese Frage ist von nicht zu überschätzender Bedeutung, nicht nur für die Erklärung der Sakramente und der Eucharistie, sondern vor allem für das Verständnis der Kirche selbst, ihres Ortes und ihrer Sendung in «dieser Welt».

Wir beginnen bei der Analyse dieser Abwertung am besten mit einem Begriff, der zwar eine große Rolle in allen «Diskussionen» über den kirchlichen Gottesdienst spielt, dennoch aber vage und dunkel bleibt, nämlich mit dem Begriff des *Symbols*.[3] Es war lange üblich, von der «Symbolik» des orthodoxen Gottesdienstes zu sprechen. Und in der Tat, selbst abgesehen von diesen «Diskussionen» kann kaum bezweifelt

---

[3] Zur liturgischen Symbolik vgl. auch R. Bornet, *Les commentaires byzantins de la divine Liturgie du 7ᵉ au 15ᵉ siècle*, Paris 1966, sowie O. Casel, *Das christliche Kultmysterium*, Regensburg ³1948, und B. Neunhauser, *Eucharistie in Mittelalter und Neuzeit* (Handbuch für Dogmengeschichte Bd. 4/4b), Freiburg 1963. 1966.

werden, dass der orthodoxe Gottesdienst tatsächlich *symbolisch* ist. Was aber wird unter diesem Begriff verstanden, was ist sein konkreter Inhalt?

Die geläufigste Antwort auf diese Frage besteht in einer Gleichsetzung von «Symbol» mit *Darstellung* oder *Veranschaulichung*. Wenn einer sagt, der «Kleine Einzug» «symbolisiere» das Heraustreten des Erlösers zur Verkündigung des Evangeliums, dann meint er damit, dass der Ritus des Einzugs ein bestimmtes Ereignis der Vergangenheit darstellt. Und diese «veranschaulichende Symbolik» wird nun ganz allgemein auf den Gottesdienst übertragen, sei es auf den Gottesdienst als ganzen oder nur auf einzelne seiner Riten. Und da diese Deutung der «Symbolik» (deren Blütezeit schon in der byzantinischen Epoche eingesetzt hatte) zweifellos in den allerfrömmsten Gefühlen wurzelt, wird es nur sehr wenigen einfallen, dass dies nicht nur der grundlegenden und ursprünglichen Vorstellung des christlichen Gottesdienstes widerspricht, sondern diesen vielmehr entstellt und somit einen der Gründe seines gegenwärtigen Niedergangs darstellt.

Die Ursache liegt in der Tatsache, dass «Symbol» hier nicht nur etwas von der Wirklichkeit klar *Unterschiedenes* bezeichnet, sondern eigentlich etwas ihr *Zuwiderlaufendes*. Wir werden später sehen, dass die spezifisch westliche, die römisch-katholische Betonung der «Realpräsenz» Christi in den eucharistischen Gaben aus der Befürchtung erwuchs, diese Gegenwart könnte in die Kategorie des «Symbolischen» versetzt werden. Dies aber konnte erst geschehen, als das Wort «Symbol» nicht mehr für etwas *Reales* stand, sondern praktisch zur Antithese des Realen geworden war. Mit anderen Worten, wo es um Realität geht, da braucht es kein Symbol, und umgekehrt, wo es ein Symbol gibt, da besteht keine Realität. Dies führte zum Verständnis des liturgischen Symbols als eine Art «Veranschaulichung», die nur insoweit notwendig ist, als das Dargestellte nicht «real» ist. Demnach trat vor zweitausend Jahren der Erlöser auf, um das Evangelium in *Wirklichkeit* zu verkünden, und nun veranschaulichen wir dieses Faktum *symbolisch*, um uns an den Sinn dieses Ereignisses bzw. seiner Bedeutsamkeit für uns usw. zu erinnern.

Ich wiederhole, das sind an und für sich durchaus fromme und legitime Absichten. Allerdings wird diese Art von Symbolismus nicht nur sehr häufig willkürlich und künstlich angewendet (so wird der *Einzug* in der Liturgie zu einem Symbol des *Hinaustretens* Christi), sie reduziert vielmehr an die neunzig Prozent unserer Riten auf das Niveau katechetischer Dramatisierung – wie etwa am Palmsonntag «der Einzug auf einem Esel» oder das Mysterienspiel der «Jünglinge im Feuerofen Babylons». Eine solche Reduktion nimmt den Riten ihre innere Notwendigkeit, ihre Verbindung zur *Realität* der Liturgie. Sie werden zu «symbolischen» Staffagen, zur bloßen Ausschmückung jener zwei oder drei Akte oder «Momente», die sozusagen allein die «Realität» der Liturgie ausmachen – und allein notwendig und somit «ausreichend» sind. Dies wird durch unsere Schultheologie vorgemacht, die seit langem den ganzen Ordo der Eucharistie aus dem Bereich ihres Interesses und ihrer Aufmerksamkeit entlassen und sich völlig auf ein einziges Moment konzentriert hat: die Weiheformel. Andererseits zeigt sich dies auch – so seltsam dies scheinen mag – in unserer eigensten Frömmigkeit. Es ist kein Zufall, wenn eine wachsende Zahl von Menschen in der Kirche diese Anhäufung symbolischer Darstellungen und Auslegungen der Liturgie als störend für ihr Gebet und ihre genuine Teilnahme an der Liturgie empfindet und als Ablenkung von der geistigen Realität, mit der in Berührung zu kommen gerade das Wesen des Gebetes ist. Diese selbe «veranschaulichende Symbolik», die schon für den Theologen nicht nötig ist, erübrigt sich auch für den wirklich Gläubigen.

3

Dieses Trennen und Entgegensetzen von Symbol und Wirklichkeit bildet die Grundlage jener Wahrnehmung und darauffolgenden Bestimmung der Sakramente – vor allem der Eucharistie –, die sich in der *Weiheformel* fokussiert. Dieser Ansatz gelangte über den Westen zu uns, wo die Sakramente, im Unterschied zum Osten, schon recht früh zum Thema besonderer Abhandlungen und Definitionen wurden. Besondere Aufmerksamkeit wäre dabei dem scholastischen Traktat *De sacramentis* zu widmen, wie seiner sukzessiven Entwicklung zu einer seltsamen *Entfremdung* der Sakramente von der Kirche. Diese Entfremdung ist natürlich nicht in dem Sinne zu verstehen, dass die Sakramente außerhalb der Kirche oder unabhängig von ihr gespendet werden. Sie sind vielmehr der Kirche anvertraut und werden durch die ihr verliehene Gewalt nur in ihr und in ihrem Namen gespendet. Und doch, obgleich sie in der Kirche und durch sie vollzogen werden, bilden sie – selbst in der Kirche – eine besondere, von ihr zu unterscheidende Realität. Ihr Spezifikum liegt in ihrer Einsetzung unmittelbar durch Christus selbst und in ihrem Wesen als «sichtbare Zeichen unsichtbarer Gnade» (invisibilis gratiae visibile signum), wie auch in ihrer «Wirkmächtigkeit» (efficacio), ja schließlich als «Gnadenquell» in ihrem «Hervorbringen von Gnaden» (causae gratiae).

Ein Ergebnis der Aussonderung der Sakramente als neue Realität sui generis war die scholastische Definition der Sakramente, die nur im Blick auf den Sündenfall des Menschen und auf seine Erlösung eingesetzt worden seien. Im Stand der «paradiesischen Unschuld» hatte sie der Mensch nicht nötig; notwendig wurden sie erst, als der Mensch sündigte und für die Verwundungen der Sünde eines *Heilmittels* bedurfte. Die Sakramente sind dieses Heilmittel: «quaedam spirituales medicinae quae adhibentur contra vulnera peccati». Letztlich besteht die einzige Quelle der Sakramente in der *Passion Christi*, in seinem Leiden und Kreuzesopfer, durch das Christus die Menschheit erlöst und gerettet hat. Die Sakramente werden in der Kraft des Leidens Christi vollzogen *(in virtute passionis Christi)* und auf die Menschheit angewendet *(passio Christi quaedam applicata hominibus)*.

Die Ergebnisse dieser Entwicklung in der westlichen Sakramententheologie zusammenfassend schreibt der katholische Theologe Dom Vonier in seinem Buch *Das Geheimnis des eucharistischen Opfers*: «Die Welt der Sakramente ist eine Neuschöpfung Gottes, von der Welt der Natur und selbst der Geister vollständig verschieden... Den Sakramenten läßt sich nichts mehr an die Seite stellen, weder im Himmel noch auf Erden... Die Sakramente haben ihre eigene Existenzweise, eigene Lebensstruktur, eigene Gnade... Aber vergessen wir nicht, daß das sakramentale Denken etwas sui generis ist.»[4]

4

Es besteht keinerlei Notwendigkeit, uns auf eine nähere Prüfung dieses Denksystems einzulassen, so gut aufgebaut und schlüssig es auch sein mag. Es wurde genügend vorgebracht, um sich klar zu werden, wie *fremd* diese Lehre der orthodoxen sakramentalen Erfahrung ist und wie unvereinbar mit der althergebrachten liturgischen Tradition der orthodoxen Kirche. Doch ich betone, fremd in der Erfahrung, nicht in der Lehre. Denn die Sakramentenlehre, vor allem die zur Eucharistie, die wir in unseren, nach westlichen Modellen und nach westlichen Begriffen aufgebauten dogmatischen Handbüchern finden, entspricht keineswegs dieser Erfahrung, sie widerspricht ihr ganz offen.

Doch wenn wir von *Erfahrung* sprechen, über das, was von Anfang an von der Kirche in ihrer *lex orandi* bewahrt worden ist, dann kann die tiefe Entfremdung der westlich-scholastischen Sakramentenlehre dieser Erfahrung gegenüber nicht übersehen werden. Die Hauptquelle dieser Entfremdung ist die Ablehnung und Verwerfung der *Symbolik* durch die lateinische Lehre. Die Symbolik aber ist der christlichen Auffassung der Welt, des Menschen und der ganzen Schöpfung

---

[4] Vgl. A. Vonier, *Das Geheimnis des eucharistischen Opfers*, 40f.

zuinnerst eingeschrieben und bildet die ontologische Basis der Sakramente. Unter dieser Perspektive ist die lateinische Lehre der Beginn des Zerfalls und der Auflösung des Symbols. Auf die «veranschaulichende» Symbolik reduziert, verliert das Symbol einerseits den Kontakt zur Realität und wird zudem nicht mehr als eine grundlegende *Offenbarung* der Welt und der Schöpfung verstanden. Wenn Dom Vonier schreibt, dass «es weder im Himmel noch auf Erden etwas den Sakramenten Vergleichbares gibt», sagt er damit nicht, dass die Sakramente, so verstanden, und obwohl sie in ihrem Vollzug in jedem Fall von der Schöpfung und von ihrer Natur abhängen, von dieser Natur nichts offenbaren, bezeugen oder darstellen?

Diese Sakramentenlehre ist der Orthodoxie fremd, denn in der orthodoxen kirchlichen Erfahrung und Tradition wird ein Sakrament vor allem verstanden als eine Offenbarung der eigentlichen *Natur* der Schöpfung und der Welt, die, so sehr sie auch als «diese Welt» gefallen sein mag, doch Gottes Welt bleibt, die auf Rettung, Erlösung, Heilung und Verwandlung in eine neue Erde und in einen neuen Himmel wartet. Mit anderen Worten: In der orthodoxen Erfahrung ist das Sakrament in erster Linie eine Offenbarung der *Sakramentalität* der Schöpfung selbst, wurde doch die Welt geschaffen und dem Menschen übergeben, damit sich alles geschöpfliche Leben zur Teilhabe am göttlichen Leben bekehrt. Wenn in der Taufe Wasser zum «Bad der Wiedergeburt» werden kann, wenn unsere irdische Speise – Brot und Wein – so verwandelt werden kann, dass sie teilhat am Leib und Blut Christi, wenn uns mit dem Öl die Salbung des Heiligen Geistes zugesagt wird, kurz, wenn alles in der Welt als Gabe Gottes und als Teilhabe an dem neuen Leben erkannt, kundgetan und verstanden werden kann, dann weil ursprünglich die gesamte Schöpfung zur Vollendung der göttlichen Heilsökonomie aufgerufen und bestimmt war – dann aber wird «Gott alles in allem sein».

Genau in diesem *sakramentalen* Verständnis der Welt liegt Wesen und Gabe jenes *Lichts der Welt*, das die ganze Kirche, die ganze liturgische und spirituelle Tradition der Orthodoxie durchwirkt. Sünde wird hier wahrgenommen als ein *Herausfallen* des Menschen und mit ihm der ganzen Schöpfung aus dieser Sakramentalität, aus dem «Paradies der Freude» hinab in «diese Welt», die nicht mehr gottgemäß lebt, sondern für sich selbst, die sich in sich selbst verschließt und deshalb korrupt und dem Tod verfallen ist. Und wenn es so ist, dann vollbringt Christus die Rettung der Welt, indem er die Welt, ja das Leben selbst als Sakrament erneuert.[5]

5

Das Sakrament ist beides, kosmisch und eschatologisch. Es bezieht sich zugleich auf die Welt Gottes, so wie er sie im Anfang geschaffen hat, wie auf ihre Vollendung im Reich Gottes. Es ist kosmisch, insoweit es alles Geschaffene umfängt und es Gott als sein Eigentum zurückbringt – «... wir bringen Dir dar das Deine vom Deinigen ... im Namen aller und für alle» – und so in und durch sich selbst den Sieg Christi zum Ausdruck bringt. Es ist aber auch im selben Maß eschatologisch auf das *Reich* bezogen, *das im Kommen ist.* Doch indem die Welt Christus – ihren Schöpfer, Erlöser und Herrn – abgelehnt und getötet hat, verurteilte sie sich selbst zum Tode, denn sie hat kein «Leben in und aus sich selbst», und hat den abgewiesen, von dem gesagt wurde, «in ihm war das Leben, und das Leben war das Licht der Menschen» (Joh 1,4). Als «diese Welt» gelangt sie an ein Ende – «Himmel und Erde werden vergehen» –, deshalb leben diejenigen, die an Christus glauben und ihn als «den Weg, die Wahrheit und das Leben» anerkennen, in

---

[5] Zur sakramentalen Natur der Schöpfung vgl. auch A. Schmemann, *For the Life of the World*, Crestwood, New York [7]2000 (dtsch. *Aus der Freude leben. Ein Glaubensbuch der orthodoxen Christen*, Olten 1974). Die Natur der «Welt als Sakrament» scheint besonders eindringlich im Gebet der Kirche auf (leider ohne, dass dies bisher sorgfältig untersucht und umgesetzt worden wäre).

der Hoffnung auf das kommende Zeitalter. Denn sie haben hier nicht länger eine «Stadt, die bestehen bleibt, sondern ... suchen die zukünftige» (Hebr 13,14). Aber darin liegt gerade die Freude der Christenheit, das österliche Wesen ihres Glaubens, dass «dieses kommende Zeitalter», die in «dieser Welt» zwar noch ausstehende Zukunft, schon «mitten unter uns» ist. Ja, unser Glaube selbst ist bereits Wirklichkeit (ὑπόστασις) des Erhofften, Evidenz noch nicht gesehener Dinge (ἔλεγχος, Beweis) (Heb 11,1). Er ist, zeigt und gewährt das, worauf er hingeordnet ist: die Gegenwart unter uns des nahenden Gottesreiches und seines nie erlöschenden Lichts.

Dies wiederum bedeutet, dass in der orthodoxen Erfahrung und Tradition die *Kirche* selbst ein Sakrament ist. Kirchenhistoriker haben öfters festgestellt, dass wir in der frühen patristischen Tradition keine *Definition* der Kirche finden. Der Grund dafür liegt jedoch nicht in der noch nicht voll entwickelten Theologie jener Zeit – wie manche Gelehrte vermuten –, sondern in der Tatsache, dass die Kirche in ihrer frühen Tradition kein «Objekt» der «Definition», sondern gelebte Erfahrung des neuen Lebens war. Diese Erfahrung – in der wir auch ihre *institutionelle* Struktur, ihre Hierarchie, ihre Kanones und Liturgie usf. vorfinden – ist ihrer Natur entsprechend *sakramental* und *symbolisch*, denn die Kirche existiert, um sich selber immer neu in diese Wirklichkeit zu verwandeln, die sie kundtut: die Vollendung des Unsichtbaren im Sichtbaren, des Himmlischen im Irdischen, des Geistigen im Materiellen.

Daher ist die Kirche ein Sakrament in beiden erwähnten höheren Dimensionen: in der kosmischen wie in der eschatologischen. Sie ist ein Sakrament im kosmischen Sinn, weil sie «dieser Welt» die eigentliche Welt Gottes kundtut, so wie Gott sie geschaffen hat, nämlich als *Anfang*. Nur im Licht dieses Anfangs und in Beziehung zu ihm können wir die volle Größe unserer hohen Berufung erkennen – aber auch die Abgründe unseres Abfalls von Gott. Die Kirche ist aber auch ein Sakrament im eschatologischen Sinn, weil die durch die Kirche offenbarte ursprüngliche Welt, die Gott erschaffen hat, durch

Christus schon erlöst ist. In der liturgischen Erfahrung und in einem betenden Leben ist sie nie von dem *Ende* getrennt, um dessentwillen sie geschaffen und gerettet wurde, auf dass Gott «alles in allem sei» (1 Kor 15,28).

6

Sofern die Kirche selbst im tiefsten und umfassendsten Sinn des Wortes Sakrament ist, erschafft, offenbart und erfüllt sie sich selber in den Sakramenten und durch sie, vor allem durch das «Sakrament der Sakramente», die allerheiligste Eucharistie. Wenn also, wie eben gesagt, die Eucharistie das Sakrament des Anfangs und des Endes, der Welt und ihrer Vollendung als Reich Gottes ist, dann wird die Kirche in ihrem Aufstieg zum Himmel, «der Heimat der Herzenssehnsucht», zum *status patriae* – zum messianischen Festmahl Christi in seinem Reich.

Das heißt, dass all dies – die «Versammlung als Kirche», der Aufstieg zum Thron Gottes und die Teilnahme am Festmahl in Gottes Reich – *in und durch den Heiligen Geist* gewirkt wird. «Ubi Ecclesia ibi Spiritus Sanctus et omnis gratia.» «Wo die Kirche ist, dort ist der Heilige Geist und die Fülle der Gnade.»[6] In diesen Worten des hl. Irenäus von Lyon ist die Erfahrung der Kirche als Sakrament des Heiligen Geistes tief eingeschlossen. Wenn aber dort, wo die Kirche ist, auch der Heilige Geist ist, dann gibt es dort, wo der Heilige Geist ist, auch eine Erneuerung der Schöpfung. Dort finden wir «den Beginn eines anderen, neuen und unvergänglichen Lebens», die Morgendämmerung des geheimnisvollen, ewigen Tages im Gottesreich. Denn der Heilige Geist ist «der Geist der Wahrheit, die Gnadengabe der Kindschaft, ist Unterpfand des künftigen Erbes und Erstling der ewigen Güter, lebendigmachende Kraft und Quelle der Heiligung. Durch ihn gestärkt, dient Dir jedes vernunftbegabte und geistige Geschöpf und sendet

---

[6]   Irenäus von Lyon, *Adv. haer.*, 3, 24, 1.

Dir unaufhörlichen Lobpreis empor» (Anaphora der Basilius-Liturgie). Mit anderen Worten: Wo der Heilige Geist ist, dort ist das Reich Gottes. Durch sein Kommen am «letzten und großen Pfingsttag» verwandelt der Heilige Geist diesen *letzten* Tag in den ersten Tag der neuen Schöpfung und erweist die Kirche als Gabe und Gegenwart dieses ersten und «achten» Tages.

So geschieht alles in der Kirche durch den Heiligen Geist, alles ist im Heiligen Geist und alles hat an ihm teil. Alles ist durch den Heiligen Geist, denn durch die Herabkunft des Geistes wird die Kirche als Verwandlung des Endes in den Anfang, des alten Lebens in das neue, offenbar:

Alles schickt der Heilige Geist,
Er ist der Quell der Prophetie,
Er vollendet das Priesteramt,
Er versammelt die Kirche.

Alles in der Kirche geschieht im Heiligen Geist, der uns ins himmlische Heiligtum, zum Throne Gottes emporhebt:

Wir haben das wahre Licht geschaut,
wir haben den himmlischen Geist empfangen.

Schließlich ist die Kirche ganz auf den Heiligen Geist hin ausgerichtet, auf «die Schatzkammer des Segens und den Spender des Lebens». Das ganze Leben der Kirche ist eine Sehnsucht nach dem Empfang des Heiligen Geistes und nach Gemeinschaft mit ihm und in ihm an der Fülle der Gnaden. Und wie nach den Worten des ehrwürdigen Serafim von Sarajewo das Leben und der geistige Kampf eines jeden Gläubigen im Erlangen des Heiligen Geistes besteht, so richtet sich auch das Verlangen der Kirche nach jenem immerfort gestillten, doch nie völlig gelöschten Durst nach dem Heiligen Geist:

Komm zu uns, Heiliger Geist,
lass uns teilhaben an Deiner Heiligkeit
und am Licht, das keinen Abend kennt,
am göttlichen Leben
und am Verströmen seines Wohlgeruchs.

7

Nachdem wir all dies gesagt haben, können wir nun zu dem zurückkehren, womit wir dieses Kapitel begonnen haben: zur Definition der Eucharistie als Sakrament des Gottesreiches, als ein Emporsteigen der Kirche zum «Tisch des Herrn in seinem Reich».

Wir wissen, dass diese Definition durch den Einfluss des Westens auf die orthodoxe Theologie aus unseren theologischen Erläuterungen zur Liturgie «verschwunden ist». Hauptgrund dafür war die Auflösung des Schlüsselbegriffs *Symbol* im christlichen Verständnis und seine Entgegensetzung zum Begriff *Realität,* somit seine Reduktion auf die Kategorie einer «veranschaulichenden Symbolik». Insofern der christliche Glaube von Anfang an die *Realität* der Wandlung der Gaben von Brot und Wein in den Leib und das Blut Christi bekannt hat – «dies ist *wahrhaft* der Leib Christi, dies ist *wahrhaft* das Blut Christi» –, wurde jede «Minderung» dieser Realität mit «Symbolik» als eine Bedrohung des eucharistischen «Realismus» verstanden wie auch als eine Bedrohung der *Realpräsenz* des Leibes und Blutes Christi auf dem Altar. Dies führte zur Beschränkung des Sakraments auf die «Weiheformel» – die gerade durch ihre Knappheit die Realität der Wandlung in Zeit und Raum «garantiert» –, und diese «Angst» führte auch zu einer immer subtileren Bestimmung des «Modus» und des «Momentes» der Wandlung wie auch ihrer «Wirkung». Daher auch die steten Ermahnungen, dass *vor* der Konsekration der Gaben die Patene nur Brot, der Kelch nur Wein enthält; *nach* der Konsekration aber nur mehr den Leib und das Blut Christi. Von daher stammen auch die Versuche, die «Realität» der Wandlung mit Hilfe der aristotelischen Kategorien von «Substanz» und «Akzidenz» und die Wandlung als «Transsubstantiation» zu erklären. Schließlich finden wir hier die Ursache, eine wirkliche Beziehung der Liturgie – im Einzelnen wie im Ganzen – zur Verwandlung der heiligen Gaben abzulehnen, ja praktisch die Liturgie von den Erläuterungen des Sakraments auszuschließen.

Hier und jetzt müssen wir uns fragen: Entspricht dieses Verständnis von Symbol und Symbolik als ein Gegensatz zur «Wirklichkeit» der ursprünglichen Bedeutung des Begriffs «Symbol», entspricht es der christlichen *lex orandi*, der liturgischen Tradition der Kirche? Diese grundlegende Frage beantworte ich mit nein. Denn genau hier sitzt der Kern des Problems: Die ursprüngliche Bedeutung des Begriffs «Symbol» ist keineswegs gleichbedeutend mit «Veranschaulichung». Ja, es ist in der Tat durchaus möglich, dass das Symbol *nicht* «veranschaulicht», d.h. es kann ohne jede äußere Ähnlichkeit sein mit dem, was es symbolisiert.

Die Religionsgeschichte zeigt: Je älter, tiefgründiger und «organischer» ein Symbol ist, umso weniger wird es aus solchen «veranschaulichenden» Eigenschaften bestehen. Und zwar weil Sinn und Zweck des Symbols *nicht* darin bestehen zu veranschaulichen (was die *Abwesenheit* des Veranschaulichten voraussetzen würde), sondern vielmehr es zu *offenbaren* und das Offenbarte *mitzuteilen*. Ja, man könnte sagen, das Symbol sei nicht so sehr der in ihm symbolisierten Wirklichkeit «ähnlich», es habe vielmehr *Anteil* daran und sei darum in der Lage, es in Wirklichkeit zu vermitteln. Mit anderen Worten: die Differenz (und es handelt sich hier um eine radikale Differenz) zwischen unserem heutigen Verständnis von Symbol und dem ursprünglichen besteht darin: Im Unterschied zu unserem heutigen Symbolverständnis, in dem das Symbol Vergegenwärtigung oder Zeichen von etwas *Abwesendem* ist (wie das chemische Symbol nicht wirkliches, echtes Wasser ist), ist im ursprünglichen Verständnis das Symbol Kundgabe und Gegenwart der *anderen* Realität als einer *anderen*, nämlich als einer Realität, die unter den gegebenen Bedingungen nicht anders ansichtig und gegenwärtig werden kann als durch ein Symbol.

Das heißt letzten Endes, dass das wahrhaftige und ursprüngliche Symbol vom Glauben nicht zu trennen ist, denn glauben heißt «überzeugt sein von Dingen, die man nicht sieht» (Heb 11,1), nämlich darum wissen, dass es eine von der «empirischen» Realität unterschiedene Wirklichkeit gibt, dass man in diese Wirklichkeit eintreten, ja an ihr teilhaben und in Wahrheit zur «allerwirklichsten Wirklichkeit» werden lassen kann. Setzt aber das Symbol den Glauben voraus, so verlangt der Glaube notwendigerweise nach dem Symbol. Glaube ist, im Unterschied zu den «Überzeugungen» oder philosophischen «Gesichtspunkten» usf., Fühlung und Verlangen nach Fühlung, Verkörperung und Verlangen nach Verkörperung: er ist Kundgabe, *ist* Symbol (vom griechischen συμβάλλω: «verbinden», «zusammenfügen»). In ihm sind – im Unterschied zur bloßen «Veranschaulichung» oder zum bloßen Zeichen, im Unterschied auch zum Sakrament in seiner scholastisch-rationalistischen «Reduktion» – das Empirische (oder «Sichtbare») und das Geistige (oder «Unsichtbare») vereint und zwar weder auf *logische* (dies «steht für» das) noch *analogische* («abbildliche») Weise, noch in einem *kausalen Zusammenhang* von Ursache und Wirkung (dieses als Mittel oder Erzeuger von jenem), sondern so, dass das Geistige im Empirischen *epiphan* wird. Die eine Realität *manifestiert* sich (ἐπιφαίνω) in einer anderen und *vermittelt* diese, doch – und dies ist überaus wichtig – nur soweit, als das Symbol selber an der geistigen Wirklichkeit teil hat und in der Lage oder dazu berufen ist, diese zu verkörpern. Anders gesagt: alles im Symbol manifestiert die geistige Wirklichkeit, aber nicht alles, was zur geistigen Wirklichkeit gehört, erscheint im Symbol verkörpert. Mit anderen Worten, im Symbol manifestiert *jedes Ding* die geistige Wirklichkeit, aber *nicht* alles, was zur geistigen Wirklichkeit gehört, ist im Symbol verkörpert. Das Symbol ist stets unvollständig, unvollkommen: «denn Stückwerk ist unser Erkennen, Stückwerk unser prophetisches Reden» (1 Kor 13,9). Seinem eigenen Wesen entsprechend vereint das Symbol disparate Realitäten, wobei in der Beziehung der einen zur anderen die andere immer «das ganz Andere» bleibt. Wie *real* ein Symbol auch immer sein mag, wie erfolgreich es uns jene andere Wirklichkeit vermitteln kann, seine Funktion besteht nicht darin, unseren Durst zu stillen, vielmehr ihn zu steigern: «Gewähre uns wahre Gemeinschaft mit Dir am nie endenden Tag Deines Reiches.» Es geht nicht darum, diesen oder jenen Teil «dieser Welt» – Raum, Zeit oder Materie – zu *heiligen*, vielmehr alles in ihr als in Erwartung und dürstend nach der vollkommenen Geisterfüllung wahrzunehmen und zu begreifen: «damit Gott alles und in allem sei» (1 Kor 15,28).

Es erübrigt sich wohl, weiter darzulegen, dass allein dieses ontologische und «epiphanische» Verständnis des Wortes «Symbol» auf den christlichen Gottesdienst anwendbar ist. Es ist jedoch nicht nur anwendbar – es ist davon nicht zu trennen. Denn das Wesen des Symbols besteht in der Tatsache, dass in ihm die Dichotomie zwischen Wirklichkeit und Symbolik (als *Unwirklichkeit*) überwunden ist: die Wirklichkeit wird vor allem verstanden als *Erfüllung* des Symbols und das Symbol als Erfüllung der Wirklichkeit. Der christliche Gottesdienst ist nicht darum symbolisch, weil er verschiedene «symbolische» Darstellungen umfasst. Er mag zwar solche durchaus einschließen, hauptsächlich in der Vorstellungskraft der verschiedenen «Kommentatoren», nicht aber im Ordo selbst und in den Riten. Der christliche Gottesdienst ist vielmehr zunächst und vor allem deshalb symbolisch, weil die Welt als solche, als Gottes eigene Schöpfung, symbolisch, *sakramental* ist; dann aber auch, weil es das Wesen der Kirche, ihre Aufgabe in «dieser Welt» ist, dieses Symbol zu erfüllen, es als die «allerwirklichste Wirklichkeit» zu verwirklichen. Wir können deshalb sagen, dass das Symbol die Welt, die Menschheit und die ganze Schöpfung offenbart als «Materie» eines einzigen, alles umfassenden Sakraments.

Nun können wir auch die grundsätzliche Frage stellen: Was symbolisiert die Eucharistie? Was für eine Symbolik vereinigt den ganzen Ordo und all seine Riten zu einem einzigen Ganzen? Oder anders gesagt, was für eine *geistige Wirklichkeit* wird uns in dem «Sakrament der Sakramente» offenbar gemacht und gegeben? Dies aber führt uns zum Beginn dieses

Kapitels zurück, zur Erkenntnis und zum Bekenntnis der Eucharistie als *Sakrament des Gottesreiches.*

8

Die göttliche Liturgie beginnt mit der feierlichen Doxologie: «Gesegnet sei das Reich des Vaters und des Sohnes und des Heiligen Geistes, jetzt und immerdar und in den Äonen der Äonen.» Ebenso begann auch der Erlöser seine Verkündigung mit der Ausrufung des Reiches, der frohen Botschaft, dass es *gekommen* ist: «Jesus ging wieder nach Galiläa; er verkündete das Evangelium Gottes und sprach: Die Zeit ist erfüllt, das Reich Gottes ist nahe! Kehrt um und glaubt an das Evangelium!» (Mk 1,14-15) Und mit dieser Sehnsucht nach dem Reich Gottes beginnt das erste und vornehmste der christlichen Gebete: «Dein Reich komme...»

Somit ist das Reich Gottes Inhalt des christlichen Glaubens – Ziel, Sinn und Inhalt des christlichen Lebens. Nach dem einstimmigen Zeugnis der ganzen Schrift und Tradition ist es Wissen um Gott, Liebe zu ihm, Einheit mit ihm und Leben in ihm. Das Reich Gottes ist Einssein mit Gott, dem Ursprung allen Lebens, ja er ist das Leben selbst. Es ist ewiges Leben. «Und darin besteht das ewige Leben, dich, den einzig wahren Gott, zu erkennen» (Joh 17,3). Für dieses wahre und ewige Leben in der Fülle der Liebe, der Einheit und der Erkenntnis wurde der Mensch geschaffen. Der Mensch aber verlor all dies im Sündenfall und durch die Sünde des Menschen triumphierte das Böse, das Leid und der Tod in der Welt. Der «Fürst dieser Welt» trat seine Herrschaft an; die Welt aber verwarf ihren Gott und Herrscher. Gott aber verwarf die Welt nicht: wie wir in der Anaphora des hl. Johannes Chrysostomus beten: «Du hast ... uns, nachdem wir gefallen waren, wieder aufgerichtet und lässest nicht nach, alles zu tun, um uns wieder in den Himmel emporzuführen und uns Dein künftiges Reich zu schenken.» Die Propheten des Alten Testamentes hungerten nach diesem Reich, beteten darum und sagten es voraus. Es war das eigentliche Ziel und die Erfüllung der ganzen alttestamentlichen Heilsgeschichte, einer Geschichte, die nicht dank menschlicher Heiligkeit heilig ist (denn sie war mehr als voll von Versagen, Betrug und Sünde), sondern aufgrund der Heiligkeit der göttlichen Vorbereitung auf das kommende Reich.

Jetzt aber ist «die Zeit erfüllt» und «das Reich Gottes nahe» (Mk 1,15). Der eingeborene Sohn Gottes wurde zum Menschensohn, um den Menschen die Vergebung der Sünde, die Versöhnung mit Gott zu verkünden und das neue Leben zu bringen. Durch seinen Tod am Kreuz und seine Auferstehung von den Toten gelangte er in sein Reich: Gott «ließ ihn im Himmel zu seiner Rechten Platz nehmen, hoch erhoben über alle Fürsten und Gewalten, Mächte und Herrschaften und über jeden Namen», und er hat ihm «alles zu Füßen gelegt und ihn, der als Haupt alles überragt, über die Kirche gesetzt» (Eph 1,20-22). Christus herrscht, und jeder, der an ihn glaubt und aus dem Wasser und dem Geist wiedergeboren ist, gehört zu seinem Reich und hat selber Anteil daran. «Christus ist der Herr» – dies ist das älteste christliche Glaubensbekenntnis, und über drei Jahrhunderte lang wurden diejenigen, die diese Worte sprachen, von der Welt in der Gestalt des Römischen Reichs verfolgt, da sie sich weigerten, *irgendeinen* anderen auf Erden als Herrn anzuerkennen außer diesem einen Herrn und König.

Das Reich Christi wird im Glauben angenommen und ist «in uns» verborgen. Der König dieses Reiches kam selber in Gestalt eines Knechtes und herrschte allein durch das Kreuz. Es gibt keine äußeren Zeichen dieses Reiches auf Erden. Es ist das Reich der «kommenden Welt», somit werden alle Menschen erst in der Herrlichkeit seiner zweiten Ankunft den wahren König der Welt erkennen. Für jene aber, die an ihn glauben und ihn anerkennen, ist das Reich schon hier und jetzt gegenwärtig, sichtbarer als jede andere «Wirklichkeit» um uns her. «Der Herr ist gekommen, der Herr kommt, der Herr wird wieder kommen.» Dieser dreifache Sinngehalt des aramäischen

Ausrufs «*Maranatha!*» enthält den gesamten siegesgewissen christlichen Glauben, gegen den sich alle Verfolgungen als machtlos erwiesen haben.

Auf den ersten Blick mag dies wie frömmlerische Platitüden klingen. Doch lesen Sie das eben Gesagte nochmals und vergleichen Sie es mit dem Glauben und der «Erfahrung» der großen Mehrheit der heutigen Christen, dann können Sie gar nicht anders als davon überzeugt sein, dass zwischen dem von uns gerade Ausgeführten und der modernen «Erfahrung» ein tiefer Abgrund gähnt. Ohne zu übertreiben kann gesagt werden: das *Reich Gottes* – der zentrale Begriff der neutestamentlichen Verkündigung – ist nicht mehr der zentrale Inhalt und innere Antrieb des christlichen Glaubens. Im Unterschied zu den ersten Christen ging den Christen späterer Zeiten die Vorstellung des schon «nahegekommenen» Gottesreiches verloren. Sie verstanden es immer mehr als ein am Ende oder *nach* dem Ende einmal *kommendes* Reich. «Diese Welt» und «das Reich», die in den Evangelien nebeneinander und in Spannung und Auseinandersetzung zueinander stehen, wurden als ein chronologisch aufeinander folgender Ablauf verstanden: jetzt – nur die Welt; dann – nur das Gottesreich. Für die ersten Christen aber lag die alles umfangende Freude, das wahrhaft aufschreckend Neue ihres Glaubens in der Tatsache, dass das Reich Gottes «*nahegekommen*» war. Es *war* schon *erschienen*, und obgleich es «dieser Welt» verborgen und unsichtbar blieb, war es schon da, sein Licht war schon aufgegangen, war schon in der Welt am Werk. Als das Reich Gottes dann aber ans Ende der Welt, in unbegreifliche und unergründliche Zeiträume «versetzt» wurde, ging den Christen das Gottesreich als das Erhoffte, als ersehnte und freudvolle Erfüllung aller Hoffnungen und Sehnsüchte, ja des Lebens selbst und all dessen, was die frühe Kirche mit den Worten «Dein Reich komme» verstanden hat, verloren.

Es ist bezeichnend, dass unsere gelehrten Bände dogmatischer Theologie (die natürlich die frühe Lehre nicht stillschweigend übergehen können) vom Reich Gottes nur in recht knappen, eintönigen, ja gelangweilten Ausdrücken handeln. Hier wird *Eschatologie* – die Lehre von der «letzten Bestimmung der Welt und des Menschen» – praktisch auf die Lehre von «Gott als Richter und Rächer» reduziert. Was die Frömmigkeit, nämlich die Erfahrung des einzelnen Gläubigen anbelangt, wird das Interesse auf die Frage nach dem Schicksal des Einzelnen «nach dem Tod» verengt. Zugleich erlangte «diese Welt», von der Paulus schrieb, dass ihre Gestalt «vergeht», die jedoch für die ersten Christen auf das Gottesreich hin durchsichtig war, wiederum ihren eigenen vom Reich Gottes unabhängigen Wert und Selbststand.

9

Diese zunehmende Verengung, wenn nicht gar radikale Metamorphose der christlichen Eschatologie, ihr seltsamer Bruch mit dem Thema und der Erfahrung des Gottesreiches, hat für die Entwicklung des liturgischen Verständnisses in der Kirche unabsehbare Folgen gehabt. Rückgreifend auf das oben über die Symbolik des christlichen Gottesdienstes Gesagte können wir jetzt bekräftigen: der kirchliche Gottesdienst entstand und hat in seiner äußeren Struktur «Gestalt angenommen» vor allem als ein *Symbol des Gottesreiches und der Kirche*, als Aufstieg der Kirche zu ihm hin, und in diesem Aufstieg als ihre Vollendung als Leib Christi und Tempel des Heiligen Geistes. Die ganze Neuheit, die Einzigkeit der christlichen λειτουργία lag in ihrem eschatologischen Wesen als Gegenwart hier und der künftigen *parousia* Christi jetzt, als Epiphanie des Kommenden, als Teilhabe an der «kommenden Welt». Wie ich in meiner *Einführung in die liturgische Theologie* erwähnte, liegt gerade in dieser eschatologischen Erfahrung der Ursprung des «Herrentages» als *Symbol*, d.h. als Offenbarung, des Gottesreiches jetzt. Diese Erfahrung bestimmte die christliche «Übernahme» der jüdischen Feste Pessach und Pfingsten als Feste des «Übergangs» vom gegenwärtigen

«Äon» zum kommenden und so zu Symbolen des Gottes-reichs.

Doch das Symbol des Gottesreiches par excellence, das eine, das alle übrigen Symbole – Tag des Herrn, Taufe, Ostern usf. – wie auch das ganze christliche, «mit Christus in Gott verborgene» Leben (Kol 3,3) vollendet, ist selbstverständlich die *Eucharistie*, das Sakrament des Kommens des auferstande-nen Herrn, das Sakrament unserer Begegnung und Gemein-schaft mit ihm «an seinem Tisch in seinem Reich». Geheim, vor der Welt verborgen, bei «verschlossenen Türen», versam-melt sich die Kirche, die «kleine Herde» – ihr das Reich zu geben, war des Vaters Freude (Lk 12,32) – und vollzieht in der Eucharistie ihren Aufstieg und ihr Eingehen in das Licht, die Freude und den Triumph des Gottesreiches. Wir können ohne jegliche Übertreibung sagen, dass die ganze *lex orandi* aus dieser völlig einmaligen und unvergleichlichen Erfahrung, aus diesem voll *verwirklichten* Symbol geboren wurde und sich entwickelt hat.

Es sollte nun klar geworden sein, warum mit der Schwä-chung und Verdunkelung der ursprünglichen Eschatologie auch die liturgische Symbolik des Gottesreiches allmählich von dem Wildwuchs sekundärer Erklärungen und allegori-scher Kommentare überwuchert wurde, d.h. von jener «ver-anschaulichenden Symbolik», die – wie wir oben aufzuzei-gen versuchten – faktisch den Zusammenbruch des Symbols bedeutet. Je mehr Zeit verfloss, desto mehr geriet die für die Kirche so grundlegende Symbolik des Gottesreiches in Ver-gessenheit. Insoweit also die Liturgie, die *lex orandi* der Kir-che mit allen ihren Formen und in ihrem ganzen *ordo* bereits bestand und als Gabe und als unverfügbarer Teil der Tradition bewahrt wurde, verlangte sie, neu erschlossen zu werden – und zwar mit jenem selben «Schlüssel», mit dem das christ-liche Bewusstsein jetzt Ort und Amt der Kirche in «dieser Welt» zu erfassen begann. Damit aber nahm bei der Erklärung des Gottesdienstes eine immer tiefere Infiltration durch jene «veranschaulichende Symbolik» überhand. Und, so paradox es scheinen mag, in diesem Prozess wurde die überirdisch-himmlische *Wirklichkeit* der Eucharistie «eingeschlossen» in «diese Welt» mit ihrer Kausalität und Zeitlichkeit, ihren Denk- und Erfahrungskategorien, während die der Schöpfung so in-härente und von ihr nicht zu trennende Symbolik des Reiches Gottes – der wahre Schlüssel zur Kirche und zu ihrem Leben – auf die Kategorie *unnötiger* veranschaulichender Symbolik reduziert wurde.

10

Dieser Prozess war gewiss lang und umständlich, keinesfalls eine plötzliche «Metamorphose». Und wir müssen mit Nach-druck betonen, – so triumphal der Sieg der «veranschaulichen-den» Symbolik nach außen hin war – es ist ihr nie gelungen, die ursprüngliche, im Glauben selbst wurzelnde, eschatologi-sche Symbolik der Liturgie abzulösen. Es kommt nicht darauf an, wieviel Entwicklung überhaupt in der byzantinischen Li-turgie stattfand etwa in Richtung auf das, was ich in meiner *Einführung in liturgische Theologie* als «äußere Feierlich-keit» bezeichnet habe, wie sehr die Liturgie mit dekorativen und allegorischen Details sowie mit einem dem imperialen Herrscherkult entstammenden Pomp und einer der mysterio-logischen «Heiligkeit» entlehnten Terminologie überwuchert wurde: der Gottesdienst als ganzer wie auch das tiefe intuitive Verständnis der Gläubigen blieben durch die *Symbolik des Gottesreichs* bestimmt. Davon zeugt am eindrücklichsten das orthodoxe *Erleben* des Gotteshauses und der Ikonenmalerei, ein Erleben, das sich gerade in der byzantinischen Periode her-auskristallisierte, die das «Allerheiligste» der Orthodoxie viel-leicht besser zum Ausdruck bringt als die nie wirklich über-wundene spätantike Rhetorik des byzantinischen Schrifttums.

«Im Hause Gottes stehend glauben wir, im Himmel zu stehen...» Über den Ursprung des christlichen Gotteshauses im Erlebnis der «Versammlung als Kirche» habe ich schon gesprochen. Wir können nun noch hinzufügen, dass diese Versammlung zweifellos als eine *himmlische* verstanden wurde und das Gotteshaus als jener «Himmel auf Erden», den die «Versammlung als Kirche» verwirklicht. Es ist das Symbol, das die beiden Wirklichkeiten, diese zwei Dimensionen der Kirche – «Himmel» und «Erde» – vereint; die eine ist in der anderen dargestellt, die eine prägt die andere. Dieses Erleben des Gotteshauses, ich wiederhole, hat sich nahezu unverändert und ungeschwächt durch die ganze Kirchengeschichte hindurch erhalten, trotz der vielen Niedergänge und Zusammenbrüche der authentischen Überlieferungen kirchlicher Architektur und Ikonenkunst. Und diese Erfahrung begründet jenes «Ganze», das alle Teile des Gotteshauses vereint und strukturiert: Raum, Form, Gestalt, Ikonen, all das, was als *Rhythmus* und *Ordnung* des Gotteshauses bezeichnet werden kann. So ist etwa die Ikone ihrem tiefsten Wesen nach ein Symbol des Gottesreiches, «Epiphanie» der neuen und verwandelten Schöpfung, der von Gottes Herrlichkeit erfüllten Himmel und Erde, und eben aus diesem Grund verbietet die Kirche, die Ikone zum «Bild» oder zur Illustration zu machen. Denn die Ikone «veranschaulicht» nicht – sie *offenbart* etwas, das aber kann sie nur insoweit, als sie an dem *teilhat*, was sie offenbart, nur insoweit sie zugleich Gegenwart und Gemeinschaft ist. Es genügt, nur ein einziges Mal im «Tempel aller Tempel», in der Hagia Sophia in Konstantinopel, gestanden zu haben – selbst in ihrem gegenwärtigen zerstörten, kenotischen Zustand –, um mit seinem ganzen Sein zu *wissen*, dass sowohl das Gotteshaus wie die Ikone der lebendigen *Erfahrung des Himmels* entstammen, der Teilhabe «am Frieden und an der Freude im Heiligen Geist» (Röm 14,17).

Diese Erfahrung ist häufig verdunkelt worden. Christliche Kunsthistoriker sprechen oft vom Niedergang der kirchlichen Architektur und Ikone. Und es ist wichtig festzuhalten, dass dieser Niedergang meist durch eine Schwächung des *Ganzen* – Gotteshaus und Ikone – bedingt war unter dem Eindruck der alles andere überwuchernden vielen Details. Das Gotteshaus verschwand fast ganz unter einer dicken Schicht beziehungsloser Dekorationen, und in der byzantinischen wie in der russischen Ikonenmalerei wurde die ursprüngliche Ganzheit durch eine zunehmende Konzentration auf das gekonnt gemalte Detail ersetzt. Beidemale handelt es sich um dieselbe Bewegung: vom «Ganzen» zum «Teil», von der Erfahrung des Ganzen zur diskursiven «Erläuterung», kurz gesagt: vom Symbol zur «Symbolik». Und doch, solange die «christliche Welt» – sei es auch unvollkommen und gelegentlich nur dem Namen nach – sich auf das Reich Gottes «bezieht», die «Heimat der Herzenssehnsucht», vermag die zentripetale Kraft die zentrifugale Bewegung nicht völlig zu überwältigen.

Man könnte sagen, die «veranschaulichende» Symbolik – sei es in der Liturgie, in der Ikonenmalerei oder im Gotteshaus – habe sich zuerst und über längere Zeit hin *innerhalb* der ontologischen Symbolik des Gottesreiches entwickelt. Der tiefere und wahrhaft verhängnisvolle Riss zwischen beiden, das beginnende Ersetztwerden des einen durch das andere ereignete sich erst mit dem Bruch der Orthodoxie mit der patristischen Tradition und mit dem Anbruch der langen (in vielerlei Hinsicht noch andauernden) «westlichen Gefangenschaft» des orthodoxen Denkens. Es ist kein Zufall, dass die reiche und unkontrollierte Blüte der «veranschaulichenden» Symbolik zeitlich mit dem Triumph des westlichen juridischen Denkens und Rationalismus in der orthodoxen Theologie, mit dem Triumph des Pietismus und der Gefühlslastigkeit in der Ikonenkunst, des «pittoresk» ausschmückenden Barock im Kirchenbau, des «Lyrismus» und der Emotionalität in der Kirchenmusik zusammenfiel. Dies alles belegt die eine und selbe «Pseudomorphose» des orthodoxen Bewusstseins.

Doch selbst dieser tiefe und wahrlich tragische Niedergang kann nicht als endgültig betrachtet werden. In seinen Tiefen bleibt das Bewusstsein der Kirche von alldem unberührt. So zeigt uns die alltägliche Erfahrung, dass diese «veranschaulichenden Symbolik» dem lebendigen und authentischen

Glauben wie dem Leben der Kirche fremd ist, wie auch die Schultheologie einem solchen Glauben letzten Endes fremd bleibt. «Illustrative Symbolik» ist in jener oberflächlichen, «äußerlichen» und zur bloßen Routine verkommenen Religiosität zu Hause, in der eine oberflächliche Neugier allem «Heiligen» gegenüber leicht als religiöses Gefühl und «Interesse an der Kirche» aufgefasst wird. Wo aber ein lebendiger, echter und im besten Sinn des Wortes *einfältiger* Glaube da ist, wird sie *überflüssig*, denn echter Glaube entstammt nicht der Neugier, sondern einem Durst.

Wie schon vor tausend Jahren, so geht der «einfache» Gläubige auch heute in die Kirche, vor allem um mit «anderen Welten in Berührung zu kommen» (Dostojewskij). «Und fast frei atmet die Seele den Himmel» (Wladislaw Chodasewitsch). Irgendwie «interessiert» er sich nicht am Gottesdienst in der Weise wie «Experten» und Kenner sämtlicher liturgischen Einzelheiten daran interessiert sind. Und er ist deshalb nicht daran interessiert, weil er, während er «im Tempel steht», all das empfängt, wonach er verlangt und sucht: das Licht, die Freude und den Trost des Reiches Gottes, jenes *Leuchten*, das mit den Worten des Agnostikers Anton Tschechow noch auf den Gesichtern «alter Menschen» strahlt, «die gerade aus der Kirche kommen». Welchen Nutzen sollte ein solcher Gläubiger ziehen aus den komplexen und elaborierten Erklärungen, was dieser oder jener Ritus «darstellt» oder was das Öffnen und Schließen der «Heiligen Pforten» bedeuten soll? All diesen «symbolischen» Deutungen kann er nicht folgen, sie sind für seinen Glauben belanglos. Alles, was er weiß, ist, dass er sein Alltagsleben hinter sich gelassen und an einen Ort gelangt ist, wo alles *anders*, und doch so wesentlich, so erstrebenswert, so lebendig ist, dass es sein ganzes Leben zu erhellen und ihm Sinn zu verleihen vermag. Genauso weiß er, selbst wenn er es nicht in Worten auszudrücken vermag, dass erst diese *andere* Wirklichkeit das Leben lebenswert macht, denn auf sie läuft alles zu, auf sie ist alles bezogen, durch sie wird alles gerichtet werden: durch das Reich Gottes. Und schließlich weiß er, selbst wenn ihm einzelne Worte oder Riten unklar sind: das Reich Gottes ist ihm in der *Kirche* gegeben worden: in dem gemeinsamen Handeln, dem gemeinsamen Vor-Gott-Stehen, in der «Versammlung», im Aufstieg, in Einheit und Liebe.

11

Damit kehren wir dorthin zurück, wo wir begonnen haben, wo auch die Eucharistie selbst beginnt: zum Lobpreis des Gottesreiches. Was heißt das Reich Gottes *lobpreisen*? Es heißt, es erkennen und bekennen als unseren höchsten und letzten Wert, als das Ziel unserer Sehnsucht, unserer Liebe und Hoffnung. Es heißt, das Reich verkündigen als das Ziel des Sakraments – der Pilgerschaft, des Aufstiegs und Einzugs – der nun beginnt. Es heißt, unsere Aufmerksamkeit, unseren Verstand, unser Herz und unsere Seele, ja unser ganzes Leben auf das hinlenken, «was das allein Notwendige» ist. Schließlich heißt es, dass wir jetzt, schon in dieser Welt, die Möglichkeit des Teilhabens am Gottesreich, des Eintretens in den Bereich seiner Strahlkraft, seiner Wahrheit und Freude bestätigen. Jedes Mal, wenn Christen sich «als Kirche» versammeln, bezeugen sie vor der ganzen Welt, dass Christus der Herr und König ist, dass sein Reich schon offenbar geworden und dem Menschen gegeben ist, dass ein neues und unvergängliches Leben begonnen hat. Deshalb beginnt die Liturgie mit diesem feierlichen Bekenntnis und mit der Doxologie des Königs, der *jetzt* kommt und für immer bleiben und von Ewigkeit zu Ewigkeit herrschen wird.

«Es ist Zeit (καιρός), den Dienst des Herrn zu beginnen», verkündet der Diakon dem Zelebranten. Dies ist nicht bloß ein Daran-erinnern, dass es jetzt «opportun» oder «angemessen» ist, das Sakrament zu vollziehen. Es ist eine Bestätigung und ein Bekenntnis, dass die *neue Zeit*, die Zeit des Gottesreiches und seiner Erfüllung in der Kirche, hier und jetzt in die gefallene Zeit «dieser Welt» eintritt, damit wir, die Kirche, in den Himmel emporgehoben werden können, und die Kirche verwandelt werden kann, «in das, was sie ist»: Leib Christi und Tempel des Heiligen Geistes.

«Gesegnet sei das Reich des Vaters und des Sohnes und des Heiligen Geistes...» – «*Amen*», antwortet das Volk. Dieses Wort wird meist mit «So sei es» übersetzt. Doch seine Bedeutung ist weit stärker. Es bedeutet nicht bloß Zustimmung, sondern aktive Annahme: «Ja, dem ist so, und so *soll* es sein.» Mit diesem Wort schließt die kirchliche Versammlung, *besiegelt* sie jedes vom Zelebranten gesprochene Gebet und drückt damit ihre eigene organische, verantwortete und bewusste Teilnahme an jeder einzelnen heiligen Handlung der Kirche aus. «Zu dem, was du bist, sage Amen», schreibt der hl. Augustinus, «und besiegle es so mit deiner Antwort. Denn du hörst ‹der Leib Christi› und antwortest ‹Amen›. *Sei* ein Glied des Leibes Christi, der sich in deinem ‹Amen› verwirklicht... Vollbringe das, was du bist.»[7]

---

[7]   Augustinus, *Sermones* (PL 38, 1247).

DRITTES KAPITEL

DAS SAKRAMENT DES EINZUGS

«Gebieter, Herr unser Gott, der Du im Himmel die Ordnungen und Heere der Engel und Erzengel eingesetzt hast zum Dienste Deiner Herrlichkeit, lass mit unserem Einzug heilige Engel einziehen, die mit uns die Liturgie vollziehen und Deine Güte mit verherrlichen.»

(Chrysostomus-Liturgie,
Gebet beim Kleinen Einzug)

1

In früheren Zeiten begann, nach dem Sich-Versammeln der Gläubigen, der erste Akt der Liturgie mit dem *Einzug des Zelebranten*.[1] «Wenn der Vorsteher der Versammlung einzieht», schreibt der hl. Johannes Chrysostomus, «sagt er, ‹Der Friede

---

[1] Zum «Einzug» und zu seiner Entfaltung sowie zu den drei Antiphonen vgl. J. Mateos, *Évolution historique de la Liturgie de S. Jean Chrysostome*, 2. Teil, in: *Proche-Orient Chrétien* 16 (1966) 133-161, sowie ders., *La célébration de la Parole dans la liturgie byzantine*, Rom 1978. Vgl. auch R. Taft, *The Great Entrance*, Rom 1978, 46-90 (Orientalia Christiana Analecta 200).

sei mit Euch allen›.»[2] Und genau mit und durch den Einzug beginnt die feierliche Liturgie – wie es die Ordnung der Bischofsliturgie bis zum heutigen Tag bezeugt. Später wurde aus mancherlei Gründen dieser ursprüngliche Einzug selber durch einen anderen «Anfang» verdrängt, so dass nun, was wir den «Kleinen Einzug» nennen, nicht mehr als erster, grundlegender Ritus der Liturgie verstanden wird. Von daher stammt übrigens auch seine populär illustrative Deutung als Christi Aufbruch zur Verkündigung usf. Wir tun gut daran, uns an dieser Stelle die ursprüngliche Praxis vor Augen zu führen, nicht um einer archäologischen Pedanterie willen, sondern weil der Idee des *Einzugs* eine wahrhaft entscheidende Bedeutung für das Verständnis der Eucharistie zukommt. Letzten Endes geht es in unserer Untersuchung darum, zu zeigen, dass der Sinn der Eucharistie ganz im *Einzug* der Kirche in das Reich Gottes besteht, dass sie wesentlich ein *Einziehen* ist, und die Empornahme (ἀναφορά) sich nicht nur auf die «Gestalten» von Brot und Wein («die wir im heiligen Opfer in Frieden darbringen...») bezieht, sondern auch auf die Kirche selbst, die ganze Versammlung. Denn – und dies werde ich nicht müde zu wiederholen – die Eucharistie ist das *Sakrament des Reiches*, das sich im Aufstieg und im Einzug der Kirche in das himmlische Heiligtum vollzieht.

Heute aber wird dem *Einzug* eine Art einführender Teil vorangestellt, der aus der *Großen Fürbittlitanei* und aus je drei *Antiphonen* und *Gebeten* besteht. Somit haben wir, wenn auch kurz, zu erklären, warum dieser dem «Einzug vorausgesetzte Teil» zustande kam und als allgemein anerkannte Regel zum Beginn der Liturgie geworden ist. Nehmen wir zuerst die *Große Fürbittlitanei* – also die Abfolge fürbittender Anrufungen, mit der in unserer heutigen Gottesdienstordnung jede liturgische Feier der Kirche ausnahmslos beginnt. Sie begegnet uns zu Beginn der Vesper, der Laudes, der Vermählungs-, Begräbnis- und Tauffeier usf. Sehr wahrscheinlich

---

[2] Johannes Chrysostomus, *Homiliae in Col* 3,4 (PG 62, 322-3).

antiochenischer Herkunft, erscheint die Große Fürbittlitanei im Byzantinischen Ritus verhältnismäßig früh als erstes gemeinsames Gebet der versammelten Kirche. Bis zum 12.-13. Jahrhundert wurde diese Litanei allerdings nicht wie heute zu Beginn der Liturgie gebetet, sondern *nach* dem Einzug und dem Singen des *Dreimalheilig* (Trisagion), des Hymnus zum Einzug, der ein Bekenntnis der göttlichen Heiligkeit ist: «Heilig ist Gott, heilig der Starke, heilig der Unsterbliche. Erbarme dich unser!» In gewissen Manuskripten wird sie als «Trisagion-Litanei» oder als «Trisagion-Anrufungen» bezeichnet. Ein Beweis mehr dafür, dass der *Einzug* den eigentlichen Beginn der eucharistischen Feier bildete, woraus auch folgt, dass die Große Fürbittlitanei an ihren gegenwärtigen Platz – vor die *Antiphonen* – versetzt wurde, als diese Antiphonen zum Beginn der Liturgie eingefügt wurden.

Dabei haben wir vor allem zu beachten, dass das «Offizium der drei Antiphonen» – nämlich die Vereinigung in eine einzige Einheit oder Sequenz des *Antiphonale* (d.h. im Wechselgesang zwischen zwei Sängern oder Chören) von drei, durch Gebete voneinander abgetrennten Psalmen oder Gruppen von Psalmen – im byzantinischen Gottesdienst recht verbreitet ist. Wir finden solche Antiphonen in den sogenannten «gesungenen Gottesdiensten», d.h. in der Sonntagsvigil des konstantinopolitanischen Ritus und in der Liturgie der Tagzeiten: Laudes, Vesper, Nachtmette usf. Dabei müssen wir zweifellos davon ausgehen, dass diese der eucharistischen Feier als «ein Ganzes», als eine liturgische Einheit eingefügt worden sind, die schon außerhalb der Liturgie bestand.

Gewöhnlich waren die Antiphonen Teil einer Gedenkfeier eines Heiligen und wurden während der Prozession zur Kirche gesungen, wo die festliche Eucharistie zum Gedenktag gefeiert wurde. Wir sollten nicht vergessen, dass, im Gegensatz zu unserer heutigen Ordnung, in der jede Pfarrei liturgisch «unabhängig» ist und den ganzen liturgischen Jahreskreis für sich feiert, in der byzantinischen Kirche die *Stadt* – insbesondere natürlich Konstantinopel – als ein kirchliches *Ganzes* betrachtet wurde, so dass das liturgische *Typikon der Großen Kirche* sämtliche einzelnen Kirchen umfasste, die alle einem bestimmten «Gedächtnis» geweiht waren.

An den dafür bestimmten Tagen begann die kirchliche Prozession bei der «Hagia Sophia» und führte von dort zu der Kirche, die dem Tagesheiligen oder dem Anlass des Gedenktages geweiht war, wo die gesamte Kirche – nicht nur eine einzelne «Pfarrei» – die Gedächtnisfeier beging. So beginnt etwa, nach den Ausführungen des *Typikon der Großen Kirche*, am 16. Januar, dem Fest «Petri Kettenfeier», die Prozession bei der Großen Kirche (d.h. der Hagia Sophia) und führt von dort zur Kirche des hl. Petrus, wo die Eucharistie festlich gefeiert wird. Die *Antiphonen* wurden während dieser Prozession gesungen und vor den Pforten der Kirche mit dem Verlesen des «Einzugsgebetes» beendet. Erst danach zogen der Klerus und das Volk Gottes in die Kirche ein zur Feier der Eucharistie. Von hier stammt die Verschiedenheit der Antiphonen, ihre «Variabilität», nämlich aus der Abhängigkeit von dem im Fest gefeierten Ereignis; von hier stammt auch und bis heute die Existenz besonderer Antiphonen für bestimmte Tage, wie sie etwa für die großen Herrenfeste vorgeschrieben sind usf. Bisweilen wurden anstelle der Antiphonen auch besondere Tropare zum Heiligen gesungen; in diesem Fall schreibt das Typikon zu diesen Troparen vor: «...und beim Einzug in die Kirche des hl. Petrus ist das ‹Gloria› mit dem gleichen Tropar zu singen. *Die Antiphonen entfallen*, es folgt sogleich das *Trisagion...*»[3]

Bereits nach dieser knappen Analyse – die freilich um ein Hundertfaches erweitert werden könnte – wird ersichtlich, dass die «Antiphonen» ursprünglich einen eigenen Ritus bildeten, der vor der Eucharistiefeier und zunächst auch außerhalb der Kirche stattfand. Er gehörte zur Form der *Litija* (Prozession rund um die Stadt), die in Byzanz außerordentlich

---

[3] Vgl. J. Mateos, *Le typikon de la Grande Eglise* I., Rom 1962, 198-199 (Orientalia Christiana Analecta 165).

beliebt war und in unserem heutigen Gottesdienst in der *Litija* der nächtlichen Vigil und an gewissen Heiligenfesten in den Prozessionen um die Kirche erhalten blieb. Später, der Logik dieser liturgischen Entwicklung folgend, die nach einer Art Gesetzlichkeit das «Besondere» zur «allgemeinen Regel» macht, wird dieser Ritus als liturgischer Ausdruck der «Versammlung als Kirche» zu einem untrennbaren Bestandteil der Eucharistie. Doch selbst hier noch wurde er als abgetrennter, einführender Teil verstanden. So betrat z.B. der Patriarch die Kirche erst nach dem Singen der Antiphonen. Dies ist bis heute an unserer Pontifikalliturgie ersichtlich, an welcher der Patriarch in der Tat bis zum «Kleinen Einzug» nicht teilnimmt, so dass die «Einleitungsdoxologie» und alle Anrufungen von den Priestern gesprochen werden. Aus all dem hier bisher Gesagten wird klar ersichtlich, dass, wie ein katholischer Fachmann der Geschichte des byzantinischen Gottesdienstes berichtet, die drei Antiphonen zunächst nicht in der Kirche, sondern außerhalb ihrer und nur bei feierlichen Prozessionen gesungen wurden. Was heute «Kleiner Einzug» genannt wird, war nichts anderes als der Einzug des Volkes und des Klerus in die Kirche – entweder am Schluss der Prozession, oder ohne vorausgehende Prozession.[4]

2

All dies wäre von bloß historischem und archäologischem Interesse, wenn es nicht einerseits den *Einzug* als *Beginn* der eucharistischen Feier und andererseits den dynamischen Charakter dieser Zeremonie, die Eucharistie als *Bewegung* hervorheben würde. Wir leben nicht mehr in einer christlichen, oder genauer «christianisierten» Welt, in der die liturgischen Symbole – die Litija, die Prozessionen, usw. – ihre *Beziehung* zur

---

[4] J. Mateos, *Évolution historique de la Liturgie de S. Jean Chrysostome*, 1. Teil, 344.

Kirche als Weg zum Gottesreich und darin ihre eigene Ausrichtung auf dieses Reich kundtun können. Unsere Kirchen sind von einer, wenn nicht offen feindseligen, so doch in jedem Fall «religiös neutralen», «säkularisierten» und indifferenten Welt umgeben. Gerade darum ist es wichtig, dass wir jene grundlegende, ursprüngliche und dauerhafte *gegenseitige Beziehung* von Kirche und Welt erkennen und verspüren, die in ganz anderen Zeiten, unter völlig anderen Bedingungen ihren liturgischen Ausdruck in diesen Prozessionen der Menschen zur Kirche fand. Wenn das «Sich-Versammeln als Kirche» Trennung von der Welt voraussetzt (Christus erscheint «bei verschlossenen Pforten»), so wird dieser Exodus *im Namen der Welt* und um ihrer Erlösung willen vollzogen. Denn wir sind Fleisch vom Fleisch und Blut vom Blut dieser Welt. Wir sind ein Teil von ihr, und nur in uns und durch uns steigt sie empor zu ihrem Schöpfer, Erlöser und Herrn, zu ihrem Ziel und ihrer Vollendung. Wir trennen uns von der Welt, um sie zu diesem Reich heimzubringen, sie dorthin emporzuführen, sie wiederum zu einem Weg zu Gott, einer Teilhabe am ewigen Reich zu machen. Darin besteht die Aufgabe der Kirche, darum wurde sie, als ein Teil davon, in der Welt zurückgelassen, als ein Symbol ihrer Erlösung. Dieses Symbol erfüllen wir, lassen es zur Realität werden in der Eucharistie.

Wenn wir der Ordnung der Eucharistie folgen, wird diese Absicht noch deutlicher und tiefer zum Vorschein kommen. Doch schon vom allerersten Anfang an zeigt sich in diesen von der ganzen Versammlung «einstimmig» vorgetragenen «allgemeinen Fürbitten», in diesen freudigen und triumphalen Antiphonen, die das Reich Gottes verkündigen und verherrlichen, dass die «Versammlung als Kirche», noch über die Freude an der wiedergeborenen und erneuerten Schöpfung hinaus, die *Sammlung der Welt* bedeutet, im Gegensatz zu ihrem Fall in Sünde und Tod. Das Sakrament der Kirche – die Eucharistie – ist zugleich das Sakrament der Welt, die «Gott so sehr liebte, dass er seinen einzigen Sohn dahingab» (Joh 3,16).

Kehren wir nun zur Großen Fürbittlitanei zurück.[5] «In Frieden lasset zum Herrn uns beten!», ruft der Diakon. Nach dem Bekenntnis und Lobpreis des Gottesreiches bringen wir «einstimmig» «gemeinsame Fürbitten» vor. Ist uns die volle Bedeutung und hauptsächlich die ganze *Neuheit* dieser Gebete – Gebete der Kirche selbst – bewusst? Begreifen wir, dass dies nicht «einfach» Gebet eines Menschen oder einer Gruppe von Menschen ist, sondern das uns gewährte Gebet Christi selbst zu seinem Vater, und dass dieses Geschenk des Gebetes Christi, seiner Vermittlung, seiner Fürsprache, das erste und größte Geschenk der Kirche ist? Wir beten in Christus und er betet durch den Heiligen Geist in uns, die wir in seinem Namen versammelt sind. «Weil ihr aber Söhne seid, sandte Gott den Geist seines Sohnes in unser Herz, den Geist der ruft: Abba, Vater» (Gal 4,6). Seinem Gebet können wir nichts hinzufügen, aber nach seinem Willen und seiner Liebe sind wir zu Gliedern seines Leibes geworden, sind wir eins mit ihm und haben Anteil an seinem Schutz und an seiner Fürbitte für die Welt. Der Apostel Paulus, der die Gläubigen «vor allem ... zu Bitten und Gebeten, zur Fürbitte und Danksagung, und zwar für alle Menschen» auffordert, fügt an: «Einer ist Gott, Einer auch Mittler zwischen Gott und den Menschen: der *Mensch* Christus Jesus» (1 Tim 2,1.5). Darum ist das Gebet der Kirche ein gott-menschliches Gebet, denn die Kirche ist Christi Menschheit, mit ihm als ihrem Haupt: «Ich in ihnen und du in mir. So sollen sie vollendet sein in der Einheit, damit die Welt erkennt, dass du mich gesandt hast» (Joh 17,23).

«Um den Frieden von oben und das Heil unserer Seelen...» In der Kirche wird uns der Friede Christi gegeben, so wie uns die Salbung des Heiligen Geistes *gegeben* wird. Alles wird uns gegeben, und für alles beten wir unablässig: Komm und

---

[5] Vgl. J. Mateos, *Évolution historique de la Liturgie de S. Jean Chrysostome*, 1. Teil, 344.

errette uns, Dein Reich komme. Denn was gegeben wird, muss angenommen werden, und wir sind aufgerufen, in diesem Geschenk immerfort zu wachsen. Sünde und Gnade, der alte und der neue Mensch führen in uns einen unaufhörlichen Kampf; was uns von Gott gegeben ist, wird allezeit durch den Feind Gottes angefochten. Auch die Kirche – die Versammlung der Heiligen – ist eine Versammlung von Sündern, die empfangen, aber nicht annehmen, denen vergeben wird, die aber die Gnade ablehnen und sich immer wieder von ihr abwenden. So beten wir vor allem um das, was in den Evangelien das «eine Notwendige» genannt wird. Der «Friede von oben» aber ist das Reich Gottes, ist «Gerechtigkeit, Friede und Freude im Heiligen Geist» (Röm 14,17). Darum müssen wir bereit sein, alles aufzugeben, allem zu entsagen, alles hinzugeben: «Sucht zuerst das Reich Gottes..., dann wird euch alles andere hinzugegeben.» Das Annehmen dieses Reiches, dieses «Friedens von oben» ist die Rettung der Seele. Denn in der Heiligen Schrift bezeichnet *Seele* den ganzen Menschen in seiner ihm eigenen Natur und Berufung. Sie ist das göttliche Fünklein, das den Menschen zum Bild und Abbild Gottes und das in den Augen Gottes selbst den größten Sünder zur unbezahlbaren Kostbarkeit macht, um dessentwillen der Hirte die neunundneunzig Rechtschaffenen verlässt. Die Seele ist das Geschenk Gottes an den Menschen, also: «Was nützt es dem Menschen, wenn er die ganze Welt gewinnt, aber seine Seele verliert? Oder um welchen Preis kann ein Mensch seine Seele zurückkaufen?» (Mt 16,26). Die erste Fürbitte der Großen Litanei weist uns auf die letzte und höchste Bestimmung unseres Lebens hin, um derentwillen wir erschaffen worden sind, nach der wir streben und die für uns zu dem «einen Notwendigen» werden muss.

«Um den Frieden der ganzen Welt...», auf dass dieser Friede Christi sich über alles ausgieße, auf dass der in die Welt gemischte Sauerteig den ganzen Teig durchsäuere (1 Kor 5,6) und jeder nah und fern zum Teilhaber werde an Gottes Reich.

«Um das Wohlergehen der heiligen Kirchen Gottes...» «Ihr seid das Salz der Erde», sagt Christus seinen Jüngern, und dies bedeutet, dass die Kirche in der Welt zurückgelassen wird, um Christus und sein Reich zu bezeugen, und dass er ihr sein Werk vermacht hat. Doch «wenn das Salz seinen Geschmack verliert, wie soll man es wieder salzen?» (Mt 5,13). Wenn die Christen ihr *Amt*, zu dem sie alle vom ersten bis zum letzten bestellt sind, vernachlässigen, wer wird dann die frohe Botschaft vom Reich Gottes verkünden und die Menschen zum neuen Leben führen? Das Gebet um das *Wohlergehen* ist ein Gebet um Treue und Standfestigkeit der Christen, damit die über die ganze Welt zerstreute Kirche an jedem Ort sich selbst, ihrem Wesen, ihrer Bestimmung treu bleibe – damit sie «Salz der Erde und Licht der Welt» sein möge.

«Um die Einheit aller...» Die Einheit aller in Gott bildet das höchste Ziel von Schöpfung und Erlösung. Christus kam, um «die versprengten Kinder Gottes wieder zusammenzuführen» (Joh 11,52). Die Kirche erbittet diese Einheit, die Überwindung aller Zwietracht und die Erfüllung des Gebetes Christi «...damit sie alle eins seien» (Joh 17,23).

«Für dieses heilige Haus und für alle, die hier mit Glauben, Demut und Gottesfurcht eintreten...» Hier finden wir die Voraussetzung für unser echtes Teilnehmen an Gebet und Sakrament, und jeder, der das Gotteshaus betritt, muss sich fragen, ob in seinem Herzen ein lebendiger Glaube, eine lebendige Ehrfurcht vor der Gegenwart Gottes wohnt – jene rettende «Furcht Gottes», die wir – als an Kirche und Gottesdienste «Gewohnte» – so oft verlieren.

«Für den Episkopat, für den gesamten Klerus und das Volk...», für die Kirche, zu der wir gehören, und für die Einheit mit all ihren Dienern – Bischöfen, Priestern, Diakonen und Gottesvolk –, wie sie sich hier kundtut und als Leib Christi verwirklicht.

«Für das Land, für die Stadt, für die Behörden und für alles Volk..., um günstiges Wetter und reiches Gedeihen der Früchte dieser Erde, um friedliche Zeiten... Für die Reisenden zu Land und zur See, für die Kranken und Leidenden, für die Gefangenen...» Das Gebet tut sich auf und umfasst die ganze

Welt, die gesamte Natur, die ganze Menschheit, alles Leben. Der Kirche ist Macht und Fähigkeit gegeben, dieses allumfassende Gebet vorzubringen und vor Gott für seine ganze Schöpfung Fürbitte einzulegen. Wann immer wir unseren Glauben und unser religiöses Leben auf unsere eigenen Sorgen und Bedürfnisse beschränken, vergessen wir, dass es die überall und immerzu gültige Berufung der Kirche ist, «Gebete und Bitten und Danksagung für die ganze Menschheit darzubringen». Und wenn wir zur Liturgie kommen, haben wir immer wieder neu zu lernen, im Einklang mit dem Rhythmus des Gebetes der Kirche zu leben, uns selbst und unser Bewusstsein auf die Fülle der Kirche hin auszuweiten.

Und schließlich, «eingedenk aller Heiligen», d.h. eingedenk der ganzen Kirche mit der Gottesmutter an ihrer Spitze, «lasst uns der eine den anderen und uns selbst und unser ganzes Leben Christus unserem Gott befehlen» – und dies nicht nur um Schutz, Beistand und Gelingen zu erflehen. «Richtet euren Sinn auf das Himmlische und nicht auf das Irdische! Denn ihr seid gestorben, und euer Leben ist mit Christus in Gott verborgen. Wenn Christus, unser Leben offenbar wird, dann werdet auch ihr mit ihm offenbar werden in Herrlichkeit» (Kol 3,2-4). Wir geben unser Leben Christus zurück, weil er unser Leben ist, weil wir im Bad der Taufe dem bloß «natürlichen Leben» gestorben sind und unser wahres Leben verborgen ist in den geheimnisvollen Höhen des Reiches Gottes.

4

Nach der Großen Fürbittlitanei folgen die drei Antiphonen und die drei Gebete, die in den Messbüchern als «Gebet der ersten...», «der zweiten Antiphon» usf. angeführt sind. Über die Antiphonen, ihren Ursprung, ihre Aufnahme in die liturgische Ordnung haben wir schon gesprochen, und insoweit sie offensichtlich zum veränderlichen Teil der Liturgie gehören, brauchen wir uns jetzt nicht weiter mit ihnen zu befassen.

Doch sollten wir noch etwas zu den drei Gebeten sagen, mit denen der Zelebrant gewissermaßen diese Preis- und Danklieder «emporhebt».

Wir alle wissen, dass nach der heute üblichen Praxis – woher diese stammt, darauf werden wir noch zu sprechen kommen – nahezu alle dargebrachten Gebete vom Zelebranten *leise*, «für sich», gelesen werden, so dass die Versammlung nur die abschließende Doxologie vernimmt, für gewöhnlich in der Form eines Nebensatzes – «...für Dich, der Du...» –, der meist als Anrufung bezeichnet wird. Diese Praxis ist verhältnismäßig jung. Ursprünglich wurden die Gebete laut gelesen, denn nach ihrem unmittelbaren Sinn und Inhalt sind sie Gebete der ganzen Versammlung oder, genauer ausgedrückt, der Kirche selbst. Doch einmal in den Gottesdiensten festgelegt, führte diese Praxis zur Vermehrung der sogenannten *Kleinen Fürbittlitaneien*, die aus der ersten wie den letzten beiden Fürbitten der Großen Litanei bestehen. So werden nun diese Kleinen Litaneien vom Diakon gesungen, während der Zelebrant die Gebete leise für sich liest. Wird der Gottesdienst ohne Diakon gefeiert, so hat der Priester beides zu tun: die Litanei laut zu sprechen wie die Gebete zu lesen. Dies führte allerdings dazu, dass das Lesen der Gebete wie das Singen der Antiphonen *zur selben Zeit* stattfand und nicht nur die Praxis einer häufigen und monotonen Wiederholung der kleinen Litaneien förderte, sondern auch die Einheit der «Versammlung als Kirche» störte, ja sie geradezu von jenen «einstimmig» vorzutragenden «gemeinsamen Fürbitten» wegführte, in denen diese Einheit sich ausdrückt.

Im «Gebet zur ersten Antiphon» bekennt der Zelebrant den Glauben der Kirche an die *unvergleichliche* Macht Gottes, an seine *unfassbare* Herrlichkeit, seine *unermessliche* Gnade und *unaussprechliche* Liebe für den Menschen. All diese Begriffe, die im griechischen Text mit negativen Partikeln (dem sogenannten *alpha privativum*) beginnen, drücken die christliche Erfahrung der absoluten Transzendenz Gottes aus – seiner alle unsere Worte, Begriffe und Bestimmungen übersteigende

Unvergleichlichkeit, die *apophatische* Begründung des christlichen Glaubens und der christlichen Gotteserkenntnis. Diese Unaussprechlichkeit haben vor allem die Heiligen besonders intensiv erfahren.

Denn Gott selber verlangte danach, sich zu *offenbaren*, und zur selben Zeit, da wir seine Unvergleichlichkeit bekennen, bittet ihn die Kirche: «Blicke mit Erbarmen auf uns und auf dieses heilige Haus herab und schenke uns die Reichtümer deines Erbarmens und Mitleids mit uns.» Gott aber offenbarte sich nicht nur den Menschen, er vereinigte sie auch mit sich und machte sie sich *zu eigen.* Dieses zu Gott Gehören der Kirche wird im «Gebet zur zweiten Antiphon» bekannt: «Herr, unser Gott, rette *Dein* Volk und segne *Dein* Erbe, bewahre die Fülle *Deiner* Kirche, heilige alle, die die Zierde *Deines* Hauses lieben» – denn in der Kirche offenbart sich seine Macht, sein Reich, seine Stärke und seine Herrlichkeit.

Und schließlich wird nach dem Zeugnis des «Gebetes zur dritten Antiphon» dieser neuen, mit Gott vereinigten Menschheit das Wissen um die Wahrheit in dieser Zeit gegeben, und Wahrheit schenkt ewiges Leben, «indem sie uns in dieser Welt das Wissen um Deine Wahrheit und in der kommenden Welt das ewige Leben gewährt».

5

Wir begegnen dem Ausdruck «Kleiner Einzug» (im Unterschied zum *Großen Einzug* zu Beginn der Liturgie der Gläubigen) erstmals in Handschriften des 14. Jahrhunderts. Dies war die Zeit der letzten und endgültigen Ausformung des eucharistischen Ordo zu seiner gegenwärtigen Gestalt. Wir wissen bereits, dass für lange Zeit dieser Einzug den *Beginn* der Liturgie, ihren ersten Ritus darstellte. Als er aber diese Bedeutung verlor und die Antiphonen (oder typischen Psalmen) zum ersten Teil des Gottesdienstes wurden, verlagerte sich das Hauptgewicht – zumindest soweit wahrnehmbar –

auf das *Heraustragen der Evangelien*. In der heutigen Praxis besteht dieser Einzug vor allem im feierlichen Heraustragen des Evangeliars aus dem Altarraum und durch die Heiligen Pforten wieder dorthin zurück. In mehreren Manuskripten wird dies als «Einzug der Evangelien» bezeichnet. Und gerade dies ist, wie bereits angemerkt, zum Ausgangspunkt der Entwicklung jener «illustrativen Symbolik» geworden, die den Kleinen Einzug als «Darstellung» des Heraustretens Christi zur Verkündigung des Evangeliums deutet. Über die tatsächliche Bedeutung des Heraustragens des Evangeliums werden wir im folgenden, dem Sakrament des Wortes gewidmeten Kapitel handeln. Hier genügt es festzustellen, dass unser gegenwärtiger «Kleiner Einzug» auf zwei verschiedene, darin vereinigte Riten zurückgeführt werden kann: auf den Einzug als solchen und auf die mit der Lesung des Wortes Gottes verbundenen Zeremonien. Eine kurze Untersuchung des ersten der beiden Riten im vorliegenden Kapitel wird hilfreich sein.

Wir möchten nochmals betonen, dass der «Kleine Einzug» trotz seiner Vielschichtigkeit den Charakter eines Einziehens, eines Beginns, einer Annäherung sehr wohl bewahrt. Belege dafür sind einmal die bereits genannten Besonderheiten der hierarchischen Ordnung der Liturgie, dann zweitens auch das *Gebet zum Einzug*, das früher, wie erwähnt, während des Einzugs des Zelebranten und des Volkes in das Gotteshaus gelesen wurde und das heute noch – in der Gottesdienstordnung für die Weihe eines neuen Gotteshauses – vor den Außentüren gelesen wird und nicht vor den Heiligen Pforten der Ikonostase. In diesem Gebet gibt es nicht den geringsten Hinweis auf irgendeine Art von «Veranschaulichung», wir erkennen vielmehr den *himmlischen* Charakter des Einzugs: In ihm «dienen» die himmlischen Mächte und Heerscharen, d.h. die Engel, «zusammen mit uns».

Ein neues Element, das aus der Entwicklung des byzantinischen Kirchenbaus und dem veränderten Verständnis des Einzugs heraus erwachsen ist, liegt in der Tatsache, dass der Begriff *Heiligtum* eine Bedeutungsänderung erfuhr: Nicht mehr das Gotteshaus als ganzes wurde als Heiligtum bezeichnet, sondern nur noch der *Altar*, d.h. der Bereich des Gotteshauses, der den Altar umschließt und vom Schiff durch die Ikonostase getrennt ist. Unter dem Einfluss einer «mysteriologischen» Theologie, die ich in meiner *Einführung in Liturgische Theologie* erwähnt habe und in deren Zentrum die Gegenüberstellung von «Eingeweihten» und «Nichteingeweihten», nämlich Klerus und Laien steht, entstand innerhalb des Gotteshauses ein inneres *Heiligtum*: der Altar, zu dem nur die «Eingeweihten» Zutritt hatten. Alle Einzüge fanden schließlich hier im Altarraum statt. Diese Entwicklung aber schwächte zweifellos das Wahrnehmen und die Erfahrung der «Versammlung als Kirche» auch als Einzug und Aufstieg der Kirche, des Gottesvolkes, in das himmlische Heiligtum. «Denn Christus ist nicht in ein von Menschenhand errichtetes Heiligtum eingegangen, in ein Abbild des wirklichen, sondern in den *Himmel selbst*, um jetzt für uns vor Gottes Angesicht zu erscheinen» (Hebr 9,24).

6

Diese typisch «byzantinische» Komplikation betraf aber nicht die Hauptsache, nämlich dass der *Einzug* wesentlich ein Herantreten an den *Altar* ist, der von Anfang an der Brennpunkt des Gotteshauses, seinen heiligen Ort bildete. Das Wort «Altar» bezieht sich vor allem auf den Altartisch und wurde nur allmählich auch für den diesen umgebenden und durch die Ikonostase abgetrennten Raum angewandt. Wir werden noch länger und genauer bei der Bedeutung des Altars verweilen, wenn wir auf das Darbringen der heiligen Gaben zu sprechen kommen. Im Augenblick genügt es zu betonen, dass nach dem Zeugnis der ganzen Tradition der Altar das Symbol Christi und seines Reiches ist. Er ist der Tisch, um den Jesus uns versammelt, er ist der Opfertisch, der den Hohenpriester und das Opfer vereint. Er ist der Thron des Königs und Herrn. Er ist der Himmel, das Reich, in dem Gott «alles in allem» ist. Und genau aus dieser Erfahrung des Altars als Zentrum des eucharistischen Geheimnisses der Kirche entwickelte sich die ganze «Mystik» des Altars – als Himmel, als eschatologischer Pol der Liturgie, als jene sakramentale *Gegenwart*, die das ganze Gotteshaus in den «Himmel auf Erden» verwandelt. Der Einzug, das Herantreten an den Altar ist deshalb immer ein *Aufstieg*. In ihm steigt die Kirche zu dem Platz empor, an dem ihr eigentliches «Leben mit Christus in Gott verborgen ist». Sie steigt zum Himmel auf, wo Eucharistie gefeiert wird.

Es ist wichtig, sich an all dies zu erinnern, da wir unter dem Einfluss des westlichen Eucharistieverständnisses für gewöhnlich die Eucharistie nicht unter dem Vorzeichen eines *Aufstiegs*, sondern eines *Abstiegs* begreifen. Die ganze westliche eucharistische Mystik ist völlig durchtränkt von der Vorstellung des *Herabstiegs* Christi auf unsere Altäre. Während doch die ursprüngliche eucharistische Erfahrung, für die gerade die Ordnung der Eucharistie Zeugnis ablegt, von unserem *Aufstieg* an den Ort, zu dem Christus emporgestiegen ist, und vom himmlischen Wesen der eucharistischen Feier spricht.

Die Eucharistie ist immer ein Exodus aus «dieser Welt», ein Aufstieg zum Himmel. Und der Altar ist ein Symbol der Realität dieses Aufstiegs, seiner eigentlichen «Möglichkeit». Denn Christus ist zum Himmel aufgefahren, und sein Altar ist «himmlisch und geistig». In «dieser Welt» *gibt es keinen* Altar und *kann ihn nicht geben*, weil das Reich Gottes «nicht von dieser Welt» ist. Und darum ist es so wichtig zu verstehen, dass wir den Altar nicht deshalb mit Ehrfurcht betrachten – wir küssen ihn und verneigen uns in Ehrfurcht vor ihm usf. –, weil er «geheiligt», sozusagen zu einem «geweihten Gegenstand» geworden ist, sondern weil seine eigentliche Heiligung und Weihe in seinem auf die Wirklichkeit des Gottesreiches *Bezogensein* besteht, in seiner Verwandlung in ein Symbol des Gottesreiches. Unsere Ehrfurcht, unsere Verehrung ist nie auf Materie bezogen, sondern stets auf das, was diese offenbart, für die sie eine *Epiphanie* ist, eine Kundgabe und Präsenz.

91

Kirchliche *Weihe* schafft keine «geheiligten» Gegenstände, die durch ihre Heiligkeit dem «Profanen», d.h. dem Ungeweihten, entgegengesetzt wären, sondern sie stellt ihr *Bezogensein* auf ihren ursprünglichen und zugleich letzten Sinn – auf die Idee Gottes von ihnen – wieder her. Denn die ganze Welt wurde als «Altar Gottes» geschaffen, als ein Tempel und als Symbol des Gottesreiches. Nach dieser Auffassung ist in ihr alles *heilig* und nichts «profan», denn ihr Wesen ruht in dem «sehr gut» der Genesis. Die Sünde des Menschen besteht in der Tatsache, dass er das «sehr gut» in seinem eigentlichen Wesen verdunkelt und damit die Welt von Gott weggerissen und zum «Selbstzweck» gemacht hat und ihr so den Fall und den Tod brachte.

Doch Gott hat die Welt gerettet. Er hat sie gerettet, indem er ihr nochmals ihr *Ziel* offenbarte: das Reich Gottes; ihr *Leben*: Weg zu diesem Reich zu sein; ihren *Sinn*: in Communio mit Gott und in ihm mit der gesamten Schöpfung zu sein. Und deshalb – im Gegensatz zur «Heiligung» im Heidentum, die in der *Sakralisierung* einzelner Teile und Gegenstände der Welt besteht – ist die christliche Heiligung ein Neuschaffen der Symbolnatur und «Sakramentalität» aller Dinge in der Welt. Unsere ganze Liturgie ist so ein Aufsteigen zum Altar und Zurückkehren in «diese Welt», ein Zeugnisgeben von dem, «was kein Auge gesehen und kein Ohr gehört hat, was keines Menschen Herz erfasst hat: das Große, das Gott denen bereitet hat, die ihn lieben» (1 Kor 2,9).

7

Der eschatologische Sinn des Einzugs als ein Herantreten an den Altar und als Aufstieg zum Gottesreich wird am besten im Gebet und im Gesang des *Trisagion* ausgedrückt, mit dem der Einzug beendet wird. Nachdem der Zelebrant den Altarraum betreten hat, stimmt er vor dem Altar stehend das «Trisagion» an:

Du hast uns, Deine geringen und unwürdigen
   Knechte, gewürdigt,
in dieser Stunde vor der Herrlichkeit Deines Heiligen
   Opferaltars zu stehen
und Dir die geschuldete Anbetung und Verherrlichung
   darzubringen.
Nimm an aus unserem Mund das dreimalheilige Lied
und suche uns heim in Deiner Güte
und vergib uns alle Sünden
und heilige unsere Seelen und Leiber.

Das Gebet beginnt mit der Anrufung «Heilig ist Gott», mit
dem Bekenntnis der Heiligkeit Gottes und mit dem Flehen
um unsere Heiligung, d.h. mit der Bitte um Teilhabe an seiner
Heiligkeit. Doch was soll das Wort *heilig* – das nach dem Propheten Jesaja den ewigen Inhalt der Verherrlichung Gottes
durch die Engel umfängt, an der teilzunehmen wir uns «zu
dieser Stunde» vorbereiten – als Wort für Gott bedeuten und
ausdrücken? Kein diskursives Denken, keine Logik ist in der
Lage, dies zu erklären, und doch ist gerade dieses Empfinden
der Heiligkeit Gottes, dieses Gespür für das Heilige, Grund
und Quell von Religion. Und hier, in diesem Augenblick, begreifen wir vielleicht inniger denn je, dass die Gottesdienste,
wenn sie uns auch nicht erklären, was die Heiligkeit Gottes ist,
uns diese doch *offenbaren*. In dieser Kundgabe liegt das uralte Wesen von *Kult* – jener Riten, die so grundlegend und alt
sind wie der Mensch selbst, deren Sinn kaum zu unterscheiden
ist von den Gebärden, den Segnungen, dem Erheben der Hände, den Prostrationen, die sie hervorbrachten. Denn der Kult
erwuchs aus der Bedürftigkeit, der Sehnsucht des Menschen,
am *Heiligen* teilnehmen zu können, die er in sich empfand,
noch ehe er darüber «nachsinnen» konnte.

«Es ist, als wisse nur die Liturgie», schreibt Louis Bouyer,
«um den vollen Sinn dieses für die Vernunft undurchdring-
lichen Begriffs. Jedenfalls ist sie allein in der Lage, ihn zu
vermitteln und zu lehren... Dieses fromme Erschauern, dies

innere Schwindelgefühl vor dem Reinen, Unzugänglichen, dem ganz Anderen und zugleich das Erahnen einer unsichtbaren Gegenwart, ein Angezogenwerden durch eine unendliche und dennoch personale Liebe, von der wir, einmal verkostet, nur wissen, dass sie alles übersteigt, was wir Liebe nennen: allein die Liturgie vermag uns diese einzigartige und unaussprechliche Erfahrung zu vermitteln... In ihr strömt diese Erfahrung aus all ihren Elementen – den Worten, den Gebärden, den Lichtern, dem Wohlgeruch, der, wie in der Vision des Jesaja, den Tempel erfüllt –, sie kommt aus all dem, was hinter all dem liegt und doch nicht einfach all dies ist, sich aber darin mitteilt, so wie der betroffene Ausdruck eines Gesichts uns für einen Augenblick erlaubt, eine Seele zu schauen, ohne dass wir zu sagen vermöchten, wie.»[6]

Somit *sind wir eingezogen* und stehen nun vor dem Heiligen. Wir sind durch seine Gegenwart geheiligt, durch sein Licht erleuchtet. Und das erschauernde wie süße Empfinden der Gegenwart Gottes, die Freude und der Friede, die auf Erden nichts Vergleichbares haben, all dies kommt in dem dreifachen, langsamen Gesang des Trisagion zum Ausdruck: «Heilig ist Gott, heilig der Starke, heilig der Unsterbliche» – im himmlischen Hymnus, der auf Erden gesungen, doch von der vollbrachten Versöhnung von Himmel und Erde zeugt, von der Tatsache, dass Gott sich dem Menschen offenbart hat und es uns gegeben ist, «Anteil an seiner Heiligkeit» zu erhalten (Hebr 12,10).

Mit diesem Gesang steigt der Zelebrant immer höher empor bis zum eigentlichen Herzen des Gotteshauses, dem «erhabenen Thron», dem Allerheiligsten. Und in diesem Rhythmus des Aufstiegs – von «dieser Welt» zu den Toren des Gotteshauses, von den Toren des Gotteshauses zum Altar, vom Altar zum «erhabenen Thron» – bezeugt er die vollzogene Einigung in den Höhen, in die uns Gottes Sohn gehoben hat. Und

---

[6] Die Quelle dieses Louis Bouyer zugeschriebenen Zitates konnte nicht ermittelt werden.

nachdem der Zelebrant zum «erhabenen Thron» aufgestiegen ist, ruft er von dort der Versammlung zugewandt – als einer der Versammlung, aber zugleich als Bild Christi, bekleidet mit seiner Macht und Autorität – den *Frieden* auf uns herab, damit wir das Wort Gottes hören.

VIERTES KAPITEL

DAS SAKRAMENT DES WORTES

«Lass leuchten in unsere Herzen, menschenliebender Gebieter, das lautere Licht Deiner Gotteserkenntnis und öffne die Augen unseres Verstandes dem Verständnis der Verkündigung Deines Evangeliums. Hauche uns ein die Furcht vor Deinen seligmachenden Geboten, damit wir alle Begierden niederhalten, zu einem geistlichen Wandel gelangen und alles nach Deinem Wohlgefallen sinnen und tun.»

(Chrysostomus-Liturgie,
Gebet vor dem Evangelium)

1

Nach dem einstimmigen Zeugnis aller frühen Dokumente bildeten die Lesungen der Heiligen Schrift einen unerlässlichen Bestandteil der «Versammlung als Kirche» und insbesondere der eucharistischen Versammlung. In einer der ersten erhaltenen Schilderungen der Eucharistie lesen wir: «An dem Sonntag genannten Tag versammeln sich alle an einem Ort, ob sie

in Städten leben oder auf dem Land, und lesen aus den Überlieferungen der Apostel oder den Schriften der Propheten, solange es die Zeit erlaubt. Wenn der Lektor zuende gelesen hat,
ruft der Vorsteher zur Nachahmung dieser edlen Dinge auf.
Dann stehen wir alle auf und bringen Gebete dar ... und nachdem wir das Gebet beendet haben, wird Brot, Wasser und
Wein gebracht...»[1] Hier ist die innere Verbindung zwischen
Lesung der Schrift und Predigt einerseits, und der Lesung
der Schrift und dem Darbringen der eucharistischen Gaben
andererseits ganz offensichtlich. Dafür finden wir aber auch
Zeugnisse in der heutigen Ordnung der Eucharistie, in der es
ebenfalls eine unzerstörbare Verbindung gibt zwischen der
sogenannten Liturgie der Katechumenen, die in erster Linie
auf das Wort Gottes hingeordnet ist, und der Liturgie der
Gläubigen, die in der Darbringung, Wandlung und Austeilung
der heiligen Gaben besteht.

Doch mittlerweile wissen unsere offiziellen Handbücher,
unsere theologischen Erklärungen und Definitionen der
Eucharistie kaum mehr etwas von diesem einhelligen Zeugnis.
In Leben und Praxis der Kirche besteht die Eucharistie aus
zwei untrennbar verbundenen Teilen. Die theologischen
Überlegungen aber reduzieren sich auf einen – den zweiten –
Teil, als ob das, was an Brot und Wein vollzogen wird, nur für
sich stehen würde, ohne jede geistliche und theologische Beziehung zum ersten Teil.

Diese Reduktion erklärt sich natürlich durch die Beeinflussung unserer Schultheologie durch westliche Vorstellungen, in
denen *Wort* und *Sakrament* weit früher schon den Bezug
zueinander verloren hatten und zum Objekt unabhängiger
Untersuchungen und Definitionen geworden waren. Wie auch
immer, dieser Riss bildet einen der zentralen Mängel der westlichen Sakramentenlehre. Nachdem er de facto von unserem
theologischen Schulsystem übernommen worden war, hat er
früher oder später zu einem falschen, einseitigen und unvoll-

---

[1]   Vgl. Iustinus martyr, *Apologiae* I, 67, 3-5.

ständigen Verständnis beider geführt: sowohl des *Wortes* – d.h. der Heiligen Schrift und ihres Orts im Leben der Kirche – wie des *Sakraments*. Ja, ich wage zu behaupten, die allmähliche «Zergliederung» der Schrift, ihre Auflösung in eine zunehmend spezialisierte und negative Kritik ist Folge ihrer Entfremdung von der Eucharistie und damit praktisch von der Kirche als Erfahrungsraum und geistige Realität. Dieselbe Entfremdung beraubte auch das Sakrament seines Bezugs zum Evangelium und verwandelte es in ein für sich stehendes und sich selbst genügendes «Mittel der Heiligung». Schrift und Kirche werden hier auf die Kategorie zweier formaler *Autoritäten*, zweier «Glaubensquellen» reduziert – wie sie in den scholastischen Abhandlungen vorkommen, wo es allenfalls um die Frage geht, wessen Autorität die höhere ist, wer wen «auslegt».

Tatsächlich und nach eigener Logik fordert dieses Vorgehen noch eine weitere Reduktion. Denn wenn wir die Heilige Schrift zur obersten Autorität der kirchlichen Glaubenslehre erklären, was wird dann zum «Kriterium» der Schrift? Über kurz oder lang wird die «wissenschaftliche Bibelexegese» dies übernehmen – d.h. letzten Endes die bloße Vernunft. Wenn wir anderseits die Kirche zur letztgültigen, obersten und inspirierten Auslegerin der Schrift erklären, durch wen, wo und wie soll diese Auslegung erbracht werden? Wie immer wir diese Frage auch beantworten, immer bleibt dieses Organ oder diese «Autorität» eine *über* der Schrift stehende, *äußere* Autorität. Wenn im ersten Fall der Sinn der Schrift in eine Pluralität persönlicher – keinerlei kirchliche Autorität besitzender – «wissenschaftlicher Theorien» aufgelöst wird, so werden im zweiten Fall die biblischen Schriften als «Rohmaterial» für theologische Definitionen und Formulierungen verwendet, als «biblisches Rohmaterial» zuhanden der theologischen Vernunft und Auslegung. Es wäre falsch zu meinen, diese Position sei nur für den Westen charakteristisch. Dasselbe geschieht, vielleicht in etwas anderer Weise, auch in der orthodoxen Kirche. Denn wenn orthodoxe Theologen am formalen Prinzip entschieden festhalten, dass die autoritative Auslegung der Schrift der Kirche vorbehalten und vom Licht der Tradition geleitet wird, bleiben der lebendige Inhalt und die «praktische» Anwendung dieses Prinzips unklar, ja führen im Leben der Kirche in der Tat zu einer gewissen Starrheit des «Schriftverständnisses». Sofern es sie gibt, befindet sich unsere «Bibelwissenschaft» völlig unter dem Einfluss westlicher Voraussetzungen und übernimmt zaghaft längst überholte westliche Positionen, indem sie sich, so gut wie möglich, an «moderate», d.h. in Wirklichkeit vorletzte, westliche Theorien klammert. Und soweit es um die kirchliche Verkündigung und Frömmigkeit geht, haben auch sie längst schon aufgehört, sich aus der Schrift zu nähren, ihre wahre Quelle in der Schrift zu finden.

Dieser Bruch zwischen Wort und Sakrament hat auch für die Sakramentenlehre fatale Folgen. Nach ihrem Verständnis ist das Sakrament nicht mehr biblisch, im tiefsten Sinn des Wortes *evangelisch*. Und es war kein Zufall, dass das zentrale Interesse der westlichen Theologie an den Sakramenten nicht ihrem Wesen und ihrem Gehalt galt, sondern eher den Voraussetzungen und den «Modi» ihres Vollzugs und ihrer «Wirksamkeit». Somit dreht sich die Deutung der Eucharistie um die Frage der Art und des Augenblicks der Wandlung der Gaben in den Leib und das Blut Christi, meist ohne dabei die Bedeutung dieser Wandlung für die Kirche, für die Welt, für jeden von uns auch nur zu erwähnen. So paradox es auch scheinen mag, das Interesse an der *Realpräsenz* des Leibes und Blutes Christi ersetzt das «Interesse» an Christus selbst. Kommunion wird verstanden als einer der Wege, «Gnade zu erlangen», als ein Akt persönlicher Heiligung, aber nicht mehr als unser *Teilhaben* am Kelch Christi: «Könnt ihr den Kelch trinken, den ich trinke, oder die Taufe auf euch nehmen, mit der ich getauft werde?» (Mk 10,38). Dem Wort entfremdet, das immer Wort Christi bleibt («Ihr erforscht die Schriften ... gerade sie legen Zeugnis über mich ab» – Joh 5, 39), wird das Sakrament gewissermaßen von Christus losgerissen. Natürlich bleibt er für Theologie und Frömmigkeit «Urheber», aber er ist nicht mehr *Inhalt* – nämlich die Gabe seiner selbst, seines gottmenschlichen Lebens an die Kirche und an jeden Gläubigen. Ebenso wird das Sakrament der Buße nicht als «Versöhnung und Wiedervereinigung mit der Kirche in Jesus Christus» erfahren, sondern als die *Vollmacht*, Sünden zu vergeben; und so hat auch das Sakrament der Ehe sein Fundament im «großen Geheimnis Christi und seiner Kirche» «vergessen», und dergleichen mehr.

Jedoch verwirklicht sich in der liturgischen und geistigen Tradition der Kirche das Wesen der Kirche, als Vollendung der göttlichen Menschwerdung in Zeit und Raum, gerade als die unzerstörbare Verbindung von Wort und Sakrament. Deshalb kann die Apostelgeschichte von der *Kirche* sagen: «Das Wort des Herrn wuchs und breitete sich aus» (12,24). Im Sakrament haben wir Anteil an ihm, der kommt und im Wort bei uns bleibt. Die Sendung der Kirche besteht gerade in der Verkündigung dieser frohen Botschaft. Das Wort setzt das Sakrament als seine Vollendung voraus, denn im Sakrament wird Christus, das Wort, zu unserem Leben. Das Wort versammelt die Kirche, um in ihr Mensch zu werden. Vom Wort getrennt droht dem Sakrament die Gefahr, als Magie verstanden zu werden, und ohne das Sakrament droht dem Wort die Gefahr, auf eine «Lehre» reduziert zu werden. Schließlich wird ja das Wort gerade durch das Sakrament gedeutet, denn die Auslegung des Wortes ist immer schon Zeugnis dafür, dass das Wort zu unserem Leben geworden ist. «Und das Wort ist Fleisch geworden und hat unter uns gewohnt ... voll der Gnade und Wahrheit» (Joh 1,14). Das Sakrament ist sein Zeuge, und deshalb liegt in ihm die Quelle, der Beginn und das Fundament der Deutung und des Verständnisses des Wortes, die Quelle und das Kriterium der Theologie. Nur in dieser unzerstörbaren Einheit von Wort und Sakrament können wir wirklich die Bedeutung der Aussage verstehen, dass allein die Kirche den wahren Sinn der Schrift bewahrt. Deshalb wird der erste Teil der Liturgie zum unumgänglichen *Beginn* der eucharistischen

Feier – als *Sakrament des Wortes*, das in Darbringung, Konsekration und Austeilung der eucharistischen Gaben an die Gläubigen seine Erfüllung und Vollendung findet.

2

In mehreren frühen Handschriften der Messtexte wird der Kleine Einzug *Einzug mit dem Evangeliar* genannt. Und in seiner gegenwärtigen Form liegt der zentrale Brennpunkt wirklich auf dem Evangelienbuch: Triumphierend wird es vom Diakon durch die nördliche Tür der Ikonostase herausgetragen und dann durch die Heiligen Pforten zurück auf den Altar gebracht. Wenn wir bedenken, was oben über die ursprüngliche Bedeutung des Kleinen Einzugs als Einzug des Zelebranten und des Volkes in das Gotteshaus gesagt wurde, bildet der «Einzug mit dem Evangeliar» offensichtlich seine zweite «Form». In der Antike nahmen nach dem Einzug in das Gotteshaus der Zelebrant und der mitfeiernde Klerus «ihre Plätze» ein, um das Evangelium zu hören. Heute, nachdem der ursprüngliche Kleine Einzug nicht mehr der tatsächliche Beginn der Liturgie ist, hat der «Einzug mit dem Evangeliar» die Bedeutung dieser Prozession übernommen. Um ihren Sinn zu verstehen, sind ein paar Worte zur ursprünglichen «Topographie» des Kirchengebäudes notwendig.

Nach der gegenwärtigen Praxis ist der Altarraum der natürliche und selbstverständliche «Ort» des Zelebranten und des Klerus. In der Antike war dem aber nicht so. Der *Zutritt* zum Altar und Dienst am Altar war ausschließlich auf die Liturgie der Gläubigen beschränkt, d.h. auf die Darbringung und Konsekration der heiligen Gaben, die Eucharistie im eigentlichen Sinn. Der Zelebrant stieg erst im Moment der Darbringung der Gaben zum Altar empor. Die ganze übrige Zeit war der Platz des Zelebranten und des Klerus – wie in den Gottesdiensten des Tages- und Jahreskreises – auf der *vima*, d.h. unter dem Volk. Dies wird bis zum heutigen Tag durch die Stelle des Bischofsstuhles angedeutet: in der Mitte der Kirche bei den Russen, zur Rechten des Ambo bei den Griechen. Und tatsächlich werden selbst heute noch die wichtigsten Teile der anderen gottesdienstlichen Feiern in der Mitte der Kirche vollzogen und nicht im Altarraum. Der Altar war ausschließlich der *Tisch* des letzten Abendmahles, der Opfertisch, auf dem das unblutige Opfer dargebracht wurde. Der Gottesdienst hatte damit gewissermaßen zwei Zentren: eines in der Versammlung selbst und das andere am Altar. Deshalb fand der erste Teil der Liturgie – das «Versammeln als Kirche», das Hören der Schrift und die Homilie – nicht im Altarraum, sondern in der Kirche statt, zusammen mit dem Zelebranten und dem Klerus, die ihre besonderen Plätze auf der «Vima» einnahmen. Dem *Einzug* in das Gotteshaus (erste Bedeutung des Kleinen Einzugs) folgte das Emporsteigen des Zelebranten und des Klerus zu «ihren Plätzen» für die Feier der Liturgie des Wortes (zweite Bedeutung des Kleinen Einzugs), und danach deren Aufstieg in den Altarraum und zum Altar zur Darbringung und Konsekration der Gaben (der heutige Große Einzug). Durch diese drei «Einzüge» (Prozessionen) wurde die grundlegende Symbolik des Versammelns der Kirche, ihr Aufstieg zum Reich Gottes ausgedrückt.

Was den Abbruch und den Wandel dieser ursprünglichen Ordnung herbeiführte, war an erster Stelle das Verschwinden des ersten Einzugs – des Einzugs in das Gotteshaus – und zum zweiten das allmähliche Verschwinden der Vima als Ort des Zelebranten und des Klerus während praktisch allen Gottesdiensten, *außer der Eucharistie im engeren Sinn*. Dieser Prozess wurde gefördert, als man begann, das Evangeliar auf dem Altar aufzubewahren. Während den Christenverfolgungen wurde das Evangelienbuch nicht im Gotteshaus aufbewahrt, da eine Form der Verfolgung der Kirche in der Konfiszierung der heiligen Bücher bestand. Zu jeder Liturgie wurde darum das Evangeliar von außen her in die Kirche gebracht. Doch mit dem Ende der Verfolgungen und dem Aufkommen der majestätischen christlichen Basiliken wurde natürlich das

Gotteshaus zum Aufbewahrungsort des Evangeliums, und in diesem das «Allerheiligste»: der Altar. Der Altar wurde so zum Mittelpunkt beider Teile der Liturgie, wenn auch auf unterschiedliche Weise. In der so genannten Liturgie der Katechumenen, wie in allen anderen gottesdienstlichen Feiern, wird das Evangelium vom Altar gebracht und bis zum heutigen Tag inmitten der Kirche am Ambo oder von der Kathedra aus verlesen, während die Eucharistie immer am Altar vollzogen wird.

All diese «technischen» Details sind für uns nur soweit von Bedeutung, als sie zeigen, dass der Kleine Einzug allmählich drei grundlegende Dimensionen in sich vereinte: den Beginn der Eucharistie als *Einzug* in die Versammlung; dann die Vollendung dieses ersten Einzugs im Aufstieg, im Einzug der Kirche in den himmlischen Altarraum (Gebet und Gesang des Trisagion, das Hintreten zum Altar); und schließlich die Vollendung dieses Beginns der Liturgie im Sakrament des Wortes.

Zurück nun zum «Einzug mit dem Evangeliar». Dabei ist festzuhalten, dass dieser für das Verständnis der Liturgie des Wortes und ihrer Verbindung mit der Eucharistie nicht weniger wichtig ist als das Lesen der Heiligen Schriften. Hier zeigt sich eine Parallelität zur Eucharistie, bei der die *Darbringung* der Gaben der Konsekration vorausgeht. Entsprechend ist hier daran zu erinnern, dass das Evangelium nicht nur als Wort, sondern gerade als *Buch* Teil der orthodoxen liturgischen Tradition ist. Diesem Buch wird die gleiche Verehrung zuteil wie einer Ikone oder dem Altar. Wir sollen es küssen und mit Weihrauch ehren, und das Volk Gottes wird mit ihm gesegnet. Bei einigen Riten schließlich – etwa bei der *Bischofsweihe*, dem Bußsakrament und der Krankensalbung usf. – ist das Evangelium ausdrücklich als *Buch* dabei, nicht nur in Form des einen oder anderen darin enthaltenen Textes. Denn für die Kirche ist das Evangeliar eine Wort-Ikone der Offenbarung Christi und seiner Gegenwart unter uns. Vor allem aber ist es eine Ikone seiner Auferstehung. Der Einzug mit dem Evangelium ist deshalb keine «Repräsentation», keine sakrale dramatische Inszenierung vergangener Ereignisse – etwa des Heraustretens Christi zur Verkündigung (in diesem Falle würde ja auch nicht der Diakon, sondern der Zelebrant als Bild Christi in der kirchlichen Versammlung das Evangeliar tragen). Es ist das Bild des Erscheinens des auferstandenen Herrn in Erfüllung seines Versprechens: «Denn wo zwei oder drei in meinem Namen versammelt sind, da bin ich mitten unter ihnen» (Mt 18,20). Wie der Konsekration der eucharistischen Gaben ihre Darbringung auf dem Opfertisch vorausgeht, so geht dem Verlesen und Verkünden des Wortes sein *Erscheinen* voraus. Der «Einzug mit dem Evangeliar» ist eine Begegnung, eine freudige Begegnung mit Christus, und diese Begegnung ereignet sich in der Form des Heraustragens des Buches der Bücher zu uns, jenes Buches, das immerzu verwandelt wird in Kraft, Leben und Heiligung.

3

«Friede sei mit euch allen» – ruft der Zelebrant der Versammlung zu und das Volk antwortet ihm: «Und auch mit deinem Geist.» Wir haben bereits dargelegt, dass *Friede* ein Name Christi ist. Die westliche Form dieses Grußes ist *Dominus vobiscum* – «der Herr sei mit euch». Und dieser Gruß, mit dem sich der Zelebrant vor jedem neuen Abschnitt der eucharistischen Feier – vor der Lesung des Wortes Gottes, vor dem Friedensgruß, vor der Spendung der Kommunion – an die Kirche wendet, ist jedes Mal eine Erinnerung daran, dass Christus selbst «mitten unter uns» ist, er selbst unserer Eucharistie vorsteht: Denn er selbst ist «der Darbringer und der Dargebrachte, der Empfänger und der Ausgeteilte».

Danach wird das *Prokeimenon* angestimmt. Dieses Wort, das im griechischen «das Dargelegte» – d.h. was *vorausgeht* – bedeutet, wird nun auf zwei oder drei von Lektor und Volk oder Chor antiphonisch gesungene Psalmverse bezogen. In der Antike bestand das Prokeimenon normalerweise im Gesang eines ganzen Psalms, welcher der Lesung der Heiligen Schrift «vorausging». Und weil das Prokeimenon bis auf den heutigen Tag einen besonderen und zweifellos wichtigen Platz im orthodoxen Gottesdienst einnimmt, sind dazu noch einige Worte anzufügen.

Um das Prokeimenon zu verstehen, müssen wir uns zunächst den besonderen Platz der Psalmen in der frühen Kirche in Erinnerung rufen. Ohne zu übertreiben könnte gesagt werden, dass die Psalmen nicht nur einen der prophetischen oder liturgischen «Höhepunkte» des Alten Testamentes darstellen, vielmehr eine Art «Offenbarung in der Offenbarung» sind. Wenn die ganze Schrift über Christus weissagt, so liegt die außerordentliche Bedeutung der Psalmen darin, dass Christus in ihnen gleichsam von «innen» heraus offenbart wird. Sie sind *sein* Wort, *sein* Gebet: «... ipse Dominus Iesus Christus locutus», «Christus selbst, der Herr, spricht in ihnen» (sel. Augustinus).[2] Und weil sie seine Worte sind, sind sie auch Gebet und Wort seines Leibes, der Kirche. «In diesem Buch redet, betet und weint nur Jesus Christus und seine Kirche», schreibt der sel. Augustinus. «Die vielen Glieder verbunden im Band der Liebe und des Friedens unter einem Haupt – unserem Erlöser – begründen, wie Du weißt, ... einen Leib. Und ihre Stimme lassen die Psalmen wie die Stimme eines Einzigen ertönen, der für alle bittet, weil alle in ihm eins sind.»[3] Dieses Verständnis, diese *Erfahrung* der Psalmen liegt im Herzen ihres liturgischen Gebrauchs. Es ist zum Beispiel nicht möglich, den herausragenden Platz des 119. Psalms in den Laudes des Karsamstags zu verstehen («Wohl denen, deren Weg ohne Tadel ist»), solange wir nicht einsehen, dass die Kirche in diesem nicht enden wollenden Bekenntnis der Liebe zum «Gesetz Gottes», zu seinem Willen, zu seinem Plan der Welt und der Menschheit, auf irgendeine Weise die Stimme des Herrn selbst hört, der uns im Grab den Sinn seines lebensspendenden

---

[2] Augustinus, *Enarratio in Ps.*, XXX, 11 (PL 26, 237).
[3] Ebd., LXIX, 1 (PL 36, 866).

Todes offenbart. So gesehen, sind die Psalmen nicht nur eine göttlich inspirierte «Exegese», eine Auslegung der Schrift und der Ereignisse der Heilsgeschichte. Vielmehr wird uns in ihnen jene geistliche *Wirklichkeit* ausgedrückt, bzw. inkarniert und weitergegeben, die es uns ermöglicht, den wahren Sinn der heiligen Texte wie der Riten zu verstehen.

Das *Prokeimenon* – «der vorausgehende Psalm» – *führt* uns *ein* in das Sakrament des Wortes. Denn das Wort Gottes wendet sich nicht nur an die Vernunft, sondern an den ganzen Menschen – an seine Tiefen oder, in der Sprache der Väter, an sein *Herz*, das auch ein Organ religiöser Erkenntnis ist, im Gegensatz zur unvollkommenen, diskursiven und rationalen Erkenntnis «dieser Welt». Das «Öffnen des Geistes» geht dem Hören und Verstehen des Wortes voran: «Darauf öffnete er ihnen die Augen für das Verständnis der Schrift» (Lk 24,45). Das freudige, wiederholte Ausrufen des Prokeimenon, seine «Mitteilung» an die Versammlung und seine Aufnahme durch die Zusammengekommenen drückt auch den Moment der «Öffnung des Geistes» im Gottesdienst aus, den Moment seiner Einigung mit dem *Herzen*, wenn wir auf das Wort der Schrift, das Wort des Herrn hören.

4

Auf das Prokeimenon folgt die Lesung der *Epistel*, d.h. eines Abschnittes des zweiten – «apostolischen» – Teils des Neuen Testaments. Wir haben allen Grund anzunehmen, dass in der Antike die Lesung der Heiligen Schrift auch Ausschnitte aus dem Alten Testament miteinschloss. Eine detaillierte Studie zum «Lektionar», d.h. zu den Prinzipien, welche die liturgische Verteilung der Schriftlesungen begründen, gehört zu dem Teil der liturgischen Theologie, den ich *Liturgie der Zeit* bezeichne,[4] so dass wir im Moment auf eine weitere Erklärung

---

[4]   Vgl. A. Schmemann, *Introduction to Liturgical Theology*, 49-57.

verzichten können. Es genügt zu sagen, dass das *Lektionar* eine lange und komplexe Entwicklung durchmachte, und eine der wesentlichsten Herausforderungen unserer Zeit darin besteht, es im Licht unserer gegenwärtigen liturgischen «Situation» durchzusehen. Um die Wichtigkeit dieses Problems zu verstehen, genügt es, sich daran zu erinnern, dass das gegenwärtige Lektionar den größeren Teil des Alten Testaments von der liturgischen Lesung ausschließt. Vom Neuen Testament, insofern das Lektionar sich auf der Voraussetzung einer täglichen liturgischen Feier aufbaut, erreicht auch nur ein vergleichsweise kleiner Teil der neutestamentlichen Texte Ohren und Bewusstsein der Gläubigen. Von daher rührt auch die beeindruckende Unkenntnis der Heiligen Schrift bei einer überwältigenden Mehrheit der Orthodoxen und, aufgrund dieser Unkenntnis, auch das fehlende Interesse an ihr. Die Heilige Schrift wird nicht als die erste, mit nichts zu vergleichende und wahrhaft *erlösende* Quelle unseres Glaubens und Lebens wahrgenommen. Der «Akathist» ist in unserer Kirche weitaus populärer als die Schriftlesungen. Insoweit aber unser Gottesdienst nach einem «biblischen» Schlüssel strukturiert ist, führt dies letzten Endes zum Unverständnis der Liturgie, zu einem Bruch zwischen der liturgischen Frömmigkeit und der eigentlichen Bedeutung der *lex orandi*, der Regel des Gebets.

Nach der Epistel wird das Evangelium gelesen. Dem Evangelium geht das Singen des *Alleluja* und das *Inzensieren* voraus. In der heutigen Praxis nehmen die Alleluja-Verse nicht mehr als zwei oder drei Minuten in Anspruch und erlauben dem Diakon gerade das Evangelium vom Priester entgegenzunehmen und zum Ambo zu schreiten. Infolgedessen wird das Inzensieren nicht wie vorgeschrieben während des Singens des Alleluja vorgenommen, sondern vielmehr während der Lesung der Epistel. Und schließlich wird das Gebet des Zelebranten vor der Lesung des Evangeliums, in dem die Kirche Gott bittet, uns «die Augen unseres Verstandes zu öffnen, damit wir die Botschaft Deines Evangeliums verstehen», jetzt still gelesen, und so den Gläubigen die Möglichkeit vorenthalten, es zu hören. All dies zusammengenommen verdunkelt den ursprünglichen Sinn des *Ritus* der Wortliturgie. Dennoch ist dieser Ritus wichtig, um den Zusammenhang zwischen der Wortliturgie und dem Sakrament der Eucharistie zu verstehen. Deshalb ist es notwendig, noch einige Worte darüber zu sagen.

Unsere erste Überlegung soll sich mit dem Singen der Alleluja-Verse befassen, die in der Antike einen gewichtigen Bestandteil aller christlichen Gottesdienste ausmachten. Von den Christen aus dem hebräischen Gottesdienst übernommen, gehört das Alleluja zum Typus des sogenannten *melismatischen* Gesanges. In der Geschichte der Kirchenmusik bezeichnet melismatisch, im Unterschied zu *psalmodisch*, eine Form, in der die Melodie dem Wort übergeordnet ist. Man kann wohl annehmen, dass vor dem Auftreten einer «elaborierteren» Hymnologie – Tropare, Kondakien und Stichira, in denen Musik und Text sich gegenseitig bestimmen – die Kirche nur zwei Gesangsarten kannte, entsprechend den zwei grundlegenden Aspekten des christlichen Gottesdienstverständnisses. Den *psalmodischen* Gesang, d.h. melodisches, rhythmisches und musikalisches Lesen der Psalmen, Schriften und Gebete, was die *verbale* Natur des christlichen Gottesdienstes, seine innere Unterordnung unter das Wort der Heiligen Schrift, des apostolischen Zeugnisses, der Tradition des Glaubens zum Ausdruck brachte; und den *melismatischen* Gesang, der das Erleben des Gottesdienstes als reale Berührung mit dem *Transzendenten* und den Eintritt in die übernatürliche Realität des Gottesreiches ausdrückte. Was auch immer der Ursprung des melismatischen Gesanges war – darüber gibt es eine ganze Reihe gelehrter Theorien –, es kann nicht bezweifelt werden, dass er im frühchristlichen Gottesdienst einen wichtigen Platz einnahm und der Gesang des *Alleluja* eine seiner wichtigsten Ausdrucksweisen war –, denn dieser Ausdruck ist nicht bloß ein Wort, sondern ein melodischer Ausruf. Sein rationaler Gehalt kann natürlich mit «Ehre sei Gott» übersetzt werden, doch damit ist seine Bedeutungsfülle keinesfalls erschöpfend ausgesagt, ja auch nicht übersetzt, denn das Wort selbst ist ein Hingerissensein der Freude und des Preises angesichts des Erscheinens des Herrn, ist «Antwort» auf sein Kommen. Der Religionshistoriker G. van der Leeuw schreibt, «wenn der Mensch von der Gegenwart Gottes angerührt wird, schreit er laut auf». Er «erhebt» seine Stimme: «Doch die bedeutsamste Art tiefer emotionaler Äußerung ist der *Lobpreis*: der *Lobgesang*.»[5] Das Alleluja ist im tiefsten Sinn des Wortes ein *Gruß*. Und ein wirklicher Gruß ist nach dem eben genannten van der Leeuw immer «Bestätigung eines Faktums». Er setzt eine *Kundgabe* voraus und ist Reaktion auf diese Kundgabe. Die Alleluja-Rufe gehen der Lesung des Evangeliums voraus, weil, wie bereits gesagt, das Erscheinen des Herrn in der Versammlung und sein Öffnen des Geistes der Gläubigen dem *Hören* vorausgeht. Die alte Melodie des Alleluja-Rufes ist bis zu uns gekommen als ein Ton, eine Weise, ein Ausdruck der Freude, des Lobes und des Erfahrens einer Gegenwart, die wirklicher als alle Worte und jede Erklärung ist.

Während das Alleluja gesungen wird – nicht während der Lesung der Epistel, wie es heute gewöhnlich der Fall ist – findet das *Inzensieren* des Evangeliars und der Versammlung statt. Dieser alte religiöse Ritus, der bei vielen Religionen vorkommt, wurde von der Kirche wegen seiner Verflechtung mit heidnischen Kulten nicht unmittelbar übernommen: In der Zeit der Verfolgungen wurden die Christen gezwungen, Weihrauch vor den Bildern des Kaisers zu verbrennen und ihm so göttliche Ehre zu erweisen. Später aber wurde das Inzensieren allmählich auch in den kirchlichen Gottesdienst aufgenommen als ein «natürlicher» religiöser Ritus, in dem alles – die brennende Holzkohle, der Weihrauch, der, in Wohlgeruch verwandelt, zum Himmel steigt – die Anbetung des Schöpfers und seiner unter dem Volk anwesenden Heiligkeit durch sein Geschöpf ausdrückt.

---

[5] Vgl. G. van der Leeuw, *Religion in Essence and Manifestation*, London 1938, 430.

Der Zelebrant liest das *Gebet vor dem Evangelium*, in dem er Gott bittet, das «ungetrübte Licht Deiner göttlichen Erkenntnis» herabzusenden und uns «die Augen unseres Verstandes zu öffnen, damit wir die Botschaft Deines Evangeliums verstehen». Dieses Gebet, das heute still gelesen wird, nimmt im Sakrament des Wortes den gleichen Platz ein wie im eucharistischen Gebet die *Epiklese*, das Bittgebet zum Vater, seinen Heiligen Geist zu senden. Wie die Konsekration der Gaben hängt auch das *Verstehen* und die *Annahme* des Wortes nicht bloß von unserem Wollen ab, sondern vor allem von der sakramentalen Verwandlung der «Augen unseres Verstandes», von der Ankunft des Heiligen Geistes in uns. Das bezeugt auch der Segen, den der Priester über den Diakon spricht, bevor dieser das Evangelium verliest: «Gott segne dich mit *großer Kraft zur Erfüllung des Evangeliums...*»

5

Die Homilie ist ein Zeugnis für das Hören, Aufnehmen und Verstehen des Wortes Gottes. Folglich ist sie organisch mit der Lesung der Schrift verbunden und bildete in der frühen Kirche einen unentbehrlichen Teil der «Synaxis», einen wesentlichen liturgischen Akt der Kirche. Dieser Akt ist das ewige Selbstzeugnis des heiligen Geistes, der in der Kirche lebt und sie in die Wahrheit einführt (Joh 16,13), des Geistes der Wahrheit, «den die Welt nicht empfangen kann, weil sie ihn nicht sieht und nicht kennt» – «ihr aber kennt ihn, weil er bei euch bleibt und in euch sein wird» (Joh 14,17). In diesen Texten hört und erkennt die Kirche das Wort Gottes, und sie wird für immer fortfahren, es zu erkennen, zu hören und zu verkünden. Nur auf diese Weise kann sie wirklich «dieser Welt» die frohe Botschaft Christi verkündigen und Christus bezeugen – und nicht bloß ihre «Lehre» vorlegen –, denn sie selber hört ständig auf das Wort und lebt daraus, so dass ihr wahres Leben ein *Wach-*

sen im Worte ist. «Und das Wort Gottes breitete sich aus, und die Zahl der Jünger in Jerusalem nahm stark zu» (Apg 6,7); «So wuchs das Wort des Herrn mit Macht und wurde stark» (Apg 19,20).

Im heutigen kirchlichen Leben ist zweifellos ein Niedergang oder gar eine Krise der Predigt festzustellen. Das Wesentliche dieser Krise liegt nicht in der Unfähigkeit des Predigers zu reden, noch in einem Mangel an «Stil» oder in irgendeiner anderen intellektuellen Fähigkeit, sondern in etwas viel Tieferem, nämlich in einem Vergessen, *was* die Predigt in der Versammlung der Kirche eigentlich zu sein hat. Die Homilie kann auch heute intelligent, interessant, instruktiv und tröstlich sein, doch das sind allesamt keine Kriterien, die uns erlauben, eine «gute» Predigt von einer «schlechten» zu unterscheiden: diese machen nicht das Wesen der Predigt aus. Ihr Wesen liegt vielmehr in ihrer lebendigen Beziehung zu dem in der kirchlichen Versammlung gelesenen Evangelium. Denn eine echte Predigt ist weder eine bloße Erklärung des Gelesenen durch eine dazu befähigte und kompetente Person, noch Vermittlung der theologischen Kenntnisse des Predigers an die Zuhörer, noch eine Meditation zum Evangelium. Sie ist keine Rede *über das Evangelium* («über ein Thema des Evangeliums»), sondern Verkündigung des Evangeliums selbst. Die Krise der Predigt besteht also vor allem darin, dass sie zu einer Art «persönlicher» Angelegenheit des Predigers geworden ist. So sagen wir etwa, ein Prediger habe eine rhetorische Begabung oder er habe sie nicht. Doch eine wirkliche Begabung zur Verkündigung der frohen Botschaft ist nicht eine «immanente» Begabung des Predigers, sondern ein Charisma des Heiligen Geistes, das der Kirche für die Kirche verliehen wird. Wirkliche Verkündigung der frohen Botschaft gibt es nicht ohne den Glauben, dass die «Versammlung als Kirche» wirklich eine Versammlung im Heiligen Geist ist, in der es ein und derselbe Geist ist, der dem Prediger die Lippen zur Verkündigung öffnet und die Ohren der Hörer auftut, um das anzunehmen, was verkündigt wird.

111

Die Bedingung für eine wahre Predigt hat daher gerade in der völligen Selbstverleugnung der Predigers zu bestehen, in seiner Absage an alles *bloß Persönliche*, selbst an die *eigenen* Begabungen und Talente. Das Geheimnis der kirchlichen Predigt, im Gegensatz zu jeder menschlichen «Sprachbegabung», erfüllt sich, nach den Worten des Apostels Paulus, «nicht in glänzender Rede oder gelehrter Weisheit». Denn «ich hatte mir vorgenommen, bei euch nichts zu wissen als Jesus Christus und zwar als den Gekreuzigten... Meine Botschaft und Verkündigung war nicht Überredung durch kluge und gewandte Worte, sondern war mit dem Erweis von Geist und Kraft verbunden, damit sich euer Glaube nicht auf Menschenweisheit stützt, sondern auf die Kraft Gottes» (1 Kor 2,1-5). Die Bezeugung Jesu Christi im Heiligen Geist ist der Inhalt des Wortes Gottes, und dies allein begründet das Wesen der Predigt: «Der Geist ist es, der Zeugnis ablegt; denn der Geist ist die Wahrheit» (1 Joh 5,6). Der Ambo ist der Ort, wo das Sakrament des Wortes vollzogen wird, er sollte deshalb nie in eine Tribüne zur Verkündigung bloß menschlicher Wahrheit und Weisheit verkehrt werden, sei diese noch so erhaben und richtig. «Denn unter den Vollkommenen verkündigen wir Weisheit, doch nicht die Weisheit dieser Welt oder der Machthaber dieser Welt, die einst entmachtet werden. Vielmehr verkündigen wir das Geheimnis der verborgenen Weisheit Gottes, die Gott vor allen Zeiten zu unserer Verherrlichung vorausbestimmt hat» (1 Kor 2,6-7).

Hier erkennen wir, warum alle kirchliche Theologie, alle *Tradition*, gerade aus der «Versammlung als Kirche» erwächst, aus diesem Sakrament der Verkündigung der frohen Botschaft. Hier sehen wir, warum in ihr die lebendige und nicht die abstrakt formulierte Bedeutung der klassisch orthodoxen Überzeugung inbegriffen ist, dass allein der Kirche die Obhut für die Schrift und ihre Interpretation anvertraut ist. Denn Tradition ist keine *andere*, zur Schrift «komplementäre» Glaubensquelle. Sie entspringt genau derselben Quelle: dem lebendigen Wort Gottes, als die von der Kirche schon immer gehörte und empfangene. Tradition ist die Auslegung des Wortes Gottes als Quell des Lebens selbst und nicht irgendwelcher «Konstruktionen» oder «Folgerungen». Wenn der hl. Athanasius der Große sagt, «die heiligen und von Gott inspirierten Schriften genügen zur Darlegung des Glaubens»,[6] lehnt er damit nicht die Tradition ab und noch weniger predigt er eine spezifisch «biblische» Methode der Theologie – im Sinn einer formalen, terminologischen Treue gegenüber dem biblischen «Text» – er selbst war es bekanntermaßen, der zur Darlegung des Glaubens der Kirche den nichtbiblischen Begriff *gleichen Wesens* eingeführt hat. Er bekräftigte eben die lebendige Tradition – und nicht eine formale oder terminologische Beziehung zwischen Schrift und Tradition – als ein Lesen und Hören der Schrift im Heiligen Geist. Nur die Kirche kennt und bewahrt den Sinn der Schrift, denn im Sakrament des Wortes, das in der kirchlichen Versammlung vollzogen wird, verleiht der Heilige Geist dem «Fleisch» der Schrift ewiges Leben und verwandelt es in «Geist und Leben». Jede wahre Theologie wurzelt in diesem Sakrament des Wortes, in der Versammlung der Kirche, in welcher der Geist Gottes die Kirche selbst – und nicht bloß ihre einzelnen Glieder – ermahnend und belehrend in die Fülle der Wahrheit einführt. Deshalb muss jedes «private» Lesen der Schrift in der Kirche verwurzelt sein, denn außerhalb des gott-menschlichen Lebens der Kirche kann es weder gehört noch wahrhaft ausgelegt werden. So ist das Sakrament des Wortes, das in der Versammlung der Kirche auf zweifache Weise – in Lesung und Verkündigung – vollzogen wird, die Quelle des Wachsens eines jeden und aller zusammen zur Fülle des Geistes der Wahrheit.

Schließlich offenbart sich im Sakrament des Wortes die Zusammenarbeit der Hierarchie und der Laien bei der Bewahrung der Wahrheit, die nach dem berühmten Brief der Patriarchen des Ostens (1869) «dem gesamten Kirchenvolk

---

[6] Vgl. Athanasius, *Contra gentes*, 1 (PG 25, 4A).

anvertraut ist».[7] Einerseits wird in der Predigt die Gabe des *Lehrens* verwirklicht: ein Charisma, das dem Zelebranten zu seinem Dienst in der Versammlung der Kirche verliehen ist. Andererseits, weil das Predigen nicht eine «persönliche Begabung», sondern ein von der Kirche vermitteltes Charisma ist, das sich in ihrer Versammlung verwirklicht, ist der Wortverkündungsauftrag der Hierarchie nicht von der Versammlung zu trennen, sondern findet in ihr seine gnadenreiche Quelle. Der Heilige Geist ruht auf der ganzen Kirche. Der Dienst des Zelebranten ist Predigt und Lehre. Der Dienst des Volkes Gottes besteht in der Annahme dieser Lehre. Beide Dienste stammen aus dem Heiligen Geist, beide werden durch ihn und in ihm vollzogen. Die Wahrheit kann ohne die Gabe des Heiligen Geistes weder aufgenommen noch verkündet werden, und diese Gabe ist der ganzen Versammlung verliehen. Die gesamte Kirche – nicht bloß ein «Teil» von ihr – hat «nicht den Geist der Welt empfangen, sondern den Geist, der aus Gott stammt, damit wir erkennen, was uns von Gott zuteil geworden ist» (1 Kor 2,12). «So erkennt auch keiner Gott – nur der Geist Gottes» (1 Kor 2,11), deshalb lehren diejenigen, die dies tun, «nicht mit Worten, wie menschliche Weisheit sie lehrt, sondern wie der Geist sie lehrt, indem (sie) den Geisterfüllten das Wirken des Geistes deuten. Der irdisch gesinnte Mensch aber lässt sich nicht auf das ein, was vom Geist Gottes kommt. Torheit ist es für ihn, und er kann es nicht verstehen» (1 Kor 2,13-14). In der Kirche ist dem Bischof und den Priestern die Gabe des Lehrens gegeben, aber sie ist ihnen gegeben, weil sie Zeugen des Glaubens der Kirche sind, weil die Lehre nicht die ihre ist, sondern die der Kirche, in ihrer Einheit in Glaube und Liebe. Nur der ganzen Kirche, so wie sie sich in der «Versammlung als Kirche» dar-

---

[7] *Enzyklika der einen, heiligen und apostolischen Kirche an die orthodoxen Christen aller Länder* (Antwort der Patriarchen von Konstantinopel, Alexandrien, Antiochien und Jerusalem auf die Enzyklika Pauls IX. vom 6. Januar 1848 an die Christen des Ostens).

stellt und realisiert, kommt der Geist Christi zu. Nur in der Versammlung der Kirche treten alle Dienste in ihrer Einheit und in ihrem unaufgebbaren Aufeinanderbezogensein in Erscheinung als Manifestationen des einen Geistes, der den ganzen Leib erfüllt. Deshalb muss schließlich jedes Glied der Kirche, welche «Stelle» ihm in der Kirche auch immer zukomme, ein Zeuge für die ganze Fülle der Kirche vor der Welt sein, und nicht nur für seine *eigene* Auffassung von ihr.

In der Antike antwortete die Versammlung auf die Predigt des Zelebranten mit einem triumphalen *Amen* und bezeugte damit die Aufnahme des Wortes und besiegelte ihre Einheit im Geiste mit dem Zelebranten. In diesem *Amen* des Volkes Gottes liegt die Quelle und das Prinzip jener «Rezeption» der Lehre im Bewusstsein der Kirche, von der die orthodoxen Theologen so oft reden, im Gegensatz zur römischen Aufteilung der Kirche in die *lernende* und die *lehrende* Kirche, wie auch im Gegensatz zum protestantischen Individualismus. Die Schwierigkeit zu erklären, worin diese «Rezeption» besteht und auf welche Art und Weise sie sich verwirklicht, hat vielleicht auch damit zu tun, dass wir selbst uns nicht mehr bewusst sind, dass dieser Akt in der Versammlung der Kirche und in dem in ihr vollzogenen Sakrament des Wortes verwurzelt ist.

FÜNFTES KAPITEL

DAS SAKRAMENT DER GLÄUBIGEN

«Wir Gläubigen alle...»
(Diakon zur Einleitung der
Liturgie der Gläubigen)

1

Der erste Teil der Liturgie, der in der Versammlung als Kirche, im Einzug und im Sakrament des Wortes besteht, endet mit der sogenannten «Flehenden Ektenie», d.h. mit eindringlich vorgebrachten besonderen Fürbitten und Gebeten. Danach werden die Katechumenen, d.h. diejenigen, die sich auf die Taufe vorbereiten, aus der Versammlung der Kirche entlassen.

Wie die Große Fürbittlitanei so ist auch diese Ektenie ein unaufgebbarer Bestandteil nicht nur der eucharistischen Liturgie, sondern jedes Gottesdienstes. Während aber die Große Fürbittlitanei am Beginn jedes Gottesdienstes steht, so steht diese Ektenie normalerweise an ihrem Ende. Heute ist der Unterschied zwischen den beiden Fürbittlitaneien – derjenigen, die der Katechumenenliturgie vorangeht und derjenigen, die sie beschließt – kaum mehr vorhanden, beide bestehen aus denselben und gleich angeordneten Bitten und werden, etwa in der griechischen Praxis der Kirche, als überflüssig betrachtet und weggelassen. Die Liturgie geht dort unmittelbar zum nächsten Teil über, zur Feier der Eucharistie. Doch nach ihrem ursprünglichen Plan war die Ektenie nicht nur nicht «repetitiv» – d.h. eine Wiederholung der Großen Fürbittlitanei mit geringfügigen Änderungen –, sondern erfüllte im Gottesdienst eine Funktion, die derjenigen der Großen Litanei genau entsprach. Was war diese Funktion?

Um diese Frage zu beantworten, muss man sich daran erinnern, dass die gesamte Christenheit, das ganze Leben der Kirche auf dem Zusammenkommen zweier Aussagen aufgebaut ist, die sich zunächst gegenseitig auszuschließen scheinen. Einerseits ist die Kirche, weil sie Christus angehört, wie Christus selbst zur ganzen Welt, zur ganzen Schöpfung und Menschheit gesandt: Christus hat sich selbst dahingegeben «in Vertretung aller und für alle» und hat seine Jünger, nämlich die Kirche, «hinaus in die ganze Welt gesandt, um das Evangelium allen Geschöpfen zu verkünden» (Mk 16,15): Er ist der *Retter der Welt*. Anderseits versichert die Kirche, dass Christus durch seine erlösende Liebe jedem Menschen zugewandt ist, denn jeder Mensch als einzigartiges und nicht wiederholbares Wesen ist nicht nur Gegenstand dieser Liebe Christi, sondern ist mit Christus auch verbunden durch die Einzigartigkeit des Planes Gottes mit jedem Menschen. Von hier stammt die Antinomie des christlichen Lebens. Der Christ ist aufgerufen, sich selbst zu verleugnen und «sein Leben für seine Freunde hinzugeben», und derselbe Christ ist aufgerufen, «das vergängliche Fleisch zu verachten und sich um die unsterbliche Seele zu sorgen». Um «einen der Geringsten unter ihnen» zu retten, verließ der Hirte die neunundneunzig anderen, doch dieselbe Kirche – um ihrer Reinheit und Fülle willen – scheidet Sünder aus sich aus.

Die gleiche Polarisierung finden wir im religiösen Denken. Es gibt immer solche, die den kosmischen und universalen Auftrag der Kirche mit besonderer Intensität erfahren, doch immer auch jene, die all dem gegenüber gleichsam blind und taub sind und im Christentum vor allem eine Religion des «persönlichen Heils» sehen. Dasselbe trifft auch zu in der

Frömmigkeit, in den Gebeten und Fürbitten der Kirche. Sie rufen den Menschen einerseits zur Einheit in Liebe und Glaube auf, um so die Kirche als Leib Christi zu vollenden. Anderseits sind sie auch offen für meine Bedürftigkeit, meinen Kummer, meine Freude. Ohne die «Liturgie», d.h. die Kirche als *gemeinsamen Auftrag*, abzulehnen, möchte der Gläubige, dass *sein* Gebets-, *sein* Gedenkgottesdienst gefeiert wird. Dabei kann – ungeachtet der in beiden Erfahrungen möglichen Verzerrungen oder Übertreibungen – kaum bezweifelt werden, dass beide gleichermaßen im innersten Wesen des Christentums verwurzelt sind. Die Antinomie des Christentums besteht darin, dass es zugleich auf das Gesamte – die ganze Schöpfung, die ganze Welt und Menschheit – und auf jede einzigartige und unwiederholbare menschliche Person hingeordnet ist. Und wenn die Vollendung der menschlichen Person darin liegt, «mit allen in Verbindung zu stehen», dann liegt die Vollendung der Welt darin, dass sie zum Leben werde für jeden, dem Gott diese Welt als Leben gegeben hat. Der christliche Glaube kann sagen, dass die Welt für jeden einzelnen geschaffen wurde, wie er sagen kann, dass jede Person für die Welt erschaffen wurde, um sich «für das Leben der Welt» dahinzugeben.

In der Praxis, im alltäglichen Leben erweist es sich als recht schwierig, zwischen diesen beiden voneinander nicht trennbaren und für das Christentum gleichermaßen wesentlichen «Dimensionen» das Gleichgewicht zu wahren. Doch wenn es unvermeidlich, ja sogar legitim ist, dass jede einzelne Person innerhalb des Geheimnisses ihrer individuellen Berufung und ihrer Teilnahme an der kirchlichen «Ökonomie» eine gewisse Wahl trifft, dann zeigt sich uns in der Glaubensregel der Kirche, die sich in ihrer Gebetsregel ausdrückt, die ganze Fülle dieser zweifachen Berufung der Kirche.

Um dies zu erspüren und nachzuweisen, wollen wir die erste – die «Große» – Fürbittlitanei mit der letzten und abschließenden – der «Flehenden» – Fürbittlitanei vergleichen. Die Große Fürbittlitanei schenkt und enthüllt uns das Gebet

der Kirche, oder besser, *die Kirche als Gebet*, genau als den
«gemeinsamen Auftrag» in seinem ganzen kosmischen und
universalen Umfang. In der Versammlung der Kirche ist der
Mensch vor allem aufgerufen «loszulassen», seine «Sorgen»
um all das, was nur *ihn selbst*, das Persönliche und Private
betrifft, «beiseite zu legen», um selber mit allem, was nur das
Seine ist, gleichsam im Gebet der Kirche «aufzugehen». Die
Große Fürbittlitanei enthüllt die christliche «Hierarchie der
Werte»; und nur in dem Maße, wie jeder Teilnehmer diese für
sich annimmt, vermag er seine «Mitgliedschaft» zu erfüllen
und damit jene Selbstbezogenheit zu überwinden, die nur zu
oft die Kirche und das religiöse Leben verdunkelt und pervertiert. Dennoch ist das Personale und Konkrete keinesfalls
aus dem Gebet der Kirche ausgeschlossen. Und hier liegt das
Wesentliche der abschließenden, Flehenden Litanei: darin
konzentriert sich das Gebet der Kirche auf die «privaten», persönlichen Bedürfnisse der Menschen. Im ersten Fall, bei der
Großen Fürbittlitanei, «stirbt» alles Private gleichsam ins
Ganze hinein, hier aber ist alle Kraft des kirchlichen Gebetes
auf *diese Person* und ihre *Bedürfnisse* konzentriert. Doch nur,
weil wir uns zuerst in der Liebe Christi mit dem *Allgemeinen*
zu identifizieren und von unserem Egozentrismus zu befreien
vermochten, können wir jetzt, durch die Liebe Christi und in
der Kirche daheim, uns «jeder christlichen Seele, die, betrübt
und verbittert, der Gnade und Hilfe Gottes bedarf, zuwenden» (Fürbitte aus der Litija der Vesper).

In ihrer heutigen Form erfüllt die Flehende Fürbittlitanei
diese Funktion nicht mehr ganz, da sie die in den Gottesdiensten allgemeine Tendenz zur *Fixierung* aufweist. So beten wir
z.B. bei jeder Liturgie in einer der Fürbitten «für die Priester,
die Priestermönche und die ganze Bruderschaft in Christus».
Diese Fürbitte entstand und verbreitete sich in der Jerusalemer
Liturgie als «lokale» Fürbitte für die Mitglieder der Bruderschaft des Heiligen Grabes. Für Jerusalem völlig angemessen,
ist sie für die überwältigende Mehrheit der Gläubigen anderer
Orte unverständlich. Doch selbst in dieser «Fixierung» bleibt

die Flehende Fürbittlitanei bis zu einem gewissen Grad offen: noch heute werden besondere Fürbitten – für die Kranken, die Reisenden, für ein bestimmtes Familienereignis – darin aufgenommen. Diese Praxis bedarf einer gründlicheren Erklärung. Immer wenn persönliches Gedenken und Beten aus der Liturgie, aus dem «gemeinsamen Auftrag» herausgelöst und zu «Gottesdiensten in persönlichen Gebetsanliegen» (*treby*) werden, wird das Aufeinander-Verwiesensein des *Gemeinsamen* und des *Persönlichen* im kirchlichen Bewusstsein geschwächt; wir verstehen die Liturgie nicht mehr als das kosmische Sakrament der Erlösung der Welt und zugleich als das Gott Darbringen «der Leiden der Menschen, des Seufzens der Gefangenen, der Nöte der Armen, der Bedürfnisse der Reisenden, der Nöte der Schwachen, der Gebrechen der Alten, des Weinens der Kinder, der Gelöbnisse der Jungfrauen, der Gebete der Witwen, der Verletzlichkeit der Waisen...» (Gebet des hl. Ambrosius von Mailand).

Zu dieser Abtrennung privater «Gottesdienste in persönlichen Anliegen» von der Liturgie schreibt Kiprian Kern: «...die Feier von Bittgottesdiensten (*treby*) nach der Liturgie widerspricht dem Geist unseres Gottesdienstes... Bittgottesdienste nach der Liturgie sind ein liturgischer Widerspruch.»[1] Im Ganzen aber wird diese an sich richtige Kritik fruchtlos bleiben, solange das Gleichgewicht zwischen dem Gemeinsamen und Persönlichen innerhalb der Liturgie nicht wieder hergestellt ist, solange, mit anderen Worten, alles Persönliche und Besondere nicht wieder eingebettet und ausgerichtet ist auf die allgemeine, eine und ungeteilte Liebe Christi, deren Sakrament wir in der Eucharistie begehen.

[1] K. Kern, *Evcharistija*, 341f.

Nach der «Flehenden Fürbittlitanei» sprechen wir die Litanei für die Katechumenen und das ihr zugeordnete Gebet, dann werden die Katechumenen «entlassen». In der frühen Kirchenzeit waren *Katechumenen* Christen, die sich auf die Taufe vorbereiteten – die damals nicht wie heute an irgendeinem beliebigen Tag und mehr oder weniger als eine private «Feier in persönlichen Anliegen» stattfand, sondern in der Osternacht. Die Vorbereitung auf die Taufe dauerte meist eine recht lange Zeit – ein oder zwei Jahre – und bestand für die Neubekehrten im Unterricht in den Glaubenswahrheiten und in ihrer allmählichen Einführung in das liturgische Leben der Kirche. Mit der Zeit verlor sich die Institution des Katechumenats, da die Taufe immer häufiger an Säuglingen vollzogen wurde. So klingen die heutigen Gebete für die Katechumenen leicht anachronistisch, ja eigentlich geradezu formelhaft. «Es ist unersichtlich, wen die kirchliche Gemeinschaft zum Gebet auffordert, wenn der Diakon ausruft: ‹Ihr Katechumenen, betet zum Herrn!›; man weiß auch nicht, wen der Diakon zum Verlassen der liturgischen Versammlung auffordert, wenn er sagt: ‹Geht hinaus, Katechumenen...› Da gibt es keine Katechumenen, und das Gebet und die Litanei werden für Leute gesprochen, welche die Kirche nicht unter ihre Mitglieder zählt und für gewöhnlich auch nicht vorhat zu unterweisen, geistlich einzuführen und zu taufen», schreibt Kiprian Kern.[2] Deswegen hat die griechisch-orthodoxe Kirche vor langem schon auf diese Litanei verzichtet und fährt nach der «Dringenden Fürbittlitanei» unmittelbar mit dem Singen des Cherubikon fort, d.h. mit dem Beginn der Opferung. Und bei den Russen sprachen sich noch vor der Revolution während den Vorbereitungen des Moskauer Kirchenkonzils einige Mitglieder des Klerus zugunsten der Abschaffung dieses Teils der Liturgie aus, da er keinem realen Bedürfnis der Kirche mehr

[2] Ebd., 188f.

entspreche. Alle diese Argumente sind sicherlich gewichtig und Kiprian Kern bemerkt zu Recht, dass «die Gründe einer Mehrheit von Konservativen in der Kirche, denen zufolge wir die Worte und Bitten für die Katechumenen demütig auf uns selbst beziehen und uns ihnen gleichstellen sollten, etwas überzogen sind».[3] Formelhaftigkeit kann im Leben der Kirche keinen Platz haben. Dennoch scheint es uns nicht unangemessen zu fragen, wie formelhaft diese Bitten in der Tat sind und was der eigentliche Sinn der «Relevanz der Gottesdienste für reale Bedürfnisse» ist.

Eine der wesentlichen Aufgaben der liturgischen Tradition ist es, den vollen Umfang der christlichen Auffassung und Lehre von der Welt, von der Kirche, vom Menschen zu bewahren – eine Fülle, die weder ein einzelner Mensch noch eine Epoche oder Generation selber aufzunehmen und zu bewahren fähig ist. Jeder von uns wird, genauso wie jede «Kultur» oder Gesellschaft, bewusst oder unbewusst, genau das im Christentum *wählen*, was auf seine «Bedürfnisse» oder Probleme Antwort gibt. Es ist deshalb überaus wichtig, dass die *Tradition* der Kirche, ihre Ordnung, ihre dogmatischen Aussagen und Gebetsregel eine Verwechslung dieser «Wahl» oder Meinungen und Anpassungen mit der Fülle der christlichen Offenbarung nicht erlaubt. Ein solcher Prozess einer Neubewertung der Tradition unter dem Gesichtspunkt ihrer Bedeutsamkeit für die «Nöte der Zeit» und für die «Fragen des heutigen Menschen» ist zur Zeit in der westlichen Christenheit im Gange. Und zum Kriterium für das, was in der Christenheit ewig bleibt und was in ihr obsolet geworden ist, wird genau und fast ohne jedes Argument der «heutige Mensch» und die «heutige Kultur» erklärt. Um diesem Kriterium zu entsprechen, sind manche bereit, all das aus der Kirche zu entfernen, was «irrelevant» erscheint. Dies ist die ständige Versuchung des Modernismus, der periodisch den Organismus der Kirche stört. Deshalb ist, wenn von diesem oder jenem ob-

---

[3] K. Kern, *Evcharistija*, 189.

soleten Brauch, von dieser oder jener obsoleten Tradition die Rede ist, größte Vorsicht geboten. Die Frage kann hier nicht die nach der Relevanz oder Irrelevanz für die «Gegenwart» sein, sondern ob darin etwas stets Gültiges und Wesentliches des Christentums zum Ausdruck kommt – selbst dann, wenn es von außen als völlig «obsolet» erscheint.

Wenn wir das Gesagte auf die Gebete für die Katechumenen anwenden, haben wir uns vor allem zu fragen, was diese Gebete ausdrücken, was sie in der Ordnung des christlichen Gottesdienstes bedeuten. Ist es Zufall, dass die Kirche in der Vergangenheit diesen Gebeten eine solche Bedeutung zumaß, dass der erste Teil der eucharistischen Versammlung als «Liturgie der Katechumenen» bezeichnet wurde? Bedeutet das nicht, dass sie eine tiefe innere Beziehung zum ganzen ersten Teil der Liturgie und zu ihrem innersten Wesen besitzen, die man nicht einfach aufheben kann, ohne an etwas sehr Wichtiges in der grundlegenden Bedeutung der Liturgie zu rühren? Genauso gut könnte analog dazu gefragt werden, ob die Liturgie – die selbst sonntags häufig ohne Kommunikanten gefeiert wird – nicht nur dann gefeiert werden sollte, wenn Kommunikanten da sind. Gewisse protestantische Gemeinschaften halten es so und meinen, damit die «Veräußerlichung» zu vermeiden. Mit anderen Worten, was haben wir in den Gebeten für die Katechumenen wahrzunehmen – bloß einen dürren und verwelkten Zweig (wie jenen Glückwunsch an den Zaren, der wegfiel, als es keinen orthodoxen Zaren mehr gab) oder ein wesentliches Stück des wahren *Ordo des christlichen Gottesdienstes*?

Ich glaube, das Letztere liegt der Wahrheit näher. Denn die Gebete für die Katechumenen sind vor allem ein liturgischer Ausdruck eines grundlegenden Auftrags der Kirche – genauer: *der Kirche als Sendung*. Die Kirche kam in die Welt als Sendung – «Geht hinaus in die ganze Welt und verkündet das Evangelium allen Geschöpfen» (Mk 16,15) – und sie kann nicht, ohne ihr eigenes Wesen zu verraten, aufhören, Sendung zu sein. Natürlich entstanden die Gebete für die Katechumenen geschichtlich zu einer Zeit, als die Kirche nicht nur die

Institution des Katechumenats umfasste, sondern auch sich selbst tatsächlich als in die Welt gesandt verstand, mit dem Ziel, diese zu Christus zu bekehren, d.h. zu einer Zeit, da die Kirche die Welt noch als Ziel ihrer Sendung begriff. Dann änderte sich die geschichtliche Situation und es schien, als wäre die Welt christlich geworden. Leben wir aber heute nicht wieder in einer Welt, die sich entweder vom Christentum abgewandt oder noch nie von Christus gehört hat? Steht nicht die *Mission* wiederum im Mittelpunkt des kirchlichen Bewusstseins? Und versündigt sich die kirchliche Gemeinschaft nicht an dieser wesentlichen Berufung der Kirche, wenn sie sich in ihr «inneres» Leben verschließt und sich nur dazu berufen sieht, «die spirituellen Bedürfnisse» ihrer Glieder zu befriedigen, und sich so praktisch weigert, in der Mission ein grundlegendes Amt und einen wesentlichen Auftrag der Kirche in «dieser Welt» zu erkennen?

Vielleicht ist es gerade in unseren Tagen wichtig, jene Struktur des Gottesdienstes zu bewahren, in der sich die Mission und ihre Früchte – die «Liturgie der Katechumenen» und die «Liturgie der Gläubigen» – verbinden. Für wen beten wir, wenn wir die Fürbitten der Litanei für die Katechumenen hören: «Auf dass der Herr sich ihrer erbarme, ... dass er sie das Wort der Wahrheit lehre, ... dass er ihnen das Evangelium der Gerechtigkeit offenbare, ... sie zu seiner heiligen, katholischen und apostolischen Kirche vereine»? Natürlich an erster Stelle für die, die tatsächlich im Begriff sind, in die Kirche einzutreten: Kinder, Neubekehrte, «Suchende». Noch mehr aber für solche, die *wir* zur «Sonne der Gerechtigkeit» hinführen könnten, wäre da nicht unsere Trägheit, unsere Gleichgültigkeit, unsere Gewohnheit, die Kirche als «unser» Eigentum zu betrachten, die für uns da ist, und nicht um des göttlichen Auftrags willen, nicht um dessentwillen, der «wünscht, dass *alle* Menschen gerettet werden und zur Erkenntnis der Wahrheit gelangen». Somit sollen die Gebete für die Katechumenen, unter Beibehaltung ihrer unmittelbaren Bedeutung, für uns zu einer ständigen Erinnerung und Richtschnur werden: Was tust du – was tut deine Kirche – für den Auftrag Christi in der Welt? Wie erfüllst du den grundsätzlichen Auftrag des Hauptes der Kirche: «Geh hinaus in alle Welt und verkündige das Evangelium allen Geschöpfen»?

3

Der erste Teil der Liturgie endet mit der Entlassung all jener, die noch nicht getauft sind und sich erst auf die Taufe vorbereiten. In der Urkirche verließen unmittelbar nach den Katechumenen auch diejenigen die kirchliche Versammlung, die *Buße* taten, d.h. die für einen befristeten Zeitraum von der Teilnahme am Sakrament ausgeschlossen waren. «Lasst keine Katechumenen, keine, deren Glauben nicht sicher ist, keinen Büßer, keinen Unreinen zum Sakrament hinzutreten.» Der hl. Gregor der Große, aus dessen Werk dieser Ausruf des Diakons stammt, warnt: «Wer immer die Kommunion nicht empfängt, soll die Versammlung verlassen.»[4] Nur die *Gläubigen*, d.h. die getauften Glieder der Kirche, bleiben in der Versammlung der Kirche zurück, und werden jetzt durch ein allgemeines Gebet aufgerufen, sich auf die eucharistische Darbringung vorzubereiten.

«Wir Gläubigen alle» – *nur* die Gläubigen. Mit diesen Worten erreichen wir einen Wendepunkt im Gottesdienst, dessen tiefste Bedeutung dem gegenwärtigen Bewusstsein der Kirche fast völlig verloren gegangen ist. Heutzutage sind die Tore des Gotteshauses während der ganzen Liturgie geöffnet und jeder kann zu jeder Zeit ein- und ausgehen. Dass dem so ist, liegt daran, dass es im gegenwärtigen Verständnis wesentlich nur der Priester ist, der «zelebriert», und der Gottesdienst im Altarraum vor allem *für* und *in Vertretung* der Laienschaft stattfindet, die «individuell» – durch Gebet und aufmerksame Haltung, gelegentlich durch den Empfang der Kommunion –

---

[4] Gregor der Große, *Dialogi* 1, 23 (PL 77, 233).

teilnimmt. Nicht nur die Laien, auch der Klerus hat schlichtweg vergessen, dass die Eucharistie, aufgrund ihres ureigenen Wesens, eine der Kirche vorbehaltene Versammlung ist, und dass in dieser Versammlung alle *geweiht* sind und alle, jeder an seinem Platz, *Dienst tun* in der einen liturgischen Handlung der Kirche. Anders gesagt, wer zelebriert, ist nicht der Klerus, auch nicht der Klerus zusammen mit der Laienschaft, sondern die Kirche, die sich aufbaut und sich in ihrer Fülle anzeigt in der Gemeinschaft eines jeden mit allen zusammen.

Heute wird viel über die Teilnahme der Laien am kirchlichen Leben, über ihr «königliches Priestertum», über das Erwachen ihres «kirchlichen Bewusstseins» gesprochen. Doch ist zu befürchten, dass all diese Bemühungen, den Laien den ihnen zukommenden Platz wieder zu verschaffen, in eine Sackgasse geraten, solange sie – wie es im Moment der Fall ist – ausschließlich von der gegenseitigen Beziehung «Klerus – Laien» ausgehen und nicht zunächst von derjenigen «Kirche – Welt». Denn erst diese vermag das wahre Wesen der Kirche und damit den Ort der einzelnen Glieder und ihre gegenseitige Beziehung zu erschließen. Der Mangel der gegenwärtigen kirchlichen Psychologie besteht darin, dass sie das ganze Leben der Kirche unter dem Gesichtspunkt der Wechselbeziehung zwischen dem Klerus und den Laien betrachtet. Wir haben die Kirche mit dem Klerus und die «Laien» mit der Welt gleichgesetzt – was die russischen und griechischen Begriffe für die Laien: *mirjane* (von *mir*, Welt) und *kosmikoi* bezeugen. Und dies verzerrt wiederum ihre Beziehung untereinander wie auch die Weise, wie Klerus und Laien ihren Ort in der Kirche auffassen.

Wir stehen vor einem Paradox. Auf der einen Seite scheint der Zweck des Klerus im «Dienst» an den Laien zu bestehen – nämlich Gottesdienste zu feiern, die kirchlichen Angelegenheiten zu führen und zu regeln, zu lehren, sich um das geistige und moralische Wohl der Herde zu kümmern. Anderseits halten es viele für falsch, dass die Laien selber an diesem Amt keinen Anteil haben, und alle kirchlichen Leitungs- und

Führungsaufgaben ganz in den Händen des Klerus liegen. Wenn jemand heute über die Teilnahme der Laien am kirchlichen Leben spricht, denkt er zumeist an ihr Teilhaben an der kirchlichen Leitung, an der liturgischen Verkündigung oder an kirchlichen Gremien – also genau an all das, was seit unvordenklichen Zeiten wesentlich zum ausdrücklichen Amt der Hierarchie gehörte, die zu diesem Zweck eingesetzt war und wozu sie bis heute besteht. Somit entsteht eine falsche Alternative: Entweder sind die Laien nur ein passives Element, d.h. alle Aktivität in der Kirche ist dem Klerus vorbehalten, oder aber ein Teil der Aufgaben des Klerus kann und muss deshalb auch an die Laien abgetreten werden. Dieses Dilemma entspringt in Wirklichkeit dem Konflikt zwischen einem reinen «Klerikalismus», der die Kirche in einen «aktiven» und einen «passiven» Teil teilt und von den Laien blinden Gehorsam gegenüber dem Klerus verlangt, oder einer besonderen Art von kirchlichem «Demokratismus», wonach der dem Klerus allein vorbehaltene besondere Bereich der Gottesdienst ist (die Spendung der Sakramente und verschiedene kleinere Dienste), während alles übrige mit den Laien zu teilen ist. Muss im ersten Fall jeder, der sich «aktiv» einbringen möchte, fast zwangsläufig in den Klerus eintreten, so stellt sich im zweiten Fall das Problem der «Repräsentation» der Laienschaft in sämtlichen kirchlichen Angelegenheiten.

Dies alles ist aber ein falsches Dilemma, eine Sackgasse. Denn die Frage nach der Beziehung zwischen Klerus und Laien kann nicht von der Frage nach dem *eigenen Zweck der Kirche* getrennt werden: Davon abgelöst, hat sie keinen Sinn. Bevor wir aber die Rolle von Klerus und Laien in der Führung der kirchlichen «Angelegenheiten» klären, müssen wir uns auf die eigentliche Aufgabe der Kirche besinnen, zu der sie bestellt ist, und uns fragen, wie sie diesen Auftrag auszuführen hat. Entscheidend ist, dass die Kirche als das neue vom Herrn Jesus Christus versammelte, erlöste und geheiligte Volk Gottes durch ihn dazu *geweiht* ist, *in und vor der Welt* Zeugnis von ihm abzulegen.

Christus ist der Retter der Welt. Und die Rettung der Welt war schon durch Christi Menschwerdung, Kreuzesopfer, Tod, Auferstehung und Verherrlichung vollbracht. In ihm ist Gott Mensch geworden, und der Mensch ist vergöttlicht, in ihm sind Sünde und Tod besiegt, das Leben ist offenbar und siegreich geworden. Und so ist die Kirche vor allem sein Leben, «das beim Vater war und uns offenbart wurde» (1 Joh 1,2) – d.h. Christus selbst lebt in den Menschen, die ihn angenommen und in ihm Gemeinschaft mit Gott und untereinander haben. Insofern diese Gemeinschaft mit Gott in Christus auch Gemeinschaft mit allen in Christus ist, insofern dieses neue und ewige Leben, das nicht nur seiner Dauer, sondern auch seiner «Qualität» nach ewig ist, das Ziel von Schöpfung und Erlösung ist, hat die Kirche an sich kein anderes «Geschäft», als unablässig den Heiligen Geist aufzunehmen und unablässig zu wachsen in der Fülle Christi, der in ihr lebt. In Christus ist alles «getan», niemand braucht seinem Werk etwas hinzuzufügen. Deshalb lebt die Kirche «in sich selbst» immer «in den letzten Tagen» und ihr Leben ist, nach Paulus, mit Christus «in Gott verborgen». In jeder Liturgie begegnet sie dem kommendem Herrn und besitzt die Fülle des mit Macht anbrechenden Reiches, in ihr wird jedem, der hungert und dürstet, hier, auf dieser Erde, in diesem Zeitalter, der Anblick des unvergänglichen Lichtes vom Tabor, der Besitz der vollkommenen Freude und des umfassenden Friedens im Heiligen Geist gewährt. In diesem neuen Leben gibt es keinen Unterschied zwischen stark und schwach, Sklaven und Freiem, Mann und Frau, denn «wenn jemand in Christus ist, dann ist er neue Schöpfung» (2 Kor 5,17). Gott gibt den Geist ohne Maß, durch ihn sind alle geweiht, alle zur Fülle und Vollkommenheit, «zum Leben in Fülle» berufen.

Darum aber hat die hierarchische Struktur der Kirche, die Unterscheidung zwischen Priestern und Laien und die ganze Vielfalt ihrer Ämter keinen anderen Zweck als das Hineinwachsen jedes einzelnen und aller zusammen in die Fülle des Leibes Christi. Die Kirche ist keine religiöse Gesellschaft, in der Gott *durch* die Priester *über* sein Volk herrscht, sondern der eine Leib Christi, der keine andere Quelle und keinen anderen Inhalt hat als das gottmenschliche Leben Christi selbst. Das bedeutet, dass in der Kirche keiner dem anderen untergeordnet ist (wie die Laien dem Klerus), vielmehr sind alle einander untergeordnet in der Einheit des gottmenschlichen Lebens. Die Autorität der Hierarchie in der Kirche ist tatsächlich «absolut» – doch nicht weil ihr diese Autorität von Christus zugesprochen ist. Vielmehr weil sie die Autorität Christi selbst ist, genau so wie der Gehorsam der Laien der Gehorsam Christi selbst ist. Denn Christus ist nicht *außerhalb* der Kirche, er ist nicht *über* der Kirche, sondern er ist in ihr, wie sie in ihm ist, als sein Leib. «Den Bischof aber, das ist klar, müssen wir wie den Herrn selbst ansehen»,[5] schreibt der hl. Ignatius von Antiochien im Hinblick auf die Autorität der Hierarchie, und im Hinblick auf den Gehorsam sagt er: «Alle sollt ihr dem Bischof gehorchen wie Jesus Christus dem Vater.»[6] Die verschiedenen Bestrebungen, die Autorität der Hierarchie zu «begrenzen», ihr Amt auf den «sakramentalen» oder liturgischen Bereich allein zu beschränken, beruhen auf einem tiefen Missverständnis des Mysteriums der Kirche. Als könnte das Leitungsamt oder jeder andere Dienst in der Kirche je eine andere Quelle haben außer der «sakramentalen», d.h. dem Heiligen Geist; als würden «Autorität» und «Gehorsam» gerade aufgrund ihrer «Sakramentalität» nicht aufhören, rein menschlich zu sein und so christusförmig zu werden; als könnten schließlich beide, Autorität und Gehorsam, wie alle anderen Ämter in der Kirche, einen anderen Inhalt haben als die Liebe Christi, und einen anderen Zweck als den Dienst an allen für die Verwirklichung der Kirche in ihrer ganzen Fülle. «Keiner blähe sich seines Ranges wegen auf; alles liegt an Glaube und Liebe, über die nichts geht», schreibt der hl. Igna-

---

[5] Ignatius von Antiochien, *Epistula ad Ephesios*, 6, 1, vgl. *Die apostolischen Väter*, Einsiedeln 1984, 72.
[6] Ignatius von Antiochien, *Epistula ad Smyrnaeos*, 8, 1, vgl. ebd., 103.

tius.[7] Und wenn Glieder der Kirche in ihrem Amt die christusförmige Natur ihres Dienstes verletzen und von der Gnade und Liebe zum Gesetz und vom Gesetz zur Gesetzlosigkeit zurückfallen, dann wird der Geist Christi gewiss nicht durch das «Gesetz dieser Welt», durch Verfassungen und Gesetzgebungen in das Leben der Kirche zurückkehren, sondern durch das unaufhörliche «Neu-Entfachen der Gnade Gottes» (2 Tim 1,6), welche die Kirche nie verlässt.

Doch Christus hat es bereits vollbracht, die Erlösung vollzieht sich in der Welt, auch wenn die Stunde des endgültigen Triumphes Christi, wenn «Gott alles in allem» sein wird (1 Kor 15,28) noch aussteht. Die ganze Welt steht noch unter der Gewalt des Bösen und der «Fürst dieser Welt» herrscht noch in ihr. Darum wird das ein für allemal dargebrachte Opfer immerzu dargebracht, und der Herr für die Sünde der Welt gekreuzigt. Er bleibt Priester und Fürsprecher der Welt beim Vater, und so hat die Kirche, sein Leib, teil an seinem Fleisch und Blut, an seinem Priestertum, sie leistet in seiner Fürbitte selbst Fürbitte. Da die Fülle der Erlösung «durch die Opfergabe des Leibes Jesu Christi ein für allemal» (Heb 10,10) der Welt zuteil wurde, und er «durch ein einziges Opfer alle, die geheiligt sind, für immer zur Vollendung geführt hat» (Heb 10,14), bringt die Kirche nicht ein neues Opfer dar, sondern *sie selbst*, als sein Leib, *ist Priestertum, Darbringung und Opfer*. Und wenn wir in der Kirche durch die Liebe Christi leben, wenn die Liebe Quell und Ziel des Lebens der Kirche ist, dann besteht diese Liebe darin, dass «wir so wie er in dieser Welt» sind (1 Joh 4,17). Er kam, die Welt zu retten und sein Leben für sie hinzugeben. Und wodurch wird die Welt erlöst, wenn nicht durch das Opfer Christi, und wie sollen wir diese Sendung Christi weiterhin erfüllen, wenn wir nicht teilhaben an seinem Opfer? Dies ist das «universale Priestertum» der Kirche, das eigentliche Priestertum Christi, zu dem sie als sein

---

[7]   Ignatius von Antiochien, *Epistula ad Smyrnaeos*, 6, 1, vgl. *Die apostolischen Väter*, 102.

Leib geweiht ist. Dies ist ihr erster Dienst an der Welt, um dieses Dienstes willen wurde sie in der Welt zurückgelassen und wohnt in ihr: um «den Tod des Herrn zu verkünden, seine Auferstehung zu bekennen und seine Wiederkunft zu erwarten». Zu diesem Amt ist jeder geweiht, der in der Taufe Anteil an Christus erhalten hat und zu einem Glied seines Leibes geworden ist. Wir sind geweiht, um – gemeinsam die Kirche bildend – sein Opfer für die Sünden der Welt darzubringen und in der Darbringung die Erlösung zu bezeugen.

Das «königliche» oder «universale» Priestertum der Kirche besteht nicht darin, dass die Kirche eine Gesellschaft von Priestern ist – denn es gibt beides, Priester wie «Laien», in ihr –, sondern darin, dass sie als ganze, als der Leib Christi, ein priesterliches Amt an der Welt zu versehen hat, sie vollzieht das Priestertum und die Fürbitte des Herrn selbst. Nochmals: Gerade die Differenz zwischen Klerus und «Laien» ist in der Kirche notwendig, damit die Kirche in ihrer Fülle ein geheiligter Organismus sein kann – denn, wenn die Priester Verwalter der Sakramente sind, dann wird durch die Sakramente die ganze Kirche geheiligt und geweiht für das Amt Christi und wird selbst zum Geheimnis und zur gottmenschlichen Wirklichkeit Christi. Das «Priestertum» der Laien besteht nicht darin, dass sie in der Kirche eine Art Priester «zweiten Ranges» sind – denn die Ämter sind deutlich unterschieden und dürfen nie vermischt werden –, es besteht vielmehr darin, dass sie die *Gläubigen* sind, d.h. die Glieder der Kirche. Sie sind zum Amt Christi an der Welt *geweiht* und vollziehen es vor allem durch ihre Teilnahme an der Darbringung des Opfers Christi in Vertretung der Welt.

Dies ist letztlich der Sinn des Ausrufs «Wir Gläubigen alle». Damit setzt sich die Kirche von der Welt ab, weil sie, als Leib Christi, schon immer «nicht von dieser Welt» ist. Doch diese Absonderung geschieht *um der Welt willen*, um der Darbringung des Opfers Christi willen «in Vertretung aller und für alle». Wenn die Kirche nicht die Fülle der Erlösung in sich bergen würde, so besäße sie nichts, wovon sie der Welt Zeugnis ablegen könnte. Und wenn sie nichts zu bezeugen hätte, wenn ihre Berufung und ihr Dienst nicht die Darbringung des Opfers Christi wären, dann wäre Christus nicht der Retter der Welt, sondern ein Retter *von der Welt*. Und schließlich erinnert uns dieser Ausruf daran, dass der Sinn der Liturgie nicht darin besteht, dass der Priester dabei den Laien dient oder die Laienschaft «jeder für sich» am Gottesdienst teilnimmt, sondern dass die ganze Versammlung in gegenseitiger Unterordnung aller Ämter einen einzigen Leib bildet, zur Verwirklichung des Priestertums Jesu Christi.

Und so sollten wir, wenn wir diese Worte vernehmen, uns selber fragen: Bekennen wir uns als *Gläubige*? Sind wir bereit, das Amt zu erfüllen, zu dem jeder von uns am Tag seiner Taufe geweiht wurde? Hier ist kein Ort für falsche Bescheidenheit oder Absonderung von der Versammlung unter dem Vorwand unserer Sündhaftigkeit. Keiner war je dieser Teilnahme würdig, und keine noch so große Gerechtigkeit vermag den Menschen zu befähigen, das Opfer Christi für die Welt darzubringen. Doch er selbst hat uns zu diesem Amt geweiht, geheiligt und bestellt, und er selbst vollbringt es in uns. Und schließlich müssen wir uns vor Augen halten, dass wir nicht *um unseretwillen* in die Kirche gehen, sondern um des Dienstes Christi an der Welt willen. Denn es gibt keinen anderen Weg zu *unserer* Erlösung, als unser Leben Christus zu übergeben – «er liebt uns und hat uns von unseren Sünden erlöst durch sein Blut; er hat uns zu Königen gemacht und zu Priestern vor Gott, seinem Vater» (Offb 1,5-6). Wir sind in der Eucharistie versammelt, um diesen Dienst zu erfüllen, und kommen jetzt zu seinem ersten liturgischen Akt, zur Darbringung.

4

Der feierliche Akt, der das Ende des Wortgottesdienstes und den Beginn der Liturgie der Gläubigen bezeichnet, ist das Ausbreiten des *Antimensions* auf dem Altar. Das griechische

Wort, das wörtlich übersetzt «an Stelle eines Tisches» bedeu-
tet, bezieht sich auf das rechteckige Tuch aus Leinen oder
Seide, das für gewöhnlich ein Bild des im Grab liegenden
Herrn zeigt sowie in der Mitte eine in eine besondere Tasche
eingenähte Reliquienpartikel aufweist und unten am Rand das
Zeichen des Bischofs, der dieses Antimension geweiht hat.

Geschichte, Entwicklung und Gebrauch des Antimensions
in der orthodoxen Kirche sind ziemlich komplex, ja wider-
sprüchlich. Während z.B. für die Russen die Hauptbedeutung
des Antimensions in der eingenähten Reliquie besteht, verwendet etwa der griechische Osten das Antimension ohne
Reliquien – was an sich schon auf eine gewisse Widersprüch-
lichkeit im Verständnis seiner liturgischen Funktion hinweist.
Da seine geschichtliche Entwicklung vor allem für Spezialisten
von Interesse ist, werden wir unsere Bemerkungen dazu in
einer besonderen Notiz vorlegen.[8] Hier genügt es zu betonen,
dass für die gesamte orthodoxe Kirche das gemeinsame und
deshalb normative Kennzeichen des Antimensions seine Verbindung mit dem Bischof ist. Wie der heilige Chrisam wird
das Antimension nur vom Bischof geweiht und sein Zeichen
verleiht ihm seine «Gültigkeit». Und was auch immer weitere verschiedene Bedeutungsschichten sind, das Antimension
bezeichnete ursprünglich die «Bevollmächtigung» eines Pres-
byters durch den Bischof, die Eucharistie zu feiern. Wie ich
oben bereits ausgeführt habe: der normale Zelebrant der Eucharistie war in der frühen Kirche der Bischof. Denn insofern
die Eucharistie vor allem als Sakrament der Versammlung verwirklicht und erfahren wird, als Sakrament der Kirche – d.h.
als Sakrament der Einheit des Volkes Gottes –, ist es selbstverständlich, dass der Zelebrant derjenige sein sollte, dessen
Amt in der Errichtung, im Ausdruck und Erhalt dieser Einheit
besteht. Darum erhielten sich in der kirchlichen Praxis sehr
lange, selbst dann noch, als die Kirche schon keine relativ kleine Gruppe von Gläubigen mehr war, sondern praktisch die

---

[8] Alexander Schmemann kam nicht mehr dazu, dies in die Tat umzusetzen.

133

gesamte Bevölkerung des Reiches umfasste, Spuren dieser
Auffassung und Erfahrung, dass die Feier der Eucharistie die
«Versammlung aller an einem Ort» unter der Leitung des Bischofs voraussetzt. Noch im siebten Jahrhundert etwa wurde
in Rom, obwohl die Zahl der Christen verschiedene Feiern
unumgänglich machte, nur eine Eucharistie gefeiert, und die
konsekrierten Gaben wurden durch die Diakone an die anderen Versammlungen verteilt. Das unterstreicht die Bedeutung
des Sakraments als Sakrament der Einheit der Kirche – als
Überwindung der sündigen Zerbrochenheit und Entzweiung
der Welt. Und noch heute wird dieses bis in die christliche
Antike zurückreichende Verständnis der Eucharistie als des
Sakraments der Kirche und der Einheit par excellence durch
das Verbot der orthodoxen Kirche bezeugt, dass kein Priester
am gleichen Altar mehr als eine Eucharistie zelebrieren darf.
Genau in diesem Zusammenhang haben wir die Bedeutung
des Antimensions zu verstehen.

Geschichtlich entstand das Antimension aus der Notwendigkeit, im konkreten Leben zwei Aspekte zu verbinden:
einerseits die Bedeutung der Eucharistie als ein die Einheit der
Kirche zum Ausdruck bringender Akt der ganzen Kirche und
deshalb als die wichtigste Aufgabe des Bischofs, und andererseits die notwendige Vielzahl von eucharistischen Versammlungen. Der hl. Ignatius von Antiochien schreibt: «Nur jene
Eucharistie gelte euch als gültig, die unter dem Bischof oder
einem von ihm Beauftragten gefeiert wird.»[9] Das deutet darauf
hin, dass es bereits zu diesem frühen Zeitpunkt vorkam, dass
der Bischof, wenn er selber die Eucharistie nicht feiern konnte, einen seiner Presbyter damit beauftragte. Im Verlaufe der
weiteren Entwicklung und Entfaltung des kirchlichen Lebens
wurde das, was zunächst eine Ausnahme darstellte, zur allgemeinen Regel. Der Bischof wurde nach und nach vom Leiter
einer konkreten kirchlichen Gemeinde zum Verwalter eines

---

[9] Vgl. Ignatius von Antiochien, *Epistula ad Smyrnaeos*, 8, 1, vgl. *Die apostolischen Väter*, 103.

mehr oder weniger ausgedehnten kirchlichen Bezirks (Eparchie), und die «Kirche», als lebendige Gemeinschaft, wurde zur «Pfarrei». Vielleicht wusste die Kirche zeitweilig nicht, was besser ist: die frühere unmittelbare Verbindung zwischen Bischof und Gemeinde zu wahren, d.h. die Zahl der Bischöfe zu vervielfachen, damit jeder einer Pfarrei vorstehe (was auch der geschichtliche Kontext des kurzlebigen und wenig erfolgreichen Experimentes der sogenannten *Chorepiskopoi* ist); oder die regionale und damit ökumenische Bedeutung des Episkopates zu bewahren, und damit den Mitgliedern des bischöflichen Rates bzw. Presbyteriums neue Funktionen zuzugestehen und Presbyter als Leiter der Pfarreien einzusetzen. Geschichtlich obsiegte die zweite Möglichkeit, was allmählich zum Auftreten des Amtes des «pfarrherrlichen Priesters» führte, d.h. eines einzelnen Leiters einer mehr oder weniger großen kirchlichen Gemeinde, eines Gottesdienstleiters und Sakramentenspenders und unmittelbaren Hirten seiner Herde.

Es kann kaum bezweifelt werden, dass im üblichen Kirchenbewusstsein die Idee des Hirtenamtes hauptsächlich an den Priester gebunden ist und nicht an den Bischof, der sich in einen «Oberhirten» verwandelt hat und mehr oder weniger stark als Oberer des Klerus und «Verwalter» der Kirche wahrgenommen wird und nicht so sehr als Verkörperung der Einheit der Kirche und als Fokus des kirchlichen Lebens. (Es ist folglich bezeichnend, dass wir den Priester – und nicht den Bischof – «Vater» nennen, während wir den Bischof mit «Exzellenz» anreden.) Doch, worin auch immer die Vor- und Nachteile des stattgefundenen Wandels liegen, es kann kein Zweifel bestehen, dass die Bedeutung der heutigen «Pfarrei» nicht mit derjenigen der ursprünglichen Gemeinde – der «Kirche» – zusammenfällt. Die frühe Kirche besaß, in der Einheit von Bischof, Klerus und Volk, die Fülle des Lebens und der kirchlichen Gaben. Die Pfarrei besitzt diese Fülle nicht. Nicht nur im administrativen, sondern auch im mystischen und spirituellen Sinne ist sie Teil einer größeren Einheit und nur in Gemeinschaft mit den anderen Teilen, den anderen

«Pfarreien», kann sie in der ganzen Fülle der Kirche leben. Folglich bestehen Berufung und mystisches Wesen des Episkopats darin, sicherzustellen, dass keine Gemeinde, keine einzelne «Pfarrei» sich selbst genügt, sich in sich selbst verschließt und aufhört, in der «Katholizität» der Kirche zu leben und zu atmen.

Daher war einer der zentralen Gründe des oben angedeuteten Wandels – nämlich der Trennung des Bischofs von der konkreten Gemeinde und seiner Substitution durch den Pfarrer – die Sorge, der Bischof könnte auf das Niveau eines bloß örtlichen Gemeindevorstehers reduziert und völlig mit lokalen «Interessen» und «Bedürfnissen» identifiziert werden. Denn die Zeit, in der sich dieser Wandel vollzog, war die Zeit der Versöhnung der Kirche mit dem Römischen Reich, als das Christentum Staatsreligion wurde. Die Ortskirche – eine Gemeinde, die während der Verfolgungszeit vom gewohnten Leben abgetrennt war – war Kirche *in* einer Stadt, nicht die Kirche *der* Stadt. Jetzt aber begann sie, mit der politischen Stadt oder mit der Gesellschaft einer Provinz allmählich zu verschmelzen, und wurde so zu ihrer sogenannten «religiösen Projektion». Und dies wiederum bedeutete einen tiefen Wandel in der psychologischen Verfasstheit und Selbstwahrnehmung der Christen. Von einem «dritten Menschengeschlecht» (ein Ausdruck aus dem *Brief an Diognet*, einem der frühesten christlichen Dokumente), das in einem fremden Land lebt und dessen wahre Heimat nicht von hier ist, wurden die Christen zu vollen und gleichberechtigten Bürgern des Landes und ihr Glaube zur natürlichen, obligatorischen und selbstverständlichen Religion der Gesellschaft. Und es war gerade die Hoffnung, die vollständige Verschmelzung von Kirche und Welt, von kirchlicher Versammlung und «natürlicher» Gesellschaft zu vermeiden, was die Kirche gewissermaßen zwang, ihre ursprüngliche Struktur zu modifizieren und den Bischof *über* die Pfarreien zu stellen, damit sich jede von ihnen immerzu hineinverwandle in die Kirche, um sich an die überweltliche, katholische Berufung der Kirche zu erinnern.

Doch dies bedeutete auch eine wesentliche Veränderung der eucharistischen Praxis und selbst der Ordnung der eucharistischen Versammlung. Der Presbyter, der zunächst ein Konzelebrant des Bischofs in der eucharistischen Versammlung war und diesen nur in Ausnahmefällen als *Vorsteher* zu vertreten hatte, wurde jetzt zum Vorsteher der eucharistischen Versammlung der Pfarrei. Wir haben bereits festgestellt, dass dieser wesentliche Wandel sich bis zum heutigen Tag in den eucharistischen Gottesdiensten, besonders im ersten Teil der Liturgie, widerspiegelt. Dennoch ist die organische Verbindung von Eucharistie, Kirche und Bischof so stark, dass selbst als die Feier der Eucharistie de facto vom Bischof als ihrem normalen Zelebranten und Vorsteher getrennt wurde und zur Hauptaufgabe des Pfarreiklerus geworden war, diese doch mit dem Bischof verbunden blieb. Eine Verbindung, für die gerade das Antimension Zeuge und Hüter blieb. Für jedes wirklich tiefe Verständnis (das nicht nur auf administrative oder gar kirchenrechtliche Kategorien reduziert wird) wird die Eucharistie noch heute und jederzeit und überall *im Auftrag des Bischofs*, oder juristisch gesprochen, aufgrund einer vom ihm delegierten Autorität vollzogen. Nicht dass der Bischof Träger einer ihm persönlich zukommenden Autorität wäre. In der frühen, vornizäischen Kirche übte der Bischof seine Autorität stets innerhalb seines «Rates» oder «Presbyteriums» aus, und der Begriff «monarchischer Episkopat», wie er in den Geschichtsbüchern häufig verwendet wird, drückt kaum den Geist und die Struktur der frühen Kirche aus. Die uns hier beschäftigende Frage ist aber nicht die nach der «Autorität», sondern nach der Natur der Eucharistie als Sakrament der Kirche, als Akt, in dem die Einheit der Kirche und ihrer überweltlichen und katholischen Natur sich erfüllt und realisiert. Kirche ist nicht nur «quantitativ», sondern auch «qualitativ» und ontologisch *mehr* als die Pfarrei; und die Pfarrei ist Kirche nur soweit sie an der Fülle der Kirche teilhat, sich selbst «transzendiert» und ihre innere und natürliche Selbstzentriertheit und Verengung auf alles spezifisch «Lokale» überwindet.

Beides, protestantischer Kongregationalismus, der einfachhin jede Pfarrei mit der Kirche identifiziert, und römischer Zentralismus, der die Kirche nur mit dem «Ganzen», mit der Summe aller «Pfarreien» identifiziert, sind der Orthodoxie gleich fremd. Nach orthodoxem Verständnis existiert die Kirche so, dass jedes ihrer Teile in der Fülle lebt und zugleich Verkörperung der kirchlichen Fülle ist – so dass, anders gesagt, jeder Teil *durch das Ganze* und *auf ganzheitliche Weise* leben kann. Die Pfarrei ist so einerseits nur ein *Teil* der Kirche, und nur in und durch den Bischof ist sie mit der Fülle der Kirche verbunden, empfängt immerfort diese Fülle und «offenbart» sie. Das ist gemeint mit der Abhängigkeit der Pfarrei vom Bischof und durch ihn von der «ganzen» Kirche. Andererseits ist die Eucharistie die Gabe der Kirche an die Pfarrei, durch die jede Pfarrei Anteil am «ganzen Christus» hat, die Fülle der Gnadengaben empfängt und sich mit der Kirche identifiziert. Von hier rührt die Abhängigkeit der Eucharistie vom Bischof, von seiner «Beauftragung», und damit zugleich die Selbstverständlichkeit, mit der die Eucharistie die Mitte der Pfarrei und all ihres Lebens ist. Ohne diese Verbindung mit dem Bischof wäre die Eucharistie nicht mehr ein Akt der ganzen Kirche und die Überwindung der natürlichen Begrenztheit der Pfarrei. Ohne die Eucharistie würde die Pfarrei nicht mehr Teil der Kirche sein und würde nicht mehr durch die Fülle der Gaben der Kirche leben.

All dies drückt sich im Antimension aus. Ich wiederhole: Was auch immer die Entwicklungen und Bedeutungsschichten seines Sinnes und Zweckes waren, seine ursprüngliche Bedeutung liegt darin: wenn der Priester es in Vorbereitung des eucharistischen Opfers auf dem Altar auseinanderfaltet und das Zeichen des Bischofs auf ihm küsst, dann ist dieser Altar nicht mehr nur der Altar der betreffenden Kirche und Ortsgemeinde, sondern er ist der eine Altar der Kirche Gottes, der Ort der Darbringung, der Gegenwart und Ankunft des *ganzen Christus*, in dem wir alle Leib Christi sind, in dem alle «Teile», alle Spaltungen durch das «Ganze» überwunden sind und uns die Gnadengabe des neuen Lebens, ja mehr noch, der *Fülle des Lebens* zuteil wird. Denn diese Fülle wird bewahrt und verwirklicht in der unauflöslichen Einheit von Bischof, Eucharistie und Kirche.

SECHSTES KAPITEL

DAS SAKRAMENT DER DARBRINGUNG

> «... weil auch Christus uns geliebt
> und sich für uns hingegeben hat
> als Gabe und als Opfer, das Gott
> gefällt.»
>
> (Eph 5,2)

1

Brot und Wein. Indem wir diese schlichten menschlichen Gaben – unsere irdische Speise und unseren irdischen Trank – vorbringen und auf den Altar legen, vollziehen wir, meist ohne es zu bedenken, jenen allerältesten und ursprünglichen Ritus, der von den ersten Tagen der menschlichen Geschichte an den innersten Kern jeder Religion bildete: Wir bringen Gott ein Opfer dar. «Abel wurde Schafhirt und Kain Ackerbauer. Nach einiger Zeit brachte Kain dem Herrn ein Opfer von den Früchten des Feldes dar; auch Abel brachte eines dar von den Erstlingen seiner Herde» (Gen 4,2-4).

Tausende von Büchern sind über Opfer und Opfergaben geschrieben worden, und noch immer produzieren sie die unterschiedlichsten Erklärungen. Theologen, Historiker, Soziologen, Psychologen – sie alle haben ihren Standpunkt und versuchen von diesem aus das Wesen des Opfers zu erhellen. Manche finden es in der Furcht, manche in der Freude, manche in «niedereren», andere in «höheren» Beweggründen. Was auch immer der Wert all dieser Erklärungen sein mag, unbezweifelbar bleibt, dass wo und wann immer der Mensch sich Gott zuwendet, er unbedingt das Bedürfnis empfindet, ihm das Allerkostbarste, was er besitzt, das für sein Leben Unabdingbarste als Gabe und Opfer darzubringen. Seit den Zeiten Kains und Abels hat jeden Tag Opferblut die Erde getränkt und der Rauch der Brandopfer ist ohne Unterlass zum Himmel gestiegen.

Unsere «sensibilisierten» Gefühle sind über diese blutigen Opfer und «primitiven» Religionen entsetzt. Doch vergessen und verlieren wir in unserem Entsetzen nicht etwas Grundlegendes und Ursprüngliches, ohne das keine Religion auskommen kann? Denn in ihren letzten Tiefen ist Religion nichts anderes als *Durst nach Gott.* «Meine Seele dürstet nach Gott, dem lebendigen Gott» (Psalm 42,2); und meist kennen «primitive» Kulturen diesen Durst besser und empfinden tiefer als der heutige Mensch mit all seiner «spiritualisierten» Religion, seinem abstrakten «Moralismus» und verdorrten Intellektualismus, was der Psalmist gültig für alle Zeiten und Orte ausgedrückt hat.

Verlangen nach Gott meint vor allem, mit seiner ganzen Existenz zu wissen, dass *er ist,* dass es außerhalb seiner nur Finsternis, Leere und Sinnlosigkeit gibt, denn in ihm und nur in ihm besteht Grund, Sinn, Ziel und die Freude allen Seins. Dies heißt ferner, ihn mit ganzem Herzen, ganzem Verstand und ganzer Existenz zu lieben. Und dies heißt schließlich, unsere volle und grenzenlose Entfremdung ihm gegenüber, unsere abgrundtiefe Schuld und Einsamkeit in diesem Bruch zu fühlen und zu erkennen – zu wissen, dass es letzten Endes nur eine Sünde gibt: Gott nicht zu wollen und von ihm getrennt zu sein; zu wissen, dass es nur ein Leid gibt: «kein Heiliger zu sein»,[1] nicht in *heiligender* Einheit mit dem Einen zu stehen, der allein heilig ist.

[1] Aus: L. Bloy, *La femme pauvre. Episode contemporain*, Paris 1930.

Dort aber, wo es diesen Durst nach Gott, dieses Bewusstsein der Sünde und diese Sehnsucht nach dem wahren Leben gibt, dort gibt es zwangsläufig Opfer. Im Opfer übergibt der Mensch sich selbst und was er besitzt seinem Gott, und Gott kennend kann er nicht anders als ihn lieben, und ihn liebend kann er nicht anders, als ihm entgegen und nach Einheit mit ihm zu streben. Da aber seine Sünden ihm dabei im Weg stehen und ihn hindern, sucht der Mensch in seinem Opfer zugleich Vergebung und Sühne; er bringt sein Opfer als Sühnopfer dar für seine Sünden; erfüllt es mit allem Schmerz und aller Qual seines Lebens, um durch Leiden, Blut und Tod hindurch am Ende seine Schuld zu *sühnen* und wieder mit Gott vereint zu sein. Und wie verfinstert und verroht unser religiöses Bewusstsein auch sein mag, wie grobschlächtig, «utilitaristisch» oder «heidnisch» der Mensch sein Opfer auch versteht – so wenig er darum weiß, wozu und für wen er es darbringt –, in seinem tiefsten Grund lebt immerzu der ursprüngliche und unzerstörbare Durst des Menschen nach Gott. Und in seinen Opfern, diesen zahllosen Opfergaben, Anrufungen und Brandopfern, sucht und dürstet der Mensch, wenn auch im Dunkel, wenn auch grausam und primitiv, nach dem Einen, nach dem zu suchen er nicht lassen kann, «denn Du hast uns zu Dir hin geschaffen, und ruhelos ist unser Herz solange, bis es ausruhen kann in Dir».[2]

2

Alle diese Opfer hatten aber nicht die Macht, die Sünde zu vernichten und die vollkommene Einheit mit Gott wiederherzustellen, die sich der Mensch verwirkt hatte. Auf sie alle, und nicht nur auf die alttestamentlichen Opfer, könnte das Wort des Hebräerbriefes bezogen werden: Das Gesetz «kann

---

[2] Augustinus, *Confessiones*, Erstes Buch, I, 1, vgl. Aurelius Augustinus, *Die Bekenntnisse*, Einsiedeln 1985, 31.

durch die immer gleichen, alljährlich dargebrachten Opfer diejenigen, die vor Gott treten, niemals für immer zur Vollendung führen. Hätte man nicht aufgehört zu opfern, wenn sich die Opfernden ein für allemal gereinigt und sich keiner Sünde mehr bewusst gewesen wären?» (Heb 10,1-2). Sie waren machtlos, weil sie selber, obwohl voller Durst nach Gott und nach Einheit mit ihm, *unter dem Gesetz der Sünde* blieben. Sünde aber ist nicht Schuld, die eingeebnet und gebüßt werden kann, sei der Preis dafür noch so hoch. Sünde ist vor allem Bruch mit Gott, dem Herrn des Lebens selbst, und nur deshalb ist sie ein solcher Fall, eine solche Zertrümmerung, wobei das gesamte Leben, nicht bloß einzelne Handlungen, sündhaft, tödlich wird und unter den «Todesschatten» gerät. Und dieses gefallene, ganz dem Gesetz der Sünde unterworfene Leben hat nicht die Kraft, ja kann sie nicht haben, sich selbst zu heilen und wiederzubeleben, sich selbst wieder mit Leben zu füllen und aufs Neue zu heiligen. Trennung, Sehnsucht, Reue bleiben, und der Mensch nimmt sie in seine «Religion» und in seine Opfer mit hinein. Doch diese Religion und diese Opfer können den Menschen nicht aus der Sklaverei der Sünde und des Todes erretten, so wie einer, der in einen Abgrund gestürzt ist, nicht selber wieder hinaufklettern kann, oder wie einer, der lebendig begraben wurde, sich nicht selbst wieder ausgraben kann, wie ein Toter sich nicht selber auferwecken kann. Nur Gott vermag zu retten – genauer *zu erlösen* –, denn unser Leben braucht Erlösung, nicht bloß Hilfe. Nur er vermag das zu vollbringen, auf das hin alle Opfer ohnmächtiger Bittruf, Erwartung, Vorspiel und Antizipation bleiben. Und er vollbringt dies in jenem äußersten, vollkommenen und allumfassenden Opfer, in dem er seinen eingeborenen Sohn für die Erlösung der Welt dahingab, in dem der Sohn Gottes, der zum Menschensohn geworden ist, sich selbst als Opfergabe darbrachte für das Leben der Welt.

In diesem Opfer ist alles erfüllt und vollbracht. In ihm ist vor allem das Opfer selbst in seiner ganzen Substanz und Fülle gereinigt, erneuert und vorgestellt worden, in seinem vor aller Ewigkeit bestimmten Sinn als vollkommene Liebe und somit als vollkommenes Leben in vollkommener Selbsthingabe: in Christus «liebte Gott die Welt so sehr, dass er seinen eingeborenen Sohn dahingab», und in Christus liebte der Mensch Gott so sehr, dass er sich ihm restlos hingab. In diesem doppelten Geben bleibt nichts ungegeben, und Liebe durchherrscht alles – «die kreuzigende Liebe des Vaters, die gekreuzigte Liebe des Sohnes und die durch die Macht des Kreuzes hindurch triumphierende Liebe des Geistes».[3] In diesem Opfer, da es nur durch Liebe und in Liebe bestand, wurde die Vergebung der Sünden gewährt. Und schließlich wurde in ihm der unendliche Durst des Menschen nach Gott erfüllt und gestillt: das göttliche Leben wurde zu unserer Speise, zu unserem Leben. Alles, was der Mensch, bewusst oder unbewusst, in Finsternis, bruchstückhaft und verzerrt in seine Opfer hineinnahm, alles, was der Mensch sich durch sie erhoffte, und alles, was «das Herz des Menschen sich nicht vorstellen konnte», wurde *einmal* – ein für allemal – erfüllt, zur Vollkommenheit geführt und in diesem Opfer aller Opfer geschenkt.

Das letzte und freudenreichste aller Geheimnisse besteht darin, dass Christus uns dieses Opfer übergeben hat, uns, der in ihm wiedergeborenen neuen Menschheit: der Kirche. In diesem neuen Leben, in seinem Leben in uns und unserem Leben in ihm, wurde sein Opfer zu unserem Opfer, seine Hingabe zu unserer Hingabe. «Bleibt in mir, dann bleibe ich in euch» (Joh 15,4). Was kann das bedeuten, wenn nicht, dass sein Leben, sein von ihm durch sein vollkommenes Opfer erfülltes Leben, uns geschenkt wurde als unser Leben, als das einzig wahre Leben, als Erfüllung des ewigen Planes Gottes für die Menschheit? Wenn aber das Leben Christi Hingabe und Opfer ist, dann ist auch unser Leben in ihm wie auch das ganze Leben der Kirche Hingabe und Opfer – Hingabe unse-

[3]   Filaret (Drosdow), Metropolit von Moskau, *Karfreitagspredigt* vom Jahre 1816, in: *Worte und Reden*, Moskau ²1848, Teil I, 1, 30.

rer selbst, Hingabe untereinander, Hingabe an die ganze Welt, das Opfer der Liebe und Einheit, des Lobpreises und der Danksagung, des Verzeihens und Heilens, der Gemeinschaft und Einheit.

Und so ist dieses Opfer, das uns geschenkt und darzubringen aufgetragen worden ist, in dessen Darbringung die Kirche selbst als Christi Leben in uns und als unser Leben in ihm sich verwirklicht, kein neues, kein «anderes» Opfer als jenes einzigartige, alles umfassende und unwiederholbare eine Opfer, das Christus ein *einziges Mal* dargebracht hat (Hebr 9,28). Alles «im Himmel und auf Erden» (Eph 1,10) in sich umgreifend und mit sich vereinend, alles mit sich erfüllend, bringt Christus, das Leben des Lebens, Gott dem Vater alles dar. In seinem Opfer geschieht die Vergebung aller Sünden, die ganze Fülle der Erlösung und Heiligung, und damit zugleich die Vollendung aller «Religion». Darum sind andere, neue Opfer unnötig und unmöglich. Unmöglich, weil durch das eine unwiederholbare Opfer Christi unser Leben wiederhergestellt, als Hingabe und Opfer neu geschaffen und erfüllt wurde, als die Möglichkeit, unseren Leib und unser ganzes Leben in ein «lebendiges und heiliges Opfer, das Gott gefällt» (Röm 12,1), zu verwandeln; und uns «als lebendige Steine zu einem geistigen Haus aufbauen zu lassen, zu einer heiligen Priesterschaft, um durch Jesus Christus heilige Opfer darzubringen, die Gott gefallen» (1 Petr 2,5). Neue Opfer sind nicht nötig, denn in Christus «haben wir ... Zugang zum Vater» (Eph 2,18). Dieser Zugang besteht jedoch darin, dass unser Leben Hingabe und Opfer geworden ist, so dass es «zu einem heiligen Tempel im Herrn» heranwächst (Eph 2,21) durch die Freude der Darbringung unserer selbst, des andern und der ganzen Schöpfung an Gott, der uns in «sein wunderbares Licht» gerufen hat. Die Kirche lebt durch diese Darbringung und erfüllt sich in ihr. Jedes Mal, wenn wir dieses Opfer darbringen, erkennen wir mit Freude, dass wir es *durch Jesus Christus* darbringen, dass er selbst es ist, der sich uns gibt und in uns für immer bleibt, er es ist, der auf ewig das Opfer darbringt, das er ein für allemal dargebracht hat. Wir erkennen, dass indem wir unser Leben Gott darbringen, wir Christus darbringen – der unser Leben, das Leben der Welt und das Leben des Lebens ist, und dass wir nichts vor Gott bringen können außer ihm. Wir erkennen, dass in dieser Darbringung Christus «der Darbringer und der Dargebrachte, der Empfänger und der Ausgeteilte» ist.

3

Die eucharistische Darbringung beginnt mit einem feierlichen Ritus, der heute für gewöhnlich als «Großer Einzug» bezeichnet wird. Dies ist eine sekundäre Bezeichnung, die in den liturgischen Büchern nicht vorkommt. Sie wurde eingeführt und entwickelte sich zum feststehenden Begriff, als der ursprüngliche Sinn dieses Ritus, nämlich das Herbeibringen der Opfergaben zum Opfertisch, sich verdunkelte und der Einzug in den Altarraum mit den Gaben durch die uns schon vertraute «illustrative Symbolik» verdrängt wurde und der Ritus als ein Abbild des königlichen Einzugs des Herrn in Jerusalem oder als Grablegung Christi durch Joseph und Nikodemus usw. eine neue Deutung erfuhr.

Dabei ist zuzugeben: die Hauptursache dieser symbolischen Komplikation des Großen Einzugs lag in der allmählichen Ablösung der eucharistischen Gabenbereitung, d.h. der Darbringung im wörtlichen Sinn, von der Liturgie als solcher und ihrer Trennung in einen separaten Ritus, der den Namen *Prothesis* oder *Proskomidie* erhielt (griechisch προσκομιδή: überführen oder übertragen von etwas an einen bestimmten Ort). In der gegenwärtigen Praxis wird dieser Akt *vor* der Liturgie seitlich des Altarraumes nur vom Klerus vollzogen. Die Teilnahme der Laien ist auf ihre persönlichen Gaben beschränkt (übrigens von «außerhalb» und durch Vermittlung Dritter), die mit Listen von zu nennenden Anliegen versehen sind: «für die Gesundheit von ...», «für die ewige Ruhe von ...» – doch auch das wird nicht überall praktiziert.

146

Was an der Proskomidie, theologisch gesehen, höchst bemerkenswert ist, zeigt sich in ihrem *Ablauf*, der gewissermaßen ein *symbolisches Opfer* darstellt. Die Bereitung des eucharistischen Brotes ist nämlich der Opferung eines Lammes nachgestaltet, und das Gießen von Wein und Wasser in den Kelch erinnert an das ausströmende Blut und Wasser aus der Seite des gekreuzigten Christus usf. Zugleich aber ist klar, dass dieser recht komplexe symbolische Ritus keineswegs die Liturgie selbst vorwegnimmt, zu deren Vorbereitung er dient.

Damit aber stellt sich unumgänglich die Frage: Was bedeuten diese Symbole? Was verbindet dieses gleichsam «vorbereitende» Opfer mit der Darbringung selbst, die, wie gesagt, das Wesen der Eucharistie ausmacht? Diese Fragen sind für das Verständnis der Liturgie von ungeheurer Relevanz, werden aber von unserer Schultheologie schlicht ignoriert. Und soweit Liturgiker sich damit befassen, besteht ihre Antwort einzig in Verweisen auf jene «Symbolik», als gehörte sie zu unserem Gottesdienst, und damit erklärt sich letztlich nichts. Und doch liegt hier der springende Punkt: Ihrem Wesen entsprechend, im Faktum ihrer Verwurzelung in der göttlichen Inkarnation und in ihrer Ausrichtung auf das mit Macht kommende Reich Gottes, lehnt die Liturgie eine Gegenübersetzung von «Symbol» und «Realität» ab, ja sie schließt sie aus. Sprechen doch seit Jahrhunderten täglich Tausende von Priestern, während sie das eucharistische Brot kreuzförmig einkerben, in Ehrfurcht und Glauben – so ist doch anzunehmen – die geheiligten Worte: «Geschlachtet wird das Lamm Gottes, das hinwegnimmt die Sünde der Welt.»

Was ist das? «Bloß ein Symbol», in dem sich «faktisch» nichts ereignet, nichts vollzogen wird, etwas, das keine «Realität» besitzt? Dann aber erlauben wir uns zu fragen: Warum ist es denn nötig? In der Einsamkeit des Altarraumes, in Abwesenheit der Laien vollzogen, kann es nicht einmal als eine Art «Lehre» den pädagogischen Erwägungen zugerechnet werden. Eine gründliche Auseinandersetzung mit dieser Frage ist unbedingt erforderlich, denn ein angemessenes Verständnis der Eucharistie und des darin dargebrachten Opfers hängt davon ab.

4

Ohne diese Frage allein auf die Geschichte reduzieren zu wollen, sind zunächst die historischen Faktoren zu verstehen, die für die Entwicklung unserer heutigen Proskomidie bestimmend waren. Ausgangspunkt dieser Entwicklung ist zweifellos die für die frühe Christenheit selbstverständliche Teilnahme aller Glieder der Kirche am eucharistischen Opfer. Im Bewusstsein, in der Erfahrung und in der Praxis der frühen Kirche wurde das eucharistische Opfer nicht nur «in Vertretung aller und für alle» dargebracht, sondern auch *von allen,* so dass die wirkliche Darbringung der Gabe eines jeden, das eigene Opfer, eine grundlegende Voraussetzung dafür darstellte. Jeder, der zur Versammlung der Kirche kam, brachte mit, was «er sich in seinem Herzen vorgenommen» hatte (2 Kor 9,7), was er für die Kirche erübrigen konnte: für die Versorgung des Klerus, der Witwen und Waisen, zur Unterstützung der Armen, für alle «guten Werke», in denen sich die Kirche als die Liebe Christi, als Sorge aller für alle und als Dienst aller an allen selbst verwirklicht. Die eucharistische Darbringung hat ihre Wurzel genau in diesem Opfer der Liebe, dort liegt ihr Ursprung. Das war für die frühe Kirche so selbstverständlich, dass die Waisen, die – wie ein Text bezeugt – ihren Unterhalt von der Kirche erhielten und nichts besaßen, was sie hätten mitbringen können, sich mit der Gabe des Wassers an diesem Opfer der Liebe beteiligten.

In der frühen Kirche waren die *Diakone* die bestellten Diener der Wohltätigkeit und somit dieses Opfers der Liebe. Ihnen oblag dabei nicht nur die Sorge um das «materielle Wohlergehen» der Gemeinschaft (eine Aufgabe, die sich heutzutage meist völlig auf Aktivitäten aller Art kirchlicher Kommissionen, ja schließlich der Organisation der Kirche reduziert hat), sondern vor allem gerade die Sorge um die Liebe als das eigentliche Wesen kirchlichen Lebens, um die Kirche als tätigen Opferdienst aller für alle. Und wie in der frühen Kirche Ort und Dienst jedes Einzelnen in der eucharistischen Versammlung zugleich seinen Ort und Dienst (*leitourgia*) in der kirchlichen Gemeinschaft zum Ausdruck brachten, so waren die Diakone für die Entgegennahme, das Aussortieren und Vorbereiten jenes Teils der Gaben der Versammelten zuständig, der als Ausdruck dieser Darbringung, dieses Opfers der Liebe dazu ausersehen war, den «Stoff» des eucharistischen Mysteriums zu bilden. Der Vollzug der Proskomidie durch die Diakone – also nicht wie heute durch die Priester – erhielt sich in der Kirche noch bis ins 14. Jahrhundert, so wie auch die heiligen Gaben zu Beginn des eucharistischen Offertoriums, also der Eucharistie im eigentlichen Sinn, zum Vorsteher gebracht wurden. Und obgleich wir noch gründlicher auf den sich zu dieser Zeit vollzogenen Wandel eingehen müssen, können wir doch schon feststellen, dass heute die Gegenwart eines Diakons in *jeder* kirchlichen Gemeinschaft nicht mehr als notwendig und selbstverständlich, nicht mehr als eine der Bedingungen für die *Fülle* kirchlichen Lebens erachtet wird, und der «Diakonat» sich so in ein «dekoratives» Anhängsel (vor allem im pontifikalen Gottesdienst), zu einer «Stufe» auf dem Weg zum Priestertum gewandelt hat, und dies hat wohl auch damit zu tun, dass die Erfahrung der Kirche als Liebe Christi und der Liturgie als Ausdruck und Fülle dieser Liebe schwach geworden ist oder sich völlig verflüchtigt hat.

Allmählich aber wurde diese ursprüngliche, gleichsam «familiäre» Praxis der Teilnahme aller an der Darbringung der Gaben komplizierter und veränderte sich. Die plötzliche Zunahme der Zahl der Christen – besonders nach der Konversion des ganzen Römischen Reiches zum Christentum, wodurch so gut wie die ganze Bevölkerung christlich wurde – machte es in der Praxis unmöglich, alles für die kirchlichen «Liebesdienste» und die Bedürfnisse der Gemeinde Notwendige zur eucharistischen Versammlung mitzubringen. Die Kirche war nicht nur von den Behörden anerkannt, in ihrer Hand konzentrierten sich zunehmend auch alle «karitativen» Aufgaben. Sie konnte gar nicht anders, als sich in eine komplexe Organisation mit einem übermächtigen «Apparat» zu verwandeln. Dies aber führte von selbst zum Ende der eucharistischen Versammlung als Mitte des *ganzen* kirchlichen Lebens – Lehre und Verkündigung, Liebesdienst und Leitung –, was sie in der frühen Kirche war. Die «guten Werke» wurden allmählich zu einem für sich stehenden Bereich kirchlichen Handelns, der nach außen hin nicht mehr von der eucharistischen Darbringung «abhängig» war. Damit aber erreichen wir den entscheidenden Punkt für das Verständnis der Proskomidie. Denn die *innere* Verbundenheit von Eucharistie und «Liebesgabe», die innere Abhängigkeit des einen vom anderen war im Bewusstsein der Kirche so fest verankert, dass die Bereitung der Gaben, obgleich ihr keinerlei praktische Bedeutung mehr zukam, doch als der Ritus erhalten blieb, der diese innere Abhängigkeit durch ihre Verwirklichung zum Ausdruck bringt.

Hier stoßen wir auf ein lebendiges Beispiel des Gesetzes liturgischer «Entwicklung», wonach Wandlungen der äußeren *Form* meist durch die Notwendigkeit bestimmt sind, einen inneren *Inhalt* zu erhalten, oder die Weitergabe und Identität der Erfahrung und des Glaubens der Kirche unter all den Veränderungen der äußeren Bedingungen ihrer Existenz intakt zu bewahren. So komplex und spezifisch «byzantinisch» die Entwicklung der Proskomidie, die ihre heutige Form erst im 14. Jahrundert fand, in vielerlei Hinsicht war, für uns ist es von Bedeutung, dass sie Ausdruck jener *Wirklichkeit* blieb und noch immer ist, der sie entstammt, ein Zeugnis der organischen Verbindung der Eucharistie mit dem Wesen der Kirche selbst als Liebe und *deshalb* als Opfer und Darbringung, als Erfüllung in Raum und Zeit des Opfers Christi. Nach den Überlegungen zur geschichtlichen Bedeutung der Entwicklung der Proskomidie können wir nun übergehen zu ihrem theologischen Sinn.

Dieser theologische Sinn besteht vor allem darin, dass – wer auch immer den «Stoff» des eucharistischen Opfers, d.h. Brot und Kelch, darbringt, und wie auch immer er dies tut – wir von allem Anfang an in den Gaben Christi Opfer und Liebe voraussehen und vorwegnehmen, nämlich Christus selbst, den wir darbringen, und in dem wir uns selbst Gott dem Vater darbringen. Dieses Vorauswissen, unser *der Liturgie vorauseilendes Wissen*, das die Vorausbestimmung des Brotes zur Wandlung in den Leib Christi und des Weins in das Blut Christi deutet und «bedeutet», bildet wesentlich die Grundlage und die Bedingung der *Möglichkeit* der eucharistischen Darbringung.

In der Tat feiern wir nur deshalb Liturgie, ja können wir überhaupt erst Liturgie feiern, weil das Opfer Christi *schon dargebracht ist,* und in ihm der ewige Wille des Vaters für die Welt und für die Menschheit, ihre Vorausbestimmung und damit auch ihr Vermögen, für Gott ein Opfer zu werden und in diesem Opfer ihre Vollendung zu finden, schon offenbart und erfüllt ist.

Ja, die Proskomidie ist ein *Symbol*, das jedoch, wie alles in der Kirche, von der neuen, in Christus schon *Wirklichkeit* gewordenen Schöpfung restlos erfüllt ist, aber in «dieser Welt» nur im Glauben erkannt werden kann. So gibt es im Glauben nur transparente Symbole. Wenn wir zur Bereitung des eucharistischen Mysteriums das Brot in unsere Hände nehmen und es auf den Diskos legen, *wissen wir schon*: dieses Brot ist wie alles in der Welt, wie die Welt selbst durch die Inkarnation des Sohnes Gottes, durch sein Mensch-Werden geheiligt worden. Und diese Heiligung besteht darin, dass in Christus für die Welt die Möglichkeit, für Gott ein Opfer zu werden, und für den Menschen die Möglichkeit, dieses Opfer darzubringen, wiederhergestellt ist. Was zerstört und überwunden wird, ist die «Selbstgenügsamkeit», die das Wesen der Sünde ausmacht und das Brot zu bloßem Brot macht – zur vergänglichen Speise des vergänglichen Menschen, zur Teilhabe an Sünde und Tod. In Christus wird unsere irdische Nahrung, welche in unser Fleisch und Blut, in unser Selbst und Leben verwandelt wird, zu dem, wozu es erschaffen wurde: zur Teilnahme am göttlichen Leben, das den Sterblichen in Unsterblichkeit kleidet und den Tod im Sieg verschlingt.

Weil das Opfer Christi, das alles in sich einschließt, nur *einmal* und *vor* all unseren Opfern, die ihren Ursprung und Gehalt in ihm haben, dargebracht wurde, findet die Proskomidie, die Bereitung der Gaben, *vor* der Liturgie statt. Denn das Wesen dieser Bereitung besteht darin, Brot und Wein, d.h. uns selbst und unser ganzes Leben, mit dem Opfer Christi in Beziehung zu setzen und so in *Gabe* und *Hingabe* zu verwandeln. Hierin besteht die *Wirklichkeit* der Proskomidie – die Identifikation von Brot und Wein mit dem Opfer Christi, das alle unsere Opfer, unsere ganze Hingabe an Gott umfasst. Darum der *Opfer*charakter des Ritus der Proskomidie, darum die Bereitung des Brotes, als handle es sich dabei um den Ritus der Opferung eines Lammes, darum die Bereitung des Weines als Vergießen des Blutes; darum immer wieder das Versammeln von allem um das Lamm auf dem Diskos, der Miteinbezug aller in sein Opfer. Erst wenn diese Bereitung vollzogen ist, wenn alles zum Opfer Christi *in Beziehung gesetzt* und in ihm eingeschlossen ist, wenn unser Leben, das «in Christus verborgen ist in Gott», für die Augen des Glaubens sichtbar auf den Diskos gelegt ist, kann die Liturgie beginnen – die ewige Darbringung des einen, der sich selbst und in sich alles, was existiert, Gott hingegeben hat, der Aufstieg unseres Lebens zum Altar des Gottesreiches, zu dem Ort, wohin der Sohn Gottes, der zum Menschensohn geworden ist, es emporgehoben hat.

Natürlich bedarf auch die Proskomidie, wie viele andere Dinge in unserem Gottesdienst, der Läuterung – aber eben nicht was ihre *Ordnung,* ihre Form angeht, sondern ihre Wahrnehmung im Bewusstsein der Gläubigen, die sie zu einem «bloßen Symbol» im nichtkirchlichen, nominalen Sinn des Wortes werden ließ. Was der Läuterung (besser der Wiederherstellung) bedarf, ist der Sinn für die eigentliche Bedeutung des *Gedenkens,* das in der Proskomidie begangen wird, während die Stücke der «Prosphora» entnommen werden, und das sich im Verständnis der Gläubigen wie des Klerus auf einen Aspekt der Gebete reduziert: «für die Gesundheit von ...», «für die ewige Ruhe von ...», d.h. auf ein völlig individualistisches und utilitaristisches Verständnis des kirchlichen Gottesdienstes. Die grundlegende Bedeutung des Gedächtnisses liegt aber genau in seinem Opfercharakter, näherhin darin, dass es uns alle zusammen und jeden Einzelnen von uns zum Opfer Christi in Beziehung setzt, also die neue Schöpfung um das Lamm Gottes herum versammelt und ordnet. Hierin liegt die Macht und die Freude dieses Gedächtnisses, denn in ihm ist die Trennung zwischen Lebenden und Toten, zwischen der irdischen und der himmlischen Kirche überwunden, da wir alle – Lebende wie Entschlafene – «gestorben und unser Leben mit Christus verborgen ist in Gott», da die ganze Kirche, mit der Mutter Gottes und allen Heiligen an ihrer Spitze, versammelt ist auf dem Diskos, denn alle sind eins in Christi Darbringung seiner verherrlichten und vergöttlichten Menschheit an Gott den Vater. Wenn wir also Stücke herausnehmen und Namen nennen, sorgen wir uns nicht nur um unser eigenes «Wohl» oder um das einiger unserer Nachbarn oder nur um das Schicksal der Toten «über das Grab hinaus», wir geben sie Gott zurück, bringen sie ihm als «ein lebendiges und wohlgefälliges» Opfer dar, um sie zu Teilhabern am «unerschöpflichen Leben» des Gottesreiches zu machen. Wir tauchen sie ein in die Vergebung der Sünden, die vom Grab her ausstrahlt, in jenes geheilte, wiederhergestellte und vergöttlichte Leben, zu dem Gott sie geschaffen hat.

Das ist der Sinn des Gedenkens in der Proskomidie: Indem wir unsere *Prosphora* darbringen, bringen wir «uns selbst und jeden anderen und unser ganzes Leben» Gott dar und geben es ihm zurück. Und diese Darbringung ist *Wirklichkeit*, weil Christus, der sich selbst Gott dargebracht hat, dieses Leben immer schon angenommen und zu seinem eigenen gemacht hat. In der Proskomidie wird dieses Leben, und dadurch die ganze Welt, immer neu Wirklichkeit als Opfer und Hingabe, als die «Materie» jenes Sakramentes, in dem die Kirche als Leib Christi sich selbst erfüllt mit der Fülle desjenigen, «der alles in allem beherrscht» (Eph 1,23).

Darum schließt die Proskomidie mit einem Bekenntnis der Freude und der Bejahung. Während der Priester die Gaben bedeckt – und damit andeutet, dass in «dieser Welt» die Herrschaft Christi, das Offenbarwerden des Reiches Gottes, ein nur im Glauben einsichtiges und sichtbares Mysterium bleibt – rezitiert er die Worte des Psalms: «Der Herr ist König, bekleidet mit Hoheit... Dein Thron steht fest von Anbeginn... Gewaltig... ist der Herr in der Höhe» (aus Psalm 93). Und er lobpreist Gott, der Wohlgefallen hat, der dies alles will, der all dies vollbracht und uns gewährt hat und immer neu gewährt, in unserem irdischen Brot voll Freude «das himmlische Brot, die Nahrung der ganzen Welt, unseren Herrn und Gott, Jesus Christus» vorauszuahnen und zu ersehnen. Jetzt erst, nachdem wir den Sinn der Proskomidie erfasst haben, können wir uns dem Großen Einzug zuwenden, dem *Sakrament der Darbringung*.

7

In der ersten Apologie des hl. Justinus des Märtyrers, einer der frühesten uns überlieferten Schilderungen der Liturgie, lesen wir: «Hernach wird dem Vorsteher der Brüder Brot und ein

Becher mit Wasser und damit vermischtem (Wein) gereicht.»[4]
Und aus der *Traditio Apostolica* des hl. Hippolyt von Rom
wissen wir, dass diese Gaben durch die Diakone herbeige-
bracht wurden: «Die Diakone sollen ihm die Opfergaben reichen (offerent diacones oblationem).»[5] Wie wir sehen, liegt
zwischen dieser einfachsten Form der Darbringung und unserem heutigen Großen Einzug eine lange und komplexe
Entwicklung der eucharistischen Ordnung. Darüber ist jetzt
einiges zu sagen. Denn während der allgemeine Verlauf und
die Abfolge dieser Entwicklung von den Liturgikern hinreichend herausgearbeitet worden sind, findet sich so gut wie
nichts zu ihrer theologischen Bedeutung und zur Erläuterung
der mit ihr einhergehenden Entwicklung des Glaubens und
der Erfahrung der Kirche.

In der üblichen liturgischen Ordnung umfasst die Prozession folgende Riten: die Lesung des Gebetes «Keiner ist
würdig» durch den Priester; das Inzensieren des Altares, der
Gaben und des versammelten Volkes; den Hymnus der Darbringung; das feierliche Abholen der Gaben am Rüsttisch; das
Ausrufen der Gedenkformel durch den Zelebranten: «Euer
aller gedenke der Herr, Gott, in Seinem Reich, allezeit, jetzt
und immerdar und in alle Ewigkeit» (vgl. Lk 23,42); das Hin-
stellen der Gaben auf den Altar, ihr Bedecken mit dem Aer
(*vozduch*), das erneute Inzensieren und die Lesung des «Dar-
bringungsgebetes durch den Priester nach der Herrichtung der
Gaben auf dem Altar». Insofern in jedem dieser Riten ein
Aspekt des *Ganzen,* d.h. der Darbringung der Kirche, seinen
Ausdruck findet, bedarf jeder einzelne Ritus einer kurzen
Erklärung.

---

[4] Iustinus martyr, *Apologiae* I, 65, 3, vgl. H. Veil, *Justin, des Philosophen und
Märtyrers, Rechtfertigung des Christentums (Apologie I und II)*, Strassburg
1893, 42.
[5] Hippolyt von Rom, *Traditio Apostolica* 4, vgl. *Fontes Christiani*, Bd. 1,
Freiburg ²2000, 221.

8

In den frühen Handschriften wird das Gebet «Keiner ist würdig» (das sich bereits in dem bekannten *Codex Barberini* aus dem 8. Jahrhundert findet) als das «Gebet» bezeichnet, «das der Priester während der Feier des Einzugs der heiligen Gaben für sich selber spricht». Und tatsächlich liegt die formale Besonderheit dieses Gebetes darin, dass es der Priester, im Gegensatz zu allen übrigen Gebeten der Liturgie, *persönlich* und *für sich selbst* verrichtet und nicht an unserer Stelle, an der Stelle derjenigen, die zur Versammlung der Kirche gehören:

> Siehe herab auf mich, Deinen sündigen und unnützen Knecht, reinige meine Seele und mein Herz vom bösen Gewissen und mache mich, den Du mit der Gnade des Priestertums ausgestattet hast, durch die Kraft Deines Heiligen Geistes fähig, vor diesem Deinem Heiligen Tisch zu stehen und das heilige Mysterium Deines heiligen und makellosen Leibes und Deines kostbaren Blutes zu vollziehen...

Diese Besonderheit verdient deshalb Beachtung, weil darin, wenn sie nicht richtig verstanden wird, die Bestätigung einer Entgegensetzung von Priester und Versammlung gesehen werden könnte, jene Identifikation von *Amt* und Klerus, wie sie vor langem schon vom Westen her in unsere Theologie eingedrungen und leider in der alltäglichen Frömmigkeit stark verbreitet ist. Ist es nicht schon zum allgemein akzeptierten Gut geworden, die Worte «dienen» (zelebrieren), «vollziehen», «darbringen» nur auf den Priester zu beziehen und die Laien im Vergleich zu diesem Dienst als ein rein *passives* Element zu verstehen, das an diesem Dienst nur durch fromme Anwesenheit teilnimmt? Dieser Sprachgebrauch ist keineswegs zufällig. Er spiegelt einen tiefen Riss im Bewusstsein der Kirche und dies nicht nur im Verständnis der Liturgie, sondern auch der Kirche selbst. Dies zeigt sich auch in der Tatsache, dass mit jedem weiteren Jahrhundert ein Kirchenbild sich verdichtete, in dem die Kirche vor allem als «Dienst» des Klerus an den Laien und als Befriedigung der «spirituellen Bedürfnisse» der Gläubigen durch den Klerus begriffen wurde. Gerade in diesem Kirchenbild haben wir die Ursache jener beiden chronischen Krankheiten des kirchlichen Bewusstseins zu suchen, die sich wie ein roter Faden durch die ganze Geschichte der Christenheit ziehen: «Klerikalismus» und «Laizismus», wobei letzterer sich meist als «Antiklerikalismus» gebärdet.

Im vorliegenden Zusammenhang gilt es allerdings festzuhalten, dass die «Klerikalisierung» der Kirche, die Reduktion des «Amtes» auf den Klerus allein und der sich daraus ergebende Bewusstseinsschwund bei den Laien, zu einem allmählichen Verlust des *Opfer*charakters der Kirche selbst wie des Sakraments der Kirche – der Eucharistie – führte. Die Überzeugung, dass der Priester *im Namen* der Laien, ja gleichsam *an ihrer Stelle* zelebriert, führte zur Überzeugung, dass er *für* sie, zur Befriedigung ihrer «religiösen Bedürfnisse» da ist, sich also ihren religiösen «Ansprüchen» unterzuordnen hat. Wir haben das bereits im Beispiel der Proskomidie gesehen, wo das Hervorziehen der einzelnen Stücke während des Gedenkens dazu führte, es nicht mehr als eine Umwandlung unserer selbst durch uns selbst und aller untereinander in «ein lebendiges, Gott wohlgefälliges Opfer» zu verstehen, sondern als eine Methode, bestimmte persönliche Bedürfnisse zu befriedigen – «für das Wohlergehen von...», «für die ewige Ruhe von...». Dieses Beispiel könnte auf das gesamte Leben der kirchlichen Gemeinschaft und ihre Psychologie ausgedehnt werden. Die überwältigende Mehrheit der Laien (darin nur zu oft vom Klerus und der Hierarchie unterstützt) empfindet die Kirche als etwas für sie Daseiendes, sich selber aber nicht als verwandelte und auf ewig sich in ein Opfer und eine Gabe an Gott wandelnde, am Opferdienst Christi teilnehmende Kirche.

Darüber haben wir bereits im Kapitel «über die Gläubigen» gesprochen, und wenn wir jetzt darauf zurückkommen, dann nur, weil ein falsches Verständnis des Gebetes des Priesters «für sich selbst», mit dem die eucharistische Darbringung beginnt, zum Rückschluss verleitet, die Darbringung werde durch den Priester allein vollzogen. Darum ist es so wichtig, den ursprünglichen Sinn dieses Gebetes zu verstehen. Dieser Sinn aber liegt nicht in der Gegenüberstellung von Priester und Versammlung bzw. Laien, und auch nicht in irgendeiner Trennung des einen vom andern, sondern in der *Identifikation* des Priestertums der Kirche mit dem Priestertum Christi, des einen Priesters des Neuen Testaments, der durch die Hingabe seiner selbst die Kirche geheiligt und ihr die Teilnahme an seinem Priestertum und seinem Opfer gewährt hat:

> Denn Du bist der Darbringer und der Dargebrachte,
> der Empfänger und der Ausgeteilte,
> Christus unser Gott.

Halten wir vor allem fest, dass dieses Gebet – wiederum im Gegensatz zum eucharistischen Gebet als ganzem, das, wie wir sehen werden, Gott dem Vater dargebracht wird – sich *persönlich* an Christus wendet. Warum? Weil genau in diesem Moment der eucharistischen Feier, wenn *unsere* Gaben, *unsere* Hingabe zum Altar gebracht werden, die Kirche bekräftigt, dass diese Darbringung durch Christus vollbracht wird («Du bist der Darbringer...»), und es sich dabei um eine Darbringung des Opfers handelt, das in Christus ein für allemal dargebracht worden ist («...und der Dargebrachte»). *Nur* der Priester ist berufen und geweiht, diese Identität zu bestätigen, sie im Mysterium der Eucharistie kundzutun und zu vollenden. Dies ist der einzige und volle Sinn dieses erstaunlichen Gebets: Der Priester vermag diesen Dienst nur zu erfüllen, weil sein Priestertum nicht «das seinige» und kein «anderes» ist neben dem Priestertum Christi, sondern ein und dasselbe, unteilbare Priestertum Christi, das auf ewig lebt und sich ewig in der Kirche, dem Leib Christi, erfüllt. Und worin besteht das Priestertum Christi, wenn nicht in der Einheit aller, die an ihn glauben, wenn nicht in der Versammlung und im Aufbau seines Leibes, wenn nicht in der Darbringung aller in ihm und seiner durch alle? So setzt sich der Priester, wenn er das Priestertum, in dessen Gnade er «gekleidet» ist, als Priestertum Christi bekennt und sich dazu bereitmacht, das heilige Mysterium des Leibes Christi zu feiern, nicht von der Versammlung ab, sondern bezeugt im Gegenteil seine Einheit mit ihr als Einheit von Haupt und Leib.

Deshalb ist sein *persönliches* Gebet *für sich selbst* nicht nur angemessen, sondern auch notwendig, ja selbstverständlich. Sowohl die lateinische Reduktion des Sakraments auf das *ex opere operato* – d.h. jene Auffassung des Sakraments, wonach die *Person* des Priesters (im Unterschied zur «objektiven» Gabe des Priestertums, nämlich dem «Recht», die Sakramente zu feiern) in jeder Hinsicht für die «Gültigkeit» des Sakraments bedeutungslos ist – wie auch die Reduktion auf ein *ex opere operantis* – auf eine Abhängigkeit des Sakraments von den subjektiven Eigenschaften derer, die es vollziehen – sind der Orthodoxie gleichermaßen fremd. Für die Orthodoxie ist dies eine falsche Alternative, eine jener Sackgassen, in die ein theologischer Rationalismus unvermeidlich führt. Im orthodoxen Verständnis der Kirche ist beides selbstverständlich: die Unabhängigkeit der von Gott gegebenen Gabe von jeder irdisch-menschlichen «Kausalität», und der *personale* Charakter dieser Gabe, deren Entgegennahme folglich von der Person abhängt, der sie verliehen wird. «Gott gibt seinen Geist ohne Maß...», der Mensch aber kann sich ihn nur durch persönliche Bemühung «aneignen», und nur im «Maß» seiner Aneignung wirkt sich in ihm das Geschenk der Gnade aus. Gerade die Unterscheidung der Gaben und Dienste in der Kirche («Sind etwa alle Apostel, alle Propheten, alle Lehrer?» 1 Kor 12,29) weist auf die Entsprechung zwischen der Gabe und der sie empfangenden Person hin, wie auch auf das Geheimnis der Erwählung, Bestellung und der Berufung, die an jeden gerichtet ist, *seine* Berufung zu verwirklichen und «nach den höheren Gnadengaben» und nach dem «Weg, der alles übersteigt» (1 Kor 12,31), zu streben. Und wenn die Kirche die «Gültigkeit» der Sakramente selbstverständlich nicht von der sie vollziehenden Person abhängig macht – in diesem Fall wäre kein einziges Sakrament «möglich» –, so ist es für sie ebenso selbstverständlich, dass ein volles kirchliches Leben vom Maß des Wachstums ihrer Glieder durch die Aufnahme und Aneignung der empfangenen Gaben abhängig ist. Der grundlegende, ständige Fehler aller Scholastik und jedes theologischen Rationalismus besteht genau in der Tatsache, dass er sich mit der Frage nach der «Gültigkeit» und «Objektivität» der Sakramente begnügt und so die ganze Lehre von den Sakramenten (und von der Kirche selbst) darauf reduziert. Wirklicher Glaube, und damit auch das Wesen jeder Berufung und jeder Gnadengabe, besteht in dem Verlangen nach *Fülle,* nämlich nach der Erfülltheit eines jeden wie der ganzen Kirche von der von Gott ohne Maß gewährten Gnade.

Die Einmaligkeit des priesterlichen Dienstes besteht darin, dass der Priester in der Kirche, dem Leib Christi, dazu berufen und bestellt ist, das *Bild* des Hauptes dieses Leibes – Christus – zu sein, also derjenige, durch den das *persönliche* Amt Christi weitergegeben und verwirklicht wird. Es ist nicht bloß die Autorität Christi – denn die Autorität Christi ist eine Autorität der Liebe und kann von seiner *persönlichen* Liebe zum Vater und zur Menschheit nicht getrennt werden – und es ist nicht bloß das Priestertum Christi – denn das Priestertum Christi besteht in seiner *persönlichen* Selbsthingabe an Gott und die Menschheit – und es ist nicht bloß Christi Unterweisung – denn seine Unterweisung ist von seiner *Person* nicht zu trennen –, es ist vielmehr das eigentliche Wesen dieses Amtes der Liebe und Selbsthingabe an Gott und an die Menschheit, als *Hirtenamt* im tiefsten Sinn des Wortes: des Hirten, «der sein Leben für die Schafe hingibt». Und dies heißt, dass die Berufung zum Priestertum hingeordnet ist auf die *Person* des Berufenen und von ihr nicht zu trennen ist, und somit jede Differenz zwischen «Priestertum» und «Persönlichkeit», wodurch sich das Priestertum als etwas in sich Abgeschlossenes und zur Person des Trägers Beziehungsloses erweisen würde, falsch ist, und deshalb das Wesen des Priestertums als Weiterführung des Priestertums in der Kirche entstellt. Die krude volkstümliche Aussage «wie der Pfarrer, so die Pfarrei» besitzt mehr Wahrheit als all das kluge Debattieren über das *ex opere operato* und *ex opere operantis*. Die Kirche ist nicht gegen die «Gültigkeit» eines Sakraments, das von irgendeinem Priester, sei er gut oder schlecht, in Liebe gespendet wird, und doch weiß sie um die ganze, wahrlich erschreckende Abhängigkeit des kirchlichen Lebens vom Genügen oder Ungenügen derjenigen, denen «die Verwaltung der Geheimnisse Gottes» anvertraut ist.

Wenn nun für den Priester zu Beginn des eucharistischen Mysteriums der Augenblick kommt, *Christus zu werden*, in der Kirche und in der gesamten Schöpfung den Platz einzunehmen, der allein und persönlich Christus zukommt, den er an keinen anderen abgegeben oder «delegiert» hat, wenn Christus selber durch die Hände, die Stimme und das ganze Sein des Priesters wirken wird, wie sollte sich der Priester nicht in einem *persönlichen* Gebet an Christus wenden und seine Unwürdigkeit bekennen können, wie sollte er nicht um Hilfe und um «Ausrüstung mit der Kraft des Heiligen Geistes» bitten und seine *Person* Christus, der ihn erwählt hat, zurückgeben, um in ihm seine Gegenwart und sein ewiges Priestertum kundzutun und zu erfüllen? Wie könnte er nicht *persönlich* ein Zittern verspüren, *persönlich* ein Bedürfnis nach Hilfe von oben haben und hauptsächlich *persönlich* Verantwortung tragen – nicht nur für die «objektive Wirklichkeit» des Sakraments, sondern auch für seine «Gültigkeit» in den Herzen und im Leben der Gläubigen? Denn wenn «keiner würdig» ist, dieses Mysterium zu feiern, wenn es voll und ganz ein Geschenk der Gnade Gottes ist, dann wird uns allein im demütigen Wissen um diese Unwürdigkeit die Möglichkeit des Entgegennehmens und der Aneignung offenbart.

9

Wir haben bereits über den Sinn des Weihrauchs im Gottesdienst gesprochen. Zum schon Gesagten soll hier nur angefügt werden, dass das Inzensieren während der Darbringung der Gaben, d.h. *vor* ihrer Wandlung in den Leib und das Blut Christi, und ebenso die Identifizierung dieser Gaben als *heilig* und *göttlich* von Anfang der Liturgie an dasselbe «Vorauswissen» um das Opfer Christi ausdrückt, von dem im Abschnitt über die Proskomidie eben die Rede war. Die Gaben sind heilig und göttlich, so wie die menschliche Natur Christi heilig und göttlich ist, Anfang und Gabe der «neuen Schöpfung», des neuen Lebens. Im neuen Leben, das kundzutun und zu erfüllen die Kirche in «dieser Welt» berufen ist, wird die Schöpfung verwandelt in Gabe und Opfer. Nur weil dies so ist, können Brot und Wein zum Himmel emporgehoben und zur Gabe des göttlichen Lebens und zur Teilhabe an Leib und Blut Christi werden. Darum verehren wir beim Inzensieren nicht vergängliche «Materie», nicht das «Fleisch und Blut» sterblicher Menschen, sondern die «lebendige und wohlgefällige» Opfergabe, zu der sie durch die göttliche Inkarnation bestimmt ist und die von der Kirche in ihnen erkannt wird. Darum liegt auch nicht «bloßes» Brot auf dem Diskos. Im Brot ist vielmehr die ganze Schöpfung Gottes gegenwärtig, die in Christus zur neuen Schöpfung und zur Fülle der Herrlichkeit Gottes wird. Und es sind auch nicht «bloße» Menschen, die hier versammelt sind, sondern es ist die neue Menschheit, neugeschaffen nach dem Bild der «unsagbaren Herrlichkeit» Gottes. Und auch dieser neuen Menschheit, die von Ewigkeit her dazu berufen ist, zum Reich Gottes emporzusteigen und am österlichen Tisch des Lammes teilzunehmen, berufen ist zur Ehre der höchsten Erwählung, bezeugen wir unsere Verehrung mit dem Weihrauch und bedeuten in diesem alten Ritus der Vorbereitung, Heiligung und Reinigung, dass es sich dabei um «ein lebendiges, Gott wohlgefälliges Opfer» handelt.

10

Diese selbe Vorauskenntnis, dieselbe freudige Bejahung des
kosmischen Wesens der beginnenden Darbringung findet sich
auch im «Hymnus zur Darbringung», mit dem das Herbeibringen der Gaben zum Altar begleitet wird. Heutzutage singen wir fast ausschließlich den Cherubinischen Hymnus. Nur
zweimal im Jahr wird er durch einen anderen Hymnus ersetzt:
am Hohen Donnerstag durch das Gebet «An Deinem mystischen Mahl...» und am Karsamstag durch das Gebet «Lass
alles sterbliche Fleisch verstummen...». Und obgleich die frühe Kirche auch andere «Hymnen zur Darbringung» kannte,
liegt ihr Sinn nicht so sehr in den unterschiedlichen Worten als
in ihrem Klang oder ihrer Tonart, die allen gemeinsam ist. Diese Tonart können wir am treffendsten mit dem Wort *königlich*
bezeichnen. Ja, sie ist wirklich eine königliche Doxologie:
«...denn wir werden den König des Alls empfangen...», «denn
der König der Könige, der Herr der Herren, ist gekommen,
sich in den Tod zu geben...». Die Darbringung der Gaben wird
hier als triumphaler königlicher Einzug verstanden, als eine
Manifestation der Herrlichkeit und Macht des Königreiches.
Die «königliche» Tonart beschränkt sich aber nicht nur auf
den «Großen Einzug» und den «Hymnus der Darbringung».
Wir finden sie bereits am Ende der Proskomidie, wenn der
Priester während des Bedeckens der Gaben die Worte des königlichen Psalms anstimmt: «Der Herr ist König, bekleidet mit
Hoheit» (Psalm 93). Wir vernehmen sie darüber hinaus im Gebet des Priesters für sich selbst, das wir eben untersucht haben:
«Keiner ... ist würdig ... Dir zu dienen, o König der Herrlichkeit...» Und schließlich begegnet sie uns in der schrittweisen
byzantinischen Ausgestaltung der Opferung als Großer Einzug durch die *Heiligen Pforten*. Hier entstand ziemlich früh
im christlichen Schrifttum die Erklärung des Großen Einzugs
als «Symbol» des Einzugs des Herrn in Jerusalem.
  Historiker der Liturgie erklären die Einführung und Entwicklung dieser königlichen «Tonart» und «Symbolik» als

Beeinflussung des christlichen Gottesdienstes durch das byzantinische Hofzeremonial, in dem die Prozessionen mit ihren «Aus-» und «Einzügen» einen besonderen Platz einnahmen. Ohne diesen Einfluss zu leugnen, der tatsächlich vieles, gerade im byzantinischen Gottesdienst, zu erklären vermag, möchten wir doch betonen, dass die *theologische* Bedeutung dieser königlichen «Tonart» vor allen Dingen im ursprünglichen *kosmischen* Verständnis des Opfers Christi wurzelt. Durch die Hingabe seiner selbst als Opfer errichtete Christus sein *Reich*, stellte er die Herrschaft über «Himmel und Erde» wieder her, die der «Fürst dieser Welt» an sich gerissen hatte. Der Glaube der Kirche erkennt in Christus den Sieger über Tod und Hades, den schon erschienenen und «eingesetzten» König des Reiches Gottes, das schon mit Macht gekommen ist. Sie erkennt in ihm den *Herrn*, den der Vater der Herrlichkeit aus dem Tod erweckt und «im Himmel auf den Platz zu seiner Rechten erhoben hat, hoch über alle Fürsten und Gewalten, Mächte und Herrschaften», und dem er alles «zu Füßen gelegt» hat (Eph 1,20-22). Im Unterschied zu unserer heutigen, völlig individualisierten und wesentlich minimalistischen Frömmigkeit, die im Namen des «spirituellen Wohlbefindens» nur allzu leicht die Welt dem Teufel überlässt, erfüllte die Freude über die Herrschaft Christi und sein Reich den Glauben der frühen Kirche mit solcher Kraft, dass sie diese kosmische Freude aus der Erfahrung des uns von Christus geschenkten Reiches geradezu ausatmete. Jenseits aller Einflüsse und Anleihen stammt diese *königliche* Klangfarbe des Hymnus der Opferung und des ganzen Großen Einzugs genau aus diesem Glauben und dieser Erfahrung. Von hier aus geschieht der Durchbruch der Kirche in die *Herrlichkeit* der kommenden Zeit, ihr Einstimmen in den ewigen Lobpreis der Cherubim und Seraphim vor dem «König der Könige und Herrn der Herren».

11

Nun endlich kommen wir zum Großen Einzug an sich. Halten wir dabei sogleich fest, dass der Große Einzug in der gegenwärtigen Praxis zwei *Ordnungen* kennt. Wenn die Liturgie von einem Bischof gefeiert wird, dann nimmt er am Herbeibringen der Gaben nicht teil, das übernimmt der mitfeiernde Klerus, er empfängt vielmehr, stehend der Versammlung zugewandt, die Gaben an den Heiligen Pforten und stellt sie dann auf den Altar. In der vom Priester gefeierten Liturgie bringen Priester und Diakon die Gaben herbei, doch sie werden nur vom Priester auf den Altar gestellt.

Wir müssen diesen Unterschied zur Kenntnis nehmen, selbst wenn der Gedanke einer *gegenseitigen Beziehung* zwischen Ort und Funktion jedes Kirchenglieds bei der Feier der Eucharistie und seinem Dienst und seiner Berufung in der Kirche dem kirchlichen Bewusstsein nahezu vollends entschwunden ist. Wir haben diesen Unterschied festzuhalten, weil diese Beziehung für die frühe Christenheit selbstverständlich war. Oft sind heute Orthodoxe sehr eifrig bemüht, «alte Riten» zu erhalten und zu beachten, allerdings ohne ihnen irgendeine theologische, oder wie man heute wohl eher sagen würde, existentielle Bedeutung beizumessen. Das Bewusstsein der frühen Christen erkannte in den Riten vor allem die Offenbarung und Erfüllung des Wesens der Kirche und damit zugleich des Wesens jedes Dienstes und jeder Berufung. In der Liturgie offenbart sich das *Bild* der Kirche, das sie in ihrem Leben zu verwirklichen bestellt und berufen ist. Und umgekehrt finden alle Dienste – und das gesamte Leben der kirchlichen Gemeinschaft – ihre Krönung und Erfüllung in der Liturgie. Daraus erwächst die nicht nur «symbolische», sondern auch die wirkliche Gegenseitigkeit zwischen dem, was ein Glied der Kirche im Leben der Gemeinschaft *tut*, und dem, was es in der eucharistischen Liturgie *tut*.

In der frühen Kirche waren es, wie gesagt, die Diakone, die mit dem Dienst der Proskomidie, mit der Bereitung der Gaben und dementsprechend auch mit ihrer Überreichung an den Zelebranten beauftragt waren. Denn in der kirchlichen Gemeinschaft war die spezifische Berufung der Diakone, ihre *leitourgia*, der Dienst der Liebe, der Dienst an der Verwirklichung der Kirche als Liebe aller für alle und als Sorge aller für alle. So nahmen die Diakone die Gaben der Leute entgegen, die zur kirchlichen Versammlung kamen, und somit der Kirche erlaubten, ihren Liebesdienst zu verrichten. Die Diakone verteilten Gaben und sonderten jene aus, die, *pars pro toto*, im eucharistischen Mysterium dargebracht werden sollten. Die heutige «priesterliche» Praxis, d.h. die Teilnahme des Priesters selbst am Großen Einzug, entstand, als der *Diakon* oder besser das Amt des Diakonats nicht mehr als unerlässlich und selbstverständlich galt, als die Erfahrung der Kirche als einer durch gemeinsames Leben und gemeinsame Taten der Liebe verbundene Gemeinschaft erschlaffte und die kirchliche Gemeinschaft sich gleichsam in die «natürliche» Gesellschaft – die Stadt, das Dorf – auflöste und zur «Pfarrei» oder zur «Kirchgemeinde» wurde, zu solchen, die im Gotteshaus zusamenkommen, um ihre religiösen Bedürfnisse zu befriedigen, doch nicht mehr ein vom weltlichen Leben getrenntes, kirchliches Leben leben. In dieser neuen Kirchen-Erfahrung erwies sich der Diakon als unnötig, jedenfalls nicht als unerlässlich, und mit dem allmählichen Verschwinden des Diakonats wurden auch die meisten seiner liturgischen Funktionen dem Priester übertragen. Aus dem bisher Gesagten folgt, dass von den zwei «Ordnungen» die pontifikale Ordnung der alten Praxis näher steht und das Wesen der eucharistischen Darbringung in ihr umfassender zum Ausdruck bringt. Denn gerade in ihr offenbart sich der Ort eines jeden in dieser Darbringung, die Teilnahme der ganzen Kirche an dieser Opferung.

Wir wissen schon: sie beginnt – in der Proskomidie – damit, dass jeder seine eigene Prosphora, sein eigenes Opfer darbringt, und zwar so, dass jeder in die Darbringung der Kirche einbezogen wird. Leider droht heute auch dieser Ritus völlig zu verschwinden, und er sollte auf jede erdenkliche Weise er-

neuert werden, indem vor allem seine ursprüngliche Bedeutung aufgezeigt wird: das Beteiligtsein eines jeden Gliedes
der Kirche am eucharistischen Opfer. Sofern heute das *konkrete* Opfer der Glieder der Kirche, ihre *konkrete* Teilnahme
am Leben der Kirche hauptsächlich in Geldspenden besteht,
wäre es angemessen, das Herumreichen unseres «Opferkörb-
chens» mit der Darbringung der Prosphora zu verbinden und
die letztere wieder allgemein verbindlich zu machen. Dies
umzusetzen wäre nicht schwierig: Verwenden wir den Betrag,
den jede Person, die zur Liturgie kommt, in den «Opferkorb»
zu geben vorhat, *als Prosphora,* und machen auf diese Weise
die Prosphora zu einem Ausdruck der persönlichen Darbringung und des persönlichen Opfers. In jedem Fall liegt
genau hier der Beginn unserer Opferung, die in der *Bewegung* des Brotes und des Kelches – von uns zum Gabentisch,
und vom Gabentisch zum Altar und vom Altar zum himmlischen Heiligtum – sich als unser Einzug in das Opfer Christi, unser Aufstieg zum Tisch des Herrn in seinem Reich offenbart.

Der zweite Akt dieser Bewegung ist das Herbeibringen der
Gaben vom Gabentisch zum Altar, was, wie wir eben gesehen
haben, unter die besondere *leitourgia* der Diakone fällt. Selbst
jetzt, da sich der Rüsttisch, an dem die Proskomidie vollzogen
wird, im Altarraum befindet und nicht mehr, wie in der frühen Kirche, an einem besonderen, Prothesis genannten Ort
(damals wurde nur der Altar als Opfer-«Tisch» bezeichnet),
werden die Gaben zunächst hinaus zur Versammlung gebracht
und erst von der Versammlung her ziehen sie in den Altarraum ein und zum Altar. Die griechische Praxis, mit den Gaben durch die ganze Kirche, die ganze Versammlung zu ziehen, muss – im Vergleich zur Praxis der russischen Kirche, wo
die Gaben nur aus dem Nordportal der Ikonostase hinaus-
getragen werden, um sie gleich wieder durch die «Heiligen
Pforten» in den Altarraum zurückzubringen – als der bessere
Ausdruck der Bedeutung des Großen Einzugs verstanden
werden. Denn seine Bedeutung besteht darin, die Hingabe

167

eines jeden in die Darbringung und Hingabe *aller* einzube-
ziehen, die sich jetzt in der Darbringung und Hingabe der
Kirche vollzieht, d.h. in der Darbringung und in der Hingabe
Christi, des Hauptes der Kirche, die sein Leib ist.

Das dritte und abschließende Moment des Großen Einzugs
besteht schließlich in der Entgegennahme der Gaben durch
den Zelebranten und in ihrem Herbeibringen zum Altar. Was
wir darbringen, wird nun als das von Christus Dargebrachte
und durch ihn in das himmlische Heiligtum Emporgehobene
offenbar. Unser Opfer ist das Opfer der Kirche, das Opfer der
Kirche aber ist das Opfer Christi. So offenbart sich in dem
triumphalen und königlichen Einzug, in der Bewegung der
Gaben, der wahrhaft universale Sinn der Opferung, die Vereinigung von Himmel und Erde, das Emporgehobenwerden
unseres Lebens in Gottes Reich.

12

«Euer aller gedenke der Herr, Gott, in Seinem Reich, allezeit,
jetzt und immerdar und in alle Ewigkeit.» Diese Worte, dieses
Gedenken begleiten den Großen Einzug und die in ihm vollzogene Darbringung. Der Diakon verkündet sie, während er
die Gaben herbeibringt, die Zelebranten sprechen sie sich gegenseitig zu und richten sie an die ganze Versammlung; die
Gläubigen richten sie als Antwort an den Vorsteher.

«Euer aller gedenke der Herr...» Ohne jede Übertreibung
darf gesagt werden, das Gedächtnis, d.h. das Einbeziehen aller
Dinge in das *Gedenken* Gottes, sei der Herzschlag der kirchlichen Liturgie, ihr ganzes Leben. Ohne schon von der Eucharistie zu sprechen, die Christus uns «zu seinem Gedächtnis»
aufgetragen hat (wir werden später auf die Bedeutung dieses
Gedächtnisses genauer eingehen), «feiert» die Kirche ununterbrochen, jeden Tag, nahezu jede Stunde, das «Gedächtnis»
eines bestimmten Ereignisses, eines bestimmten Heiligen, so
dass das Wesen ihrer Feiertage und all ihrer Gottesdienste in

dieser «Feier des Gedächtnisses» besteht, in diesem unablässigen Gedenken.

Wenn dem so ist, müssen wir uns fragen: Worin besteht das Wesen dieses Gedenkens? Diese Frage stellt sich umso drängender, als unsere Schultheologie sich weitgehend darüber ausschweigt: etwa darum, weil rein schon der Begriff des *Gedächtnisses* für diese Theologie – die nur ein einziges Kriterium kennt: das der «wissenschaftlichen Methode» – nicht hinreichend objektiv, ja bereits ein Zugeständnis an den der «Wissenschaft» so verhassten Subjektivismus und Psychologismus zu sein scheint? Oder darum, weil in der Deutung und Darstellung des kirchlichen Glaubens als eine gewisse «objektive», vor allem auf «Texten» basierende Lehre die Erinnerung, ja selbst die Erfahrung ganz allgemein keinen Raum haben? Wie dem auch sei, das für Leben, Gebet und Erfahrung der Kirche so grundlegende Gedenken scheint außerhalb des theologischen Blickfeldes zu liegen. Und seltsam genug, diese theologische Vergesslichkeit führt faktisch genau zur «Psychologisierung» des Gottesdienstes, die, einer verführerisch schönen Blume gleich, in ihrer Reduktion auf eine äußerlich «illustrative» Symbolik blüht und dem echten Verständnis und Teilnehmen am Gottesdienst so offenkundig widerspricht. Wenn man einerseits das liturgische «Gedenken», die «Gedächtnisfeier» für dieses oder jenes Ereignis, heute ganz vom psychologischen und intellektuellen «Brennpunkt» dieses Ereignisses her begreift, andererseits das Gedenken im Gebet einfachhin mit dem Gebet *an Stelle* eines anderen Menschen identifiziert, dann weil wir den wahren Sinn von Gedächtnis und Gedenken, wie er sich in der Kirche kundtut, vergessen. Wir vergessen aber auch, vor allem als Folge jener Theologie, dass auch diese selber nicht so sehr in der Erfahrung und im Gedächtnis der Kirche wurzelt als in «Texten». Deshalb haben wir uns diese Bedeutung wiederum in Erinnerung zu rufen, bevor wir den Ort des Gedenkens im eucharistischen Opfer verstehen können.

13

Tausende von Büchern sind von allen möglichen Blickwinkeln und Standpunkten aus über die *Erinnerung*, diese geheimnisvolle, allein dem Menschen verliehene Gabe, geschrieben worden. Die bloße Aufzählung all der in ihnen dargelegten Erklärungen und Theorien wäre hier unmöglich. Es ist auch nicht nötig, denn wie sehr sich der Mensch auch bemüht, Sinn und «Mechanismus» der Gabe des Erinnerns zu verstehen, sie bleibt letztlich doch unerklärlich, geheimnisvoll, ja ambivalent.

Eines aber ist nicht zu bezweifeln: Die Erinnerung ist die Fähigkeit des Menschen, die «Vergangenheit auferstehen zu lassen», die Fähigkeit, das Wissen um sie in sich zu bewahren. Diese Fähigkeit erweist sich aber, genauer betrachtet, als ambivalent. Denn liegt ihr Wesen nicht gerade darin, dass selbst wenn einerseits in der Erinnerung die Vergangenheit wirklich aufersteht – ich in ihr und durch sie einen unlängst verstorbenen Menschen *sehe*, bis in alle Einzelheiten jenen Morgen *fühle*, an dem ich ihn traf oder zum letzten Mal sah, und so mein Leben im anderen «versammle» –, sie andererseits eben als Vergangenheit, d.h. als nicht-wiederkehrende aufersteht, so dass, durch meine Erinnerung verwirklicht, das Wissen um diese Vergangenheit in meiner Erinnerung zugleich auch die Entdeckung ihrer *Abwesenheit* in der Gegenwart ist? Daher auch die aller Erinnerung einwohnende Trauer. Denn die Erinnerung des Menschen ist letzten Endes nichts anderes als das dem Menschen allein eigene *Wissen* um den *Tod*, das Wissen darum, dass «Tod und Vergehen in allem walten». Deshalb ist die Gabe der Erinnerung eine doppelte. Durch sie «auferweckt» der Mensch das Vergangene und wird sich gleichzeitig der Hinfälligkeit seines eigenen Lebens bewusst, das «kreisend im Nebel entschwindet», erfasst er die Flüchtigkeit und das Unwiederholbare der Zeit, in der, früher oder später, die Erinnerung selbst sich verdunkelt, ermattet und gelöscht wird und der Tod herrschen wird.

Nur im Zusammenhang mit dieser «natürlichen» Erinnerung – der menschlichsten und daher auch doppeldeutigsten aller Gaben des Menschen, dank der er selbst noch vor dem Tod seine Sterblichkeit und sein Leben als ein sterbendes erkennt – vermag der Mensch die völlige *Neuheit* jener Erinnerung, jenes Gedächtnisses weniger zu verstehen als vielmehr zu erspüren, das man zu Recht als das Wesen des uns in Christus gegebenen neuen Lebens bezeichnet.

Hier sollten wir uns daran erinnern, dass in der biblischen alttestamentlichen Gotteslehre der Begriff *Gedächtnis* sich auf die aufmerksame Sorge Gottes für seine Schöpfung bezieht, auf die Macht der vorsehenden Liebe Gottes, durch die Gott die Welt in seinen Händen «hält» und *ihr Leben schenkt*, so dass Leben im Gedächtnis Gottes wohnen heißt und Tod Herausfallen aus seinem Gedächtnis. Mit anderen Worten: Gedächtnis ist, wie alles andere in Gott, *Wirklichkeit*, ist das Leben, das er schenkt und dessen er *«gedenkt»*; es *ist* ewiges Überwinden des «Nichts», aus dem heraus Gott uns in «sein wundervolles Licht» gerufen hat.

Und diese Gabe des Erinnerns als die Macht, Liebe in Leben, Erkenntnis, Gemeinschaft und Einheit zu verwandeln, wurde dem Menschen durch Gott verliehen. Das Erinnern des Menschen ist antwortende Liebe zu Gott, ist Begegnung und Gemeinschaft mit Gott, mit dem Leben des Lebens selbst. In der ganzen Schöpfung ist es allein dem Menschen gegeben, sich Gottes zu *erinnern* und in diesem Erinnern wirklich zu leben. Wenn alles in der Welt Gott bezeugt, seine Herrlichkeit verkündet und ihn lobpreist, so ist es doch nur der Mensch, der seiner «gedenkt» und durch dieses Gedächtnis, diese lebende Erkenntnis Gottes, die Welt als die Welt Gottes versteht, die er von Gott empfängt und sie zu Gott emporhebt. Auf Gottes Gedenken des Menschen antwortet der Mensch mit seinem Gedenken Gottes. Wenn Gottes Gedenken des Menschen die Gabe des Lebens ist, dann ist des Menschen Gedenken Gottes stete Entgegennahme dieser lebensschaffenden Gabe, fortwährende *Aufnahme* des Lebens und Wachstums in ihm.

Dann wird auch verständlich, weshalb Wesen, Tiefe und Grauen der *Sünde* nicht in einer Vielzahl «wissenschaftlich-theologischer» Definitionen ihren Ausdruck finden, sondern eher in der allgemeinen populären Rede von der *Gottvergessenheit des Menschen*. Denn im Zusammenhang mit dem eben dargestellten biblischen und sozusagen ontologischen (nicht bloß «psychologischen») Verständnis des Erinnerns bedeutet *vergessen* vor allem, das Vergessene vom Leben abzutrennen, aufzuhören damit zu leben, sich davon abzuwenden. Es handelt sich dabei nicht nur darum, mit dem Nachdenken über Gott aufzuhören, denn selbst der militante Atheist ist oft von seinem Hass auf Gott «besessen», und es gibt viele auf Erden, die, obwohl sie selbst allen Ernstes von ihrer «Religiosität» überzeugt sind, in der Religion alles Erdenkliche suchen, nur nicht Gott. Aufzuhören durch ihn und in ihm zu leben, bedeutet nichts anderes als von ihm, dem Leben, *abzufallen*. Gerade in einer solchen *Gottvergessenheit* bestand und besteht die grundsätzliche Sünde – die «Erbsünde» – des Menschen. Der Mensch hat Gott vergessen, weil er seine Liebe und damit auch sein Gedächtnis und selbst sein Leben etwas anderem zuwandte, vor allem sich selbst. Er kehrte sich von Gott ab und hörte auf, ihn zu *sehen*. Er vergaß Gott, und Gott hörte auf, für ihn zu existieren. Das Grauen und die Verlorenheit des Vergessens liegt darin, dass es, wie das Gedächtnis, *ontologischer* Natur ist. Wenn das Gedächtnis Leben schafft, so bringt das Vergessen Tod hervor, oder genauer, den Beginn des Todes, das Gift des Sterbens, das ein Leben vergiftet und es in ein erbarmungsloses, unumkehrbares Sterben verwandelt. Die Abwesenheit eines Menschen, den ich vergaß, ist für mich eine *wirkliche*, er ist wirklich *nicht* in meinem Leben, ist kein Teil meines Lebens – er ist tot für mich, wie ich es für ihn bin. Wenn es Gott ist, der Geber allen Lebens und das Leben selbst, den ich vergessen habe, wenn er aufgehört hat, *mein* Gedenken und *mein* Leben zu sein, dann wird mein Leben zum Sterben und meine Erinnerung, das Wissen um das Leben und seine Macht, wird zum

Wissen um den Tod, zu einem ständigen Verkosten der Sterblichkeit.

Da der Mensch sich nicht selbst in Nichts verwandeln kann, sich nicht selbst dem Nichtsein zurückgeben kann, aus dem Gott ihn ins Leben gerufen hat, so ist es ihm auch nicht gegeben, seine *Erinnerung*, d.h. sein Wissen um sein eigenes Leben, auszulöschen. Aber genau so, wie das von Gott getrennte Leben des Menschen mit Tod erfüllt war und zu einem Sterben wurde, so wird auch seine Erinnerung zu einem Wissen um den Tod und um seine Herrschaft in der Welt. Durch die Erinnerung will er Zeit und Tod überwinden, will die «Vergangenheit wieder auferstehen lassen» und sie daran hindern, spurlos im «Abgrund der Zeit» zu verschwinden. Doch das Wiedererstehen selbst erweist sich als ein erbärmliches Wissen um die Unwiederbringlichkeit dieser Vergangenheit, um den Geruch der Verwesung, der die Welt erfüllt. In Religion und Kunst, in aller Kultur dieses gefallenen Lebens – denn es ist Leben des gefallenen Menschen – «Leben, das wie ein verwundeter Vogel, sich zum Himmel emporschwingen will und es nicht kann». Dieses Sich-Emporschwingen kann unendlich schön sein, doch das allein wahrhaft Schöne kann auf Erden *nur* Schmerz um das echte Leben sein, nur Erinnerung an das Verlorene und Sehnsucht danach, nur «erhabene Trauer». Die Momente des Sich-zum-Himmel-Emporschwingens können in der «Erinnerung» des Menschen als Sehnsucht, Anruf, Reue, Flehen oder etwas Ähnliches zurückbleiben, letzten Endes werden sie doch vom Vergessen verschlungen, genauso wie nach dem Tod der letzten Verwandten, des Letzten von denen, die sich noch erinnern, wildes Gras über das Grab zu wachsen beginnt, über dem vor kurzem noch vom «ewigen Gedenken» gesungen wurde. Der Grabstein zerfällt und irgendwann kann man die verblichenen Buchstaben des Namens, den er trug, nicht mehr entziffern. Alles, was noch auszumachen ist, sind zwei erschreckende und sinnlose Daten eines vergessenen Lebens, für niemanden mehr von Bedeutung.

14

Hier wird klar, weshalb die Erlösung des Menschen und der Welt – weshalb die Erneuerung des Lebens – in der Wiederherstellung des *Gedächtnisses* als Leben schaffender Macht besteht, in der *Erinnerung* als Überwindung der Zeit, der Zerstörung des Lebens und der ihm innewohnenden Herrschaft des Todes. Diese Erlösung ist in Christus vollbracht. Er ist die Inkarnation des Gedenkens Gottes im Menschen und für den Menschen, in der Welt und für die Welt, der göttliches Leben schaffenden und der Welt zugewandten Liebe Gottes zur Welt. Und er ist die vollkommene Offenbarung und Vollendung des Gedenkens Gottes im Menschen, als Inhalt, Macht und Leben des Lebens selbst.

Die Inkarnation des Gedenkens Gottes: Wenn der Mensch Gott vergessen hat, so hat doch Gott den Menschen nicht vergessen, er hat sich nicht «vom Menschen abgewandt». Er hat die gefallene und vergängliche Zeit «dieser Welt» in eine Geschichte des Heils verwandelt. Er hat ihren Sinn als Erwartung und Vorbereitung der Erlösung, als allmähliches Wiederherstellen der *Erinnerung* an Gott im Menschen offenbart, und Gedenken, Kenntnis, Erwartung und Liebe im Menschen erneuert, so dass in der Fülle der Zeit, d.h. bei der Vollendung dieser Vorbereitungen, der Mensch im Erlöser Gott zu erkennen vemochte, der gekommen war, und dass er sich *des Vergessenen zu erinnern* und dabei sein verlorenes Leben wiederzufinden fähig wurde. Die Wiederherstellung des Gedenkens Gottes im Menschen durch Gottes Gedenken des Menschen – darin besteht der Sinn des Alten Testaments. Christus davon zu trennen und ihn auf irgendeine andere Weise als durch das Alte Testament hindurch zu erkennen, ist schlichtweg unmöglich, denn das Alte Testament ist nichts anderes als die allmählich sich erschließende *Erkenntnis* Christi, die «Erschaffung» seines «Gedenkens» noch vor seinem Kommen in der Zeit. Und als Simeon Christus in seine alten Arme nahm und ihn «das Heil», das Gott «vor allen Völkern bereitet hat», nannte

(Lk 2,30-31), als Johannes der Vorläufer am Jordan in Christus das «Lamm Gottes, das die Sünde der Welt hinwegnimmt», erblickte (Joh 1,29), als Petrus auf dem Weg nach Caesarea Philippi Christus als Sohn Gottes bekannte, war das kein rätselhaftes und völlig unerklärliches «Wunder», sondern Höhepunkt und Erfüllung jenes *Eingedenkseins* des Erlösers und der Erlösung, jener *Erkenntnis*, in der sich Gottes Gedenken des Menschen als Gedenken Gottes durch den Menschen *erfüllte.*

Darin besteht die Erlösung: In Christus – dem vollkommenen Gott und dem vollkommenen Menschen – wird das Gedächtnis als eine Leben schaffende Macht eingesetzt und wiederhergestellt, und der Mensch hat in seiner *Erinnerung* keinen Anteil an der Erfahrung des Sündenfalls, des Todes und Vergehens, sondern an seiner Überwindung durch das «Leben, das kein Ende kennt». Denn Christus selbst ist die Inkarnation und die Gabe des *Gedenkens Gottes* an die Menschheit in seiner ganzen Fülle – als Liebe zu jedem Einzelnen und zur ganzen Menschheit, zur Welt und zu aller Schöpfung. Er ist der Erlöser, weil er in seinem Gedenken aller «eingedenk» ist und durch sein Gedenken alles als sein eigenes Leben aufnimmt und allen sein eigenes Leben als ihr Leben schenkt. Doch als menschgewordenes Gedenken Gottes ist Christus gleichsam die Offenbarung und Vollendung des vollkommenen Gedenkens Gottes im Menschen, denn in diesem *Gedenken* – Liebe, Selbsthingabe und Gemeinschaft mit dem Vater – besteht sein *ganzes* Leben, die ganze Vollkommenheit seiner menschlichen Natur.

Das Wesen unseres Glaubens und des darin gewährten neuen Lebens besteht in *Christi Gedenken*, das in uns durch unser *Gedenken Christi* verwirklicht wird. Von der ersten Stunde der Christenheit an bedeutete der Glaube an Christus, seiner *eingedenk zu sein* und sich immerzu *an ihn zu erinnern*. Es geht nicht einfach um das Wissen um ihn und seine Lehre, sondern darum, *ihn zu kennen* – ihn, der als der Lebendige unter denen lebt und wohnt, die ihn lieben. Von Anfang an war der Glaube der Christen ein Erinnern und Gedenken, und zwar ein in seinem ursprünglichen Sinn wiederhergestelltes Gedenken. Denn im Gegensatz zu unserer «natürlichen», «gefallenen» Erinnerung und ihrer illusorischen Vorstellung des «Wiedererstehens der Vergangenheit» ist dieses neue Gedenken ein freudiges Erkennen desjenigen, der auferstand, der lebt und so bleibend gegenwärtig ist. Es ist somit kein bloßer Vorgang des Erkennens, sondern auch eine Begegnung und lebendige Erfahrung der Gemeinschaft mit ihm. Obgleich auf die «Vergangenheit» bezogen – auf das Leben, Sterben und Auferstehen des Mannes Jesus zur Zeit des Pontius Pilatus –, obgleich in dieser «Vergangenheit» wurzelnd, weiß der Glaube doch stets, dass derjenige, an den er denkt, *lebt*. Er «ist» unter uns und «wird» immer unter uns sein. Der Glaube könnte nicht diese Wiedererkenntnis sein, wenn er nicht Erinnerung wäre, er könnte auch nicht Erinnerung sein, wenn es da keine Kenntnis desjenigen gäbe, an den er denkt. Wir haben nicht «in der Zeit seines Fleisches», in der Zeit des Pontius Pilatus gelebt, wir können uns somit an das, was damals geschah, weder erinnern noch es uns ins Gedächtnis rufen. Wir wissen jedoch *um* das, was geschah, nicht nur aus den uns überlieferten «Texten», sondern wir *erinnern* uns daran und *rufen es uns ins Gedächtnis*; wenn aber dieses Gedenken unseren Glauben und unser Leben ausmacht, dann weil der, an den wir denken, lebt, und all das, was er «für uns Menschen und um unserer Erlösung willen» vollbracht hat – sein Leben und Sterben, seine Auferstehung und Verherrlichung –, das hat er uns gegeben und gibt es uns immerfort und schenkt uns damit auf ewig Gemeinschaft mit ihm. So denken wir auch nicht länger an das «Vergangene», sondern an *Christus selbst*, und so wird dieses Gedenken zu unserem Eingehen in *seinen* Sieg über die Zeit und ihren Zerfall in «Vergangenheit», «Gegenwart» und «Zukunft». Es ist kein Eintreten in eine abstrakte und reglose «Ewigkeit», vielmehr in ein «ewiges Leben», in dem alles, was *besteht*, durch das Leben schaffende Gedächtnis Gottes lebt, in dem *alles unser ist* – «Welt, Leben, Tod, Gegenwart und Zukunft» –, alles ist unser, weil wir «Christus gehören», Christus aber «gehört Gott» (1 Kor 3,22-23).

So verhält es sich mit dem Wesen dieser *Erinnerung*, die, wie oben erwähnt, den Lebensgrund der Kirche bildet und sich vor allem in ihrer Liturgie auswirkt. Die Gottesdienste sind das Eintreten der Kirche in die neue Zeit der neuen Schöpfung, die, im Gedächtnis Christi *versammelt*, durch ihn in Leben und in Lebensgabe verwandelt, aus dem Zerfall der Zeit in «Vergangenheit», «Gegenwart» und «Zukunft» erlöst wird. Im Gottesdienst der Kirche – als Christi Leib, der durch Christus, durch sein Gedenken lebt – ist es unerlässlich, uns immer wieder daran zu erinnern, d.h. zu begreifen und zu bekennen, wie für, in und mit uns «das, was vollbracht», was uns gegeben wurde – die Schöpfung der Welt und ihre Erlösung in Christus wie das dereinst in Herrlichkeit kommende Gottesreich –, in Christus schon offenbart und gewährt worden ist. Wir *rufen* uns – mit anderen Worten – beides in Erinnerung, die Vergangenheit und die Zukunft, als in uns *lebend*, als uns gegeben, in unser *Leben* verwandelt und zum Leben in Gott gemacht.

15

Nur im Licht des bisher Gesagten können wir nun den Sinn dieses *Gedächtnisses* verstehen, das als eine Art sprachlichen Ausdrucks für den Großen Einzug erscheint, also für das Herbeibringen der eucharistischen Gaben zum Altar. Durch dieses Gedenken schließen wir ein, was im Leben schaffenden Gedächtnis Christi erinnert wird: Gottes Gedenken des Menschen, des Menschen Gedenken Gottes, jenes zwei-eine Gedenken, das ewiges Leben ist. Wir geben einander in Christus Gott zurück und bezeugen damit, dass einer, an den gedacht und der zurückgegeben wird, *lebendig* ist, denn er weilt im Gedenken Gottes.

Das Gedächtnis ist mit der Opferung verbunden, und zusammen bilden sie ein Ganzes. Es ist seine wörtliche Erfüllung, weil Christus sich selbst hingab «an Stelle aller und für alle», denn indem er sich selber hingab und uns alle an Gott zurückgab, einte er uns in seinem Gedächtnis. Das Gedenken Christi ist der Eingang in seine Liebe, die uns zu Brüdern und Nächsten macht, zu «Brüdern» in seinem Dienst. Sein Leben und seine Gegenwart in und «unter» uns erweisen sich *allein* in unserer Liebe zueinander und zu allen, die Gott in unser Leben gesandt und einbezogen hat, das heißt vor allem, in die gegenseitige *Erinnerung* und das gegenseitige Gedenken in Christus. Darum *lassen wir* im Herbeibringen des Opfers Christi zum Altar *das Gedenken eines jeden an den anderen entstehen*, wir erkennen uns gegenseitig als in Christus Lebende und in ihm miteinander Geeinte.

In diesem Gedächtnis gibt es keine Differenz zwischen den Lebenden und den Entschlafenen, denn Gott ist kein «Gott der Toten, sondern der Gott der Lebenden» (Mt 22,32). Darin liegt die ganze Freude und Kraft dieses Gedenkens: unter Einbeziehung aller, an die im Leben schaffenden Gedenken Gottes gedacht wird, lösen sich die Grenzen zwischen Lebenden und Toten auf, da alle erkannt und offenbar sind als Lebende in Gott. Darum wäre eine besondere «Liturgie für die Entschlafenen» (dazu noch schwarz gekleidet!) für die frühe Kirche undenkbar, ja ausgeschlossen gewesen. Aufgrund dieser Einbeziehung aller im Gedächtnis Gottes feiern wir die Einheit der Lebenden wie der Entschlafenen im «Leben, das kein Ende kennt». In diesem Sinn ist jede Liturgie Liturgie «der von uns Gegangenen», und in jeder Liturgie triumphiert das uns gegebene Gedächtnis Christi und die Liebe Christi über Tod, Trennung und Vergessen. «Es wird keine Trennung mehr sein, o Freunde...»[6]

6 Aus den Laudes der Fastenzeit, 2. Kanon, 1. Oder, 1. Tropar.

So erfüllt sich im Gedächtnis unserer selbst, jedes anderen und unseres ganzen Lebens in seiner Rückwendung an Gott unsere Darbringung. Die Darbringung Christi durch uns selbst, der unser Gedächtnis zugleich ermöglicht und erfüllt.

Siebtes Kapitel

Das Sakrament der Einheit

*«Grüßt einander mit dem heiligen
Kuss...»*

(1 Kor 16,20)

1

In der heutigen liturgischen Ordnung nimmt der Bittruf
«Lasst uns einander lieben!» so wenig Zeit ein, dass es nahezu
unmöglich ist, ihn wirklich zu hören, d.h. ihn nicht nur mit
unserem äußeren, sondern auch mit unserem inneren Ohr zu
vernehmen. Für uns heute ist er nur mehr einer der Bittrufe,
die dem Glaubensbekenntnis vorangehen. In früheren Zeiten
war dem nicht so. Aus dem liturgischen Zeugnis der frühen
Kirche wissen wir, dass auf diesen Bittruf tatsächlich ein *Friedenskuss* ausgetauscht wurde und die ganze Kirche, die ganze
Versammlung dabei beteiligt war. «Wenn es Zeit ist für die
Aufforderung zum gegenseitigen Empfang des Friedens»,
schreibt der hl. Johannes Chrysostomus, «küssen wir uns alle
gegenseitig». Und weiter: «Die Kleriker grüßen den Bischof,
die Männer die Männer und die Frauen die Frauen...»[1] Dieser
Ritus hat sich in der Liturgie der Nestorianer, Kopten und

---

[1] Johannes Chrysostomus, *Homiliae in II Cor*, XVIII (PG 61, 527).

Armenier, die dem spätbyzantinischen Einfluss nicht ausgesetzt waren, bis auf den heutigen Tag erhalten; ihre Liturgie widerspiegelt öfter eine noch frühere Form der eucharistischen Feier. Und dieser Ritus ist auch kein rein eucharistischer, denn der Friedenskuss bildete einen wichtigen und unveräußerlichen Teil jedes christlichen Gottesdienstes. So wurde er nach der Taufe ausgetauscht, wenn der Bischof die Erwählten mit den Worten empfing «Der Herr sei mit dir». Bei der Weihe eines neuen Bischofs begrüßte die ganze Versammlung, Kleriker wie Laien, diesen mit einem «heiligen Kuss». Danach stand er zum ersten Mal dem eucharistischen Opfer vor.

Geschichtlich hat dieses Moment der Liturgie unverkennbar einen deutlichen Wandel durchgemacht. Von einem *Tun* – mehr noch, von einem gemeinsamen Tun – wandelte er sich in einen *Bittruf*. Mit diesem Wandel änderte sich – zumindest teilweise – auch das in diesem Bittruf Erflehte. Der heutige Bittruf «Lasset uns einander lieben!» ist ein Aufruf zu einer bestimmten Haltung, während er früher die Versammlung zu einem bestimmten Akt aufforderte: «Grüßet einander!» Es gibt Hinweise, dass dieser Akt sogar ohne irgendeine unmittelbare Aufforderung vollzogen wurde: Mehrere Dokumente erwähnen einen beim Friedensgruß ausgetauschten Kuss. Offensichtlich ist, dass – wie dies mehrmals in der Liturgiegeschichte der Fall war – ein Bittruf, der aus einer Handlung heraus entstand, diese allmählich ersetzte oder, genauer, sie auf den Altarraum beschränkte, wo sie ausschließlich von den zelebrierenden Priestern und Diakonen vollzogen wird.

Auf den ersten Blick scheint das allmähliche Ersetzen eines gemeinsamen Tuns durch einen Bittruf sowie all diese «technischen» Einzelheiten von keinem besonderen Interesse zu sein. Auch der Ruf selbst bedarf eigentlich keiner weiteren Erklärung, da die Liebe bekanntlich das höchste christliche Gebot ist, an das zu erinnern vor der wichtigsten christlichen Feier nur angemessen ist. Ist dem aber so, was für einen Unterschied macht es dann aus, ob diese Erinnerung in einem Aufruf zur Liebe oder in einem Symbol der Liebe (im Friedensgruß sehen

die Interpreten natürlich nichts weiteres als eben ein weiteres
«Symbol») besteht? Zudem kann man annehmen, dass das
Verschwinden der Praxis mit dem Wachstum der Kirche – mit
übervollen Versammlungen in riesigen Kirchen – zusammen-
hing, wo man sich nicht mehr kannte und dieser Ritus, in heu-
tiger Sicht, bloß noch eine Formalität war.

Doch all dies gilt nur «auf den ersten Blick» – so lange, als
wir den ursprünglichen und spezifisch liturgischen Sinn dieser
Worte und Akte – vor allem den Sinn des Begriffs «christliche
Liebe» – nicht bedacht haben.

Wir haben uns faktisch so sehr an diesen Begriff gewöhnt,
haben so viele Predigten über Liebe und die sich daraus ergebenden Aufforderungen dazu gehört, dass es uns schwer
fällt, von der ewigen *Neuheit* dieser Worte betroffen zu sein.
Und doch hat Christus selbst diese Neuheit herausgestellt:
«Ein *neues* Gebot gebe ich euch: Liebt einander» (Joh 13,34).
Doch bereits vor Christus wusste die Welt um Wert und Größe der Liebe. Finden wir nicht im Alten Testament die beiden
Gebote – der Gottes- (Dtn 6,5) und der Nächstenliebe (Lev
19,18) –, von denen Christus sagt, dass in ihnen das ganze
Gesetz samt den Propheten enthalten sei (Mt 22,40)? Worin
besteht dann aber das Neue in diesem Gebot, das Neue nicht
nur im Moment der Verkündigung dieser Worte durch den
Erlöser, sondern für die Menschen aller Zeiten und Orte –
die Neuheit, die niemals aufhört, neu zu sein?

Um diese Frage zu beantworten, genügt es, sich an eines
der grundlegenden, in den Evangelien erwähnten Merkmale
der christlichen Liebe zu erinnern: *«Liebe deine Feinde.»*
Diese Worte enthalten nichts weniger als die unerhörte Aufforderung, den zu lieben, den wir eben *nicht lieben*. Sie lassen
deshalb nicht davon ab, so lange wir für das Evangelium nicht
völlig taub geworden sind, uns aufzustören, zu erschrecken
und vor allem uns zu *richten*. Gerade weil dieses Gebot unerhört und neu ist, ersetzen wir es meist durch unsere eigene
ausgeklügelte menschliche Deutung. Seit Jahrhunderten schon
behaupten nicht nur einzelne Christen, sondern ganze Kirchen,

offenbar reinen Gewissens, dass christliche Liebe sich in Wirklichkeit dem *Eigenen* zuwenden soll, dass Lieben hauptsächlich und selbstverständlich bedeutet, seinen Nächsten, seine Familie, sein Volk und sein Land zu lieben – also alle Personen und Dinge, die wir ohnehin, auch ohne Christus und Evangelium, lieben würden. Wir bemerken nicht mehr, dass etwa in der Orthodoxie ein religiös eingefärbter und gerechtfertigter Nationalismus seit langem zu einer echten Häresie geworden ist, die das Bewusstsein der Kirche lahmlegt und den orthodoxen Osten hoffnungslos spaltet und all unser übermäßiges Gerede über die ökumenische Wahrheit der Orthodoxie zu einer heuchlerischen Lüge macht. Wir haben die anderen nicht weniger befremdlichen und erschreckenden Worte vergessen, die das Evangelium über diese bloß «natürliche Liebe» enthält: «Wer Vater oder Mutter, Sohn oder Tochter mehr liebt als mich, ist meiner nicht würdig» (Mt 10,37) und «Wenn jemand zu mir kommt und nicht Vater und Mutter, Frau und Kinder, Brüder und Schwestern ... gering achtet, so kann er nicht mein Jünger sein» (Lk 14,26). Wenn Zu-Christus-kommen heißt, sein Gebot erfüllen, dann kann die christliche Liebe selbstverständlich kein bloßer Zuwachs, keine «Krönung» und religiöse Sanktionierung der natürlichen Liebe bedeuten, sie ist vielmehr von dieser radikal zu unterscheiden, ja sie steht im Gegensatz dazu. Christliche Liebe ist wirklich eine *neue* Liebe, deren unsere gefallene Natur wie die gefallene Welt unfähig sind, die somit in dieser Welt unmöglich ist.

Wie aber können wir das Gebot Jesu erfüllen? Wie können wir die lieben, die wir gerade nicht lieben? Besteht das Geheimnis jeder Liebe nicht gerade darin, dass sie nie eine Frucht des Willens, der eigenen Erziehung, der Praxis oder gar der Askese ist? Durch Übung des Willens und eigene Erziehung kann «Wohlwollen», Toleranz und Unvoreingenommenheit gegenüber Anderen erreicht werden, aber nicht die Liebe – von der der Ehrwürdige Isaak der Syrer sagt, dass sie selbst «den Dämonen gegenüber barmherzig» ist. Was soll dann der Sinn dieses unmöglichen Liebesgebotes sein?

Darauf gibt es nur eine Antwort. Ja, dieses Gebot wäre wirklich unmöglich und folglich eine einzige Überforderung, wenn das Christentum nur in diesem Gebot zu lieben bestehen würde. Doch Christentum ist nicht nur Gebot, sondern auch *Offenbarung* und *Gabe* der Liebe. Und Liebe wurde nur geboten, weil sie uns vor dem Gebot offenbart und geschenkt worden ist.

Einzig «Gott *ist* Liebe». Nur Gott liebt mit der Liebe, von der das Evangelium spricht. Und nur in der göttlichen Inkarnation, in der Vereinigung von Gott und Mensch, d.h. in Jesus Christus, dem Sohn Gottes und Menschensohn, ist die Liebe Gottes selbst – ja besser noch: Gott selbst, der Liebe ist, als Liebe – dem Menschen offenbar und zuteil geworden. Darin besteht das unglaublich *Neue* der christlichen Liebe: dass im Neuen Testament der Mensch dazu berufen ist, mit der göttlichen Liebe zu lieben, die zur gottmenschlichen Liebe, zur Liebe Christi, geworden ist. Das Neue des Christentums liegt nicht im Gebot der Liebe, sondern darin, dass es möglich geworden ist, es zu erfüllen. Im Einssein mit Christus empfangen wir seine Liebe, sind wir imstande, mit seiner Liebe zu lieben und in ihr zu wachsen. «Denn die Liebe Gottes ist ausgegossen in unsere Herzen durch den Heiligen Geist, der uns gegeben ist» (Röm 5,5), und durch Christus ist uns geboten, in ihm und in seiner Liebe zu bleiben. «Bleibt in mir, dann bleibe ich in euch. Wie die Rebe aus sich keine Frucht bringen kann, sondern nur, wenn sie am Weinstock bleibt, so könnt auch ihr keine Frucht bringen, wenn ihr nicht in mir bleibt... Wer in mir bleibt und in wem ich bleibe, der bringt reiche Frucht; denn getrennt von mir könnt ihr nichts vollbringen... *Bleibt in meiner Liebe!*» (Joh 15,4.5.9)

In Christus bleiben heißt in der Kirche sein und leben. Die Kirche ist das der Menschheit mitgeteilte und zuteil gewordene Leben Christi, die deshalb durch Christi Liebe lebt, in seiner Liebe bleibt. Die Liebe Christi ist Ursprung, Inhalt und Ziel des Lebens der Kirche, sie ist eigentlich das einzige *Zeichen* der Kirche, denn alles übrige wird davon umfangen:

«Daran werden alle erkennen, dass ihr meine Jünger seid, wenn ihr einander liebt» (Joh 13,35). Liebe ist das Wesen der *Heiligkeit* der Kirche, denn sie «ist ausgegossen in unsere Herzen durch den Heiligen Geist» (Röm 5,5); sie ist das Wesen der *Einheit* der Kirche, die «sich in Liebe auferbaut» (Eph 4,16); und schließlich ist sie das Wesen der *Apostolizität* und Katholizität (*sobornost*) der Kirche, denn die Kirche ist überall und immer ein und dieselbe apostolische Gemeinschaft, «in Liebe verbunden». Deshalb gilt, «wenn ich in den Sprachen der Menschen und Engel redete, ... wenn ich prophetisch reden könnte und alle Geheimnisse wüsste und alle Erkenntnis hätte; wenn ich alle Glaubenskraft besäße und Berge damit versetzen könnte, hätte aber die Liebe nicht, wäre ich nichts. Und wenn ich meine ganze Habe verschenkte, und wenn ich meinen Leib dem Feuer übergäbe, aber die Liebe nicht hätte, nützte es mir nichts» (1 Kor 13,1-3). Denn nur die Liebe verleiht jedem «Zeichen» der Kirche – Einheit, Heiligkeit, Apostolizität und Katholizität – seinen Sinn und seine Wirklichkeit.

Die Kirche ist eine Vereinigung der Liebe – oder, wie es Aleksej Chomjakow ausgedrückt hat, «ein Organismus der Liebe»[2] – nicht nur in dem Sinn, dass ihre Glieder in Liebe untereinander verbunden sind, sondern vor allem darin, dass die Kirche durch die gegenseitige Liebe aller, durch die Liebe als das Leben selbst, Christus und seine Liebe für die Welt offenbar macht, dass sie ihn bezeugt und die Welt durch die Liebe Christi liebt und rettet. In der *gefallenen* Welt ist es die Sendung der Kirche als Erlösung, die Welt als durch Christus Neugeschaffene kundzutun. Das Wesen der gefallenen Welt besteht darin, dass in ihr die Zwietracht herrscht, die Abspaltung eines jeden von allen. Dies lässt sich nicht durch die «natürliche» Liebe gewisser Leute zu gewissen anderen überwinden; sie triumphiert und erfüllt sich in der äußersten

---

[2] A. Chomjakow, *Werke in 8 Bänden*, Moskau 1900ff, Bd. II (1907), 21, zitiert in A. Gratieux, *A. S. Khomiakov et le Mouvement Slavophile*, Paris 1939, Bd. 2, 109.

«Trennung» – im Tod. Das Wesen der Kirche besteht in der Kundgabe und Gegenwart der Liebe als Leben und des Lebens als Liebe in der Welt. Wo sie sich in Liebe vollendet, bezeugt sie diese Liebe in der Welt. Sie trägt sie in die Welt hinein und mit ihr «dient sie der Schöpfung», die dem Gesetz der Zwietracht und des Todes unterstellt worden ist. In ihr empfängt ein jeder geheimnisvoll die Kraft, sich «zu sehnen mit der herzlichen Liebe, die Christus zu euch hat» (Phil 1,8), und so ein Zeuge und ein Vermittler dieser Liebe in der Welt zu sein.

Dann aber ist *die Versammlung als Kirche* vor allem ein Sakrament der Liebe. Wir gehen zur Kirche *um der Liebe willen*, um der neuen Liebe Christi selbst willen, die uns in unserer Einheit zuteil wird. Wir gehen zur Kirche, damit diese göttliche Liebe immer wieder «in unsere Herzen ausgegossen» werde, damit wir immer wieder «die Liebe anziehen» (Kol 3,14), damit wir den Leib Christi *bilden*, in Christi Liebe bleiben und sie in der Welt kundtun können. Darum ist unsere gegenwärtige, völlig «individualisierte» Frömmigkeit, in der wir uns egoistisch von der Versammlung absetzen, so schmerzlich und steht so im Widerspruch zu der Jahrtausende alten Erfahrung der Kirche. Selbst in der Kirche fahren wir fort, einige als «Nächste» und andere als «Fremde», als für uns und unser Gebet gesichts- und bedeutungslose «Masse» zu empfinden, die unsere «geistliche Sammlung» stört. Wie oft äußern scheinbar «spirituell» angehauchte und «fromme» Menschen offen ihr Missfallen an den übervollen Versammlungen, die sie von ihrem Gebet abhalten, und suchen darum leere, kleine Kapellen und abgeschiedene Winkel, abseits der «Massen» auf. Tatsächlich ist ein solches «Selbst-Versunkensein» in der Versammlung der Kirche kaum möglich – gerade weil dieses weder der Zweck der Versammlung noch unserer Teilnahme daran ist. Zum persönlichen Gebet sagt das Evangelium: «Du aber geh in deine Kammer, wenn Du betest, und schließ die Tür zu; dann bete...» (Mt 6,6) Heißt das nicht, dass *die Versammlung der Kirche* einen anderen, schon im Wort «Versammlung» enthaltenen Zweck hat? Durch sie vollendet sich die Kirche selbst, realisiert sie unsere Gemeinschaft mit Christus und mit seiner Liebe, so dass wir durch unsere Teilnahme aus «vielen ein einziger Leib» werden.

Und damit wird uns die volle Bedeutung des *Friedenskusses* enthüllt. Ich habe bereits gesagt: von den ersten Tagen der Kirche an bildete er einen unveräußerlichen Teil kirchlicher Existenz. Denn für die ersten Christen war er nicht bloß ein Symbol und Erinnerungszeichen der Liebe, sondern ein *geheiligter Akt der Liebe* – das sichtbare Zeichen, der sichtbare Ritus der göttlichen Liebe, die sich in die Herzen der Gläubigen ergießt, die einen jeden und alle zusammen, zwar unsichtbar und doch wahrhaftig, mit der Liebe Christi bekleidet. In unserer heute üblichen, äußerst individualistischen und egozentrischen Art des Umgangs mit der Kirche kann dieser Ritus nicht anders denn als leere «Förmlichkeit» aufgefasst werden. Ich kenne den Menschen, der mir in der Kirche gegenübersteht, wirklich nicht; ich kann ihn weder lieben noch nicht lieben, denn er ist ein «Fremder» für mich und somit ein *Niemand*. Wir sind von dieser hohlen Förmlichkeit so sehr abgeschreckt, unserem Individualismus und Egozentrismus so ergeben, dass wir darüber die Hauptsache vergessen. Wir vergessen, dass in der Aufforderung «einander mit einem heiligen Kuss zu grüßen» nicht von unserer persönlichen, natürlichen, menschlichen Liebe die Rede ist, durch die wir tatsächlich keinen zu lieben vermöchten, der für uns ein «Fremder» ist, einer, der für uns noch kein «Etwas», kein «Jemand» geworden ist, sondern von der *Liebe Christi*, von dem ewigen Wunder, das eben in der Tatsache besteht, dass sie den *Fremden* (und jeder Fremde ist letztlich ein *Feind*) in einen *Bruder* verwandelt, ob er nun für mich und mein Leben von Bedeutung ist oder nicht; darin besteht das eigentliche Ziel der Kirche: diese furchtbare *Entfremdung* zu überwinden, die durch den Teufel in die Welt kam und sich als ihr Verderben erwies. Und wir vergessen, dass wir um dieser Liebe willen zur Kirche kommen, die uns in der Versammlung der Brüder immer neu geschenkt wird.

Deshalb war im Altertum die Versammlung der Gläubigen nicht zu einer verbalen Antwort aufgerufen, sondern zu einem *Handeln*. Denn wir wissen, diese Liebe können wir nicht selbst erlangen, so wenig wie den Frieden Christi – der «alles Verstehen übersteigt» –, wie die Vergebung der Sünden, das ewige Leben und die Vereinigung mit Gott. Dies alles ist uns gegeben, ist uns im heiligen Mysterium der Kirche gewährt; die ganze Kirche ist ein ewiges großes Sakrament, die heilige Liturgie Christi. Christus ist in all unseren Gebärden, Handlungen und Feiern am Werk, und alles Sichtbare wird zur «Sichtbarkeit des Unsichbaren», jedes Symbol wird im Sakrament erfüllt. So drücken wir im «heiligen Kuss» nicht unsere eigene Liebe aus – wir umarmen uns vielmehr kraft der neuen Liebe Christi. Und ist dies nicht die Freude der Gemeinschaft, dass ich diese Liebe Christi von einem «Fremden» empfange, der mir gegenübersteht und dem ich gegenüberstehe? So dass wir beide darin als Teilhaber an Christi Liebe «offenbar» werden, nämlich als *Brüder in Christus*?

Wir können uns nur nach dieser Liebe sehnen und uns auf ihren Empfang vorbereiten. In der Frühzeit der Kirche mussten solche, die in Streit geraten waren, wiederversöhnt werden und sich gegenseitig vergeben, bevor sie an der Versammlung der Kirche teilnehmen durften. Alles Menschenmögliche musste getan sein, damit Gott im Herzen herrschen konnte. Und uns vorbereiten, heißt uns selbst fragen: Gehen wir zur Liturgie um dieser Liebe Christi willen, gehen wir als Menschen, die hungern und dürsten, nicht nur nach Hilfe und Rat, sondern nach dem Feuer, das all unsere Schwächen, all unsere Begrenztheiten wegbrennt und uns erleuchtet durch die neue Liebe Christi? Oder fürchten wir, diese Liebe könnte unseren Hass auf unsere Feinde, unsere Verurteilungen «aus Prinzip», unsere Widersprüche und Spaltungen schwächen? Erbeten wir nicht allzu oft von der Kirche Frieden nur mit jenen, mit denen wir ihn schon haben, Liebe zu denen, die wir schon lieben, Selbstbestätigung und Selbstrechtfertigung? Wenn dem so ist, dann empfangen wir die Gabe nicht, die uns wirklich, ja in Ewigkeit erlaubt, unser Leben zu erneuern, wir wagen es nicht, über die Grenzen unserer eigenen «Entfremdung» hinauszugehen, und nehmen nicht wirklich an der Kirche teil.

Lasst uns nicht vergessen, dass in der frühen Kirche der Friedensgruß und Liebeskuss die ersten liturgischen Handlungen der Liturgie der Gläubigen waren, d.h. der eucharistischen Feier selbst. Denn nicht nur begann die Eucharistie damit, sondern sie machten diese gewissermaßen überhaupt erst *möglich*, denn sie ist das Sakrament des Neuen Bundes, das Reich der Liebe Gottes. Darum können wir nur «bekleidet» mit dieser Liebe das Gedächtnis Christi begehen und teilhaben an seinem Fleisch und Blut, in Erwartung des Reiches Gottes und des kommenden ewigen Lebens.

«Jagt der Liebe nach!», sagt der Apostel (1 Kor 14,1). Und wo können wir dies erreichen, wenn nicht im Sakrament, in dem Christus selbst uns in seiner Liebe vereint?

2

Das Sprechen und spätere Singen des Glaubensbekenntnisses wurde relativ spät in die Abfolge der Liturgie eingeführt – etwa zu Beginn des sechsten Jahrhunderts. Bis dahin befand sich der ihm bestimmte Ort in der christlichen Feier des Taufsakraments. Die «Rückgabe des Glaubensbekenntnisses» (*redditio symboli*), das feierliche Bekenntnis des Glaubens schloss die Vorbereitung der Katechumenen auf den Eintritt in die Kirche mit der Taufe ab. Das Glaubensbekenntnis entstand im Zusammenhang mit der Taufe; erst später, zur Zeit der großen dogmatischen Auseinandersetzungen, hat man sich seiner öfter als Richtschnur für die Rechtgläubigkeit bedient, als ein ὅρος, eine Grenzmarkierung zum Schutz der Kirche vor Irrlehren. Was die Eucharistiefeier angeht – die, wie wir wissen, eine geschlossene Versammlung der *Gläubigen* war, d.h. von solchen, die bereits zum Glauben gekommen und aus «Wasser und Geist» neugeboren waren und die Salbung von oben empfangen hatten –, setzte die frühe Kirche die Einheit im Glauben der Teilnehmer als etwas Selbstverständliches voraus. Die sich relativ schnell überall durchsetzende Einfügung des Glaubensbekenntnisses in die Liturgie war somit nichts anderes als die Bestätigung der ursprünglich offenkundigen, organischen und unaufgebbaren Verbindung der *Einheit im Glauben* mit der Kirche und ihrem Selbstvollzug in der Eucharistie. Diese Verbindung bildete den Herzschlag im Leben und Erleben der frühen Kirche.

Bei dieser Verbindung müssen wir noch etwas verweilen, denn hier liegt sozusagen die zentrale Differenz zwischen unserer heutigen Erfahrung und der Erfahrung der frühen Kirche. In der heutigen Zeit wird diese Verbindung nicht mehr als selbstverständlich empfunden, und ebenso wenig wird die Einheit, von der heutzutage so viele sprechen und über die so viel diskutiert wird, als darin verwurzelt und von dort her fließend wahrgenommen.

Vorweg möchte ich festhalten, dass formal gleichsam alles an seinem Platz bleibt, so wie es war, und diese Verbindung für Orthodoxe als ein durch Kirchenrecht und -disziplin geschütztes, unveränderliches Gesetz weiterbesteht. In Übereinstimmung mit dieser Ordnung ist es deshalb Andersgläubigen nicht erlaubt, an der orthodoxen Liturgie teilzunehmen, da nach orthodoxer Lehre «Gemeinschaft in den Sakramenten» die Einheit im Glauben voraussetzt, in der wiederum die Einheit der Kirche begründet ist und sich ausdrückt. Somit ist es kraft dieser Regel auch Orthodoxen untersagt, an den von Andersgläubigen gespendeten Sakramenten teilzunehmen. Doch dieses Gesetz wird zunehmend und offensichtlich als eine Formalität verstanden, denn in unserer offiziellen Schultheologie und im Bewusstsein der Gläubigen ist es seit langem schon abgetrennt von der Wirklichkeit, der es entstammt und die es bezeugt. Und außerhalb dieser Wirklichkeit bleibt es im Wesentlichen unverständlich.

Diese Wirklichkeit ist die allem vorausliegende, absolut grundlegende Erfahrung der Eucharistie als *Sakrament der*

Einheit, d.h. als Sakrament der Kirche, die der hl. Ignatius von Antiochien als «Einheit des Glaubens und der Liebe»[3] bestimmt hat. «Uns alle aber, die wir an dem einen Brote und an dem einen Kelch teilhaben, vereinige untereinander zur Gemeinschaft des einen Heiligen Geistes.» Dies ist genau die in den Worten des eucharistischen Gebetes des hl. Basilius des Großen eingeschriebene Erfahrung, dies das im gegenwärtigen Bewusstsein der Kirche so sehr geschwächte Verständnis und Wahrnehmen der Eucharistie. Was aber soll das Verbot der Teilnahme an den Sakramenten Andersgläubiger in einem wirklichen, lebendigen und «positiven» Sinn besagen, wenn die Eucharistie schon von den Orthodoxen selbst nicht mehr als Gemeinschaft und «Einheit untereinander» verstanden wird, wenn diese nicht nur für den einfachen Gläubigen, sondern selbst in theologischen Definitionen zu einem besonderen, individuellen «Mittel persönlicher Heiligung» wird, von dem jeder nach Maßgabe seiner persönlichen und selbstbestimmten «spirituellen Bedürfnisse», seiner Verfassung, seines Vorbereitet- oder Nichtvorbereitetseins usf. Gebrauch machen bzw. davon absehen kann? Klar ist, dass wenn der ursprüngliche Sinn eines solchen Verbots faktisch darin bestand, die wirkliche Erfahrung der Kirche als Einheit im Glauben zu verteidigen und damit diese Einheit tatsächlich zu stärken und zu bezeugen, durch diese Reduktion der Eucharistie wie aller Sakramente auf die Bedeutung eines «Mittels der Heiligung» das Verbot für eine immer größer werdende Zahl von Gläubigen jede Überzeugungskraft einbüßen musste.

---

[3] Vgl. Ignatius von Antiochien, *Epistula ad Philadelphienses* 4 u. 6, 2; *Epistula ad Ephesios* 4, 2; 14, 1; 20, 2; sowie *Epistula ad Magnesios* 1, 2: «Noch im Gefängnis singe ich den Kirchen Lobllieder, auf dass sie bekennen, dass in Jesus Christus, unserem ewigen Leben, Geist und Fleisch vereint sind, auf dass sie ihren Glauben mit Liebe verbinden – denn es gibt nichts, was größer ist als das.» Vgl. *Die apostolischen Väter*, 67-120.

Diese Erschlaffung, diese – wir können sagen – Entartung
der ursprünglichen eucharistischen Erfahrung wird in der
Tat, ich wiederhole, durch unsere offizielle Theologie und die
fast überall in der Kirche herrschende völlig individualistische
Frömmigkeit gutgeheißen und gibt sich damit selbst als etwas
Althergebrachtes und Überliefertes aus. Dass es sich so verhält, ist bereits in der für diese Theologie eigenen Methode angelegt. Vom Westen entlehnt, und somit von unseren gelehrten
Theologen für Höhepunkt wissenschaftlichen Denkens gehalten, besteht diese Methode in der Isolierung jedes Elementes
des Glaubens und der kirchlichen Tradition in einen sich selbst
genügenden Gegenstand oder gar in eine separate «Disziplin»,
als hänge der Grad des Verstehens für ein jedes Element allein
von der Fähigkeit ab, dieses nicht in Zusammenhang mit den
anderen zu sehen, sondern im Gegenteil, es abzuspalten und
zu «isolieren». Darum erweist sich jede der drei Wirklichkeiten, von denen hier die Rede ist – also Glaube, Kirche, Eucharistie –, als je ein Gegenstand besonderen Studiums in einer
separaten «Abteilung», ohne jeden Bezug zu den beiden anderen. Das aber führt zu einem paradoxen Ergebnis. Denn was
aus dem Gesichtsfeld der Theologie herausfällt, ist eben das,
was diese drei Wirklichkeiten eint, das, was sie als eine drei-
eine Wirklichkeit erweist: die *Einheit*, die in der Erfahrung
der Kirche den wahren Inhalt des neuen, im Glauben empfangenen Lebens begründet, das wir in der Kirche leben und das
uns in der Eucharistie als «Gemeinschaft in dem einen Geist»
geschenkt wird.

Von diesem Paradox kann man sich leicht überzeugen. So
wahrt beispielsweise einer unserer besten Dogmatiker, während er den Glauben zu Recht als eine «Grundbedingung
der Erlösung» versteht, völliges Schweigen darüber, dass der
christliche Glaube die Erfahrung der Einheit einschließt, ja
der Glaube selbst Erfahrung der Einheit ist. Warum? Weil er
natürlich durch diese Methode des Isolierens und Abspaltens

– im vorliegenden Fall durch die Reduktion des Glaubens auf ein «untergeordnetes, im Menschen wahrgenommenes Prinzip» – nicht im Stande ist, in der Einheit zugleich die Frucht und den Inhalt des Glaubens, sein Leben und seine Erfüllung im Menschen zu erkennen. Dasselbe geschieht im Hinblick auf die Kirche. Wird sie in der Schultheologie «isoliert», als «Vermittlerin bei der Heiligung des Menschen» definiert, so wird die Lehre von der Kirche unweigerlich auf die ihr von Gott gegebene Ordnung, auf ihre hierarchische Struktur als Bedingung und Form dieser Vermittlung reduziert, lässt aber nichts weniger als die Kirche selbst – die Kirche als das neue Leben «in der Einheit von Glauben und Liebe» und als dauernde Erfüllung dieser Einheit – außerhalb ihres Blickfeldes. Und schließlich werden, aufgrund dieser völlig einseitigen und somit untauglichen Methode, die Sakramente im Allgemeinen und die Eucharistie im Besonderen auf einen sich selbst genügenden Bereich eingeschränkt, «nämlich auf die ihr für die Heiligung der Menschen zur Verfügung stehenden Mittel». Eine solche Theologie nimmt die Eucharistie als höchstes Sakrament der Kirche, als Gabe und Erfüllung dieser «Einheit von Glauben und Liebe», als «Gemeinschaft in dem einen Geist», in dem sich das Wesen der Kirche offenbart, schlichtweg nicht mehr wahr.

4

Wenn sich der «Verlust» der Einheit in der Schultheologie so durch ihre eigene Methode als ein von der lebendigen kirchlichen Erfahrung Losgerissensein erklärt, so muss die Ursache ihres Verlustes in der heutigen Frömmigkeit in der fortschreitenden Auflösung des Glaubens in ein «religiöses Gefühl» gesucht werden. Diese Feststellung mag vielen seltsam, ja sinnlos erscheinen, sofern beide Begriffe heute im Grunde dasselbe aussagen. In der christlichen Glaubenserfahrung, im christlichen Glaubensverständnis sind aber die Unterschiede enorm.

Glaube ist stets und vor allem eine *Begegnung* mit dem Anderen, Umkehr zum Anderen, seine Annahme als «Weg, Wahrheit und Leben», Liebe zu ihm und ein Verlangen nach vollkommener Einigung mit ihm, so sehr, dass «nicht mehr ich lebe, vielmehr Christus, der in mir lebt» (Gal 2,20). Und weil Glaube sich stets zum Anderen wendet, so bedeutet er den Exodus des Menschen aus den Begrenztheiten seines «Ichs», einen totalen Wandel all seiner Beziehungen, vor allem mit sich selbst. Nun aber unterscheidet sich das in der Religion zur Zeit vorherrschende «religiöse Gefühl» darin vom Glauben, dass es *aus sich selbst* lebt und sich ernährt, d.h. aus der selbstbewirkten Genugtuung, die letztlich vom eigenen Geschmack, von emotionalen Erfahrungen, subjektiven und individuellen «spirituellen Bedürfnissen» abhängt.

Glaube, insoweit er wirklich Glaube ist, kann nichts anderes sein als ein inneres Ringen: «Ich glaube, hilf meinem Unglauben!» (Mk 9,24) Das religiöse Gefühl hingegen «befriedigt», gerade weil es passiv ist, und sofern es überhaupt etwas anstrebt, dann vor allem Hilfe und Trost in den Missgeschicken des Lebens. So ist der Glaube, obwohl sein Subjekt stets die Person ist, nie individualistisch, denn er bezieht sich auf das, was sich ihm als absolute Wahrheit offenbart, somit seiner eigenen Natur gemäß nie «individuell» sein kann. Glaube fordert also stets Bezeugung und Ausdruck, muss andere anziehen und zum Glauben bekehren. Das religiöse Gefühl als ein völlig individualistisches empfindet sich im Gegenteil als unaussprechlich und scheut sich vor jedem Versuch, sich auszudrücken und verständlich zu machen, als handle es sich um ein überflüssiges und ungesundes «Rationalisieren», das den «schlichten Glauben» zerstören könnte. Wahrer Glaube erstrebt die restlose Erleuchtung des gesamten menschlichen Gefüges, indem er sich die Vernunft, den Willen, das ganze Leben unterordnet. Das religiöse Gefühl hingegen nimmt einen Bruch zwischen Religion und Leben leichthin in Kauf und arrangiert sich fröhlich mit Ideen, Überzeugungen, ja sogar mit ganzen Weltanschauungen, die dem Christentum nicht nur fremd sind, sondern ihm häufig auch offen widersprechen.

Genau dieses «religiöse Gefühl» und nicht der Glaube im ursprünglich christlichen Wortverständnis herrscht zur Zeit in der orthodoxen Frömmigkeit, wenn es sie nicht völlig beherrscht. Dass es allmählich den Glauben ersetzt, wird meist nicht wahrgenommen, denn äußerlich und oberflächlich gesehen erscheint es im kirchlichen Leben oft als ein Bollwerk «echter Kirchlichkeit» und «wahrer Rechtgläubigkeit». In seiner orthodoxen Variante drückt es sich gewiss in einer geradezu instinkthaften Anhänglichkeit an Rituale, Bräuche und Überlieferungen aus, an alle äußerlichen Formen kirchlichen Lebens. Und hier, aufgrund dieser äußerlichen «Kirchlichkeit» des religiösen Gefühls, verstehen so viele nicht, dass es sich bei dem darin vorhandenen Konservatismus in Wirklichkeit um einen in der ursprünglichen christlichen Tradition unbekannten, fremden, ja ihr sogar feindlich gesinnten Pseudo-Konservatismus handelt. Um einen Konservatismus der Form, dem es nicht nur nicht gelingt, die Form auf ihren Inhalt – nämlich auf den in ihr inkarnierten, durch sie offenbarten und gewährten Glauben – zu beziehen, sondern der vielmehr die eigentliche Präsenz eines solchen Inhalts leugnet. Wenn religiöses Gefühl so konservativ und auf die Form bezogen ist, dass jede noch so unbedeutende Veränderung daran es beunruhigt und irritiert, dann weil es von der Form, der «Form an sich», von ihrer Unveränderlichkeit, Heiligkeit und Schönheit verhext ist. Es nährt sich von der Form, in ihr findet es die Befriedigung, die anzustreben sein Wesen ausmacht. Darum bereitet ihm jeder Versuch, die Form zu verstehen, die darin inkarnierte und kundgetane Wahrheit aufzuspüren, soviel Sorge und Kopfzerbrechen – und dies nicht von ungefähr, denn hier kann das religiöse Gefühl die über ihm hängende tödliche Gefahr des Glaubensgerichts riechen.

In Wirklichkeit liegt die Neuheit – die absolute und ewige Neuheit – des Christentums *allein im Glauben*, allein in der Wahrheit, die durch den Glauben erkannt und in Erlösung und Leben verwandelt wird. Deshalb gibt es ohne inneren Bezug zum Glauben, ohne eine ständige Wahrnehmung der Formen selbst als Inkarnation und Erfüllung des Glaubens, keine realen Formen im Christentum, und dies um so mehr, als sie selbst zum Idol und zur Idolatrie verkommen, denn sie bedeuten einen Verstoß gegen die Gottesverehrung «im Geist und in der Wahrheit», wie sie uns durch Christus aufgetragen und geschenkt worden ist. Es ist nicht schwierig nachzuweisen, dass das Christentum keine neuen Formen geschaffen, vielmehr die «alten», in Religion und im Leben der Menschen seit unvordenklichen Zeiten vorhandenen Formen übernommen und ererbt hat. Die ewige Neuheit des Christentums liegt aber gerade darin, dass es die überkommenen Formen nicht nur mit neuem Inhalt, mit neuem Sinn erfüllte, sondern sie wirklich verwandelte und immerzu verwandelt in die wahre Kundgabe, die wahre Gabe der Wahrheit und in die Gemeinschaft mit ihr, dem neuen Leben. Doch diese Verwandlung, ich wiederhole, wird *allein* durch den Glauben vollbracht. «Der Geist ist es, der lebendig macht, das Fleisch nützt nichts» (Joh 6,63). Nur dem Glauben, denn er stammt vom Geist und kennt die Wahrheit, nur ihm ist die Macht gegeben, aus dem Fleisch der Form Leben zu schaffen, sie «zur Gemeinschaft des einen Heiligen Geistes» zu verwandeln.

Doch «religiöses Gefühl» kennt diese Verwandlung nicht, vor allem, weil es diese *nicht kennen will.* Es kennt sie nicht und will sie nicht kennen, weil es in seinem innersten Wesen *agnostisch* ist. Es ist nicht auf die Wahrheit hin orientiert, nährt sich nicht vom Glauben und lebt nicht von ihm als Kenntnis und Besitz der Wahrheit und als Leben des Lebens, sondern lebt aus sich selbst, aus Gefallen an sich selbst und Sich-selbst-Genügen. Der beste Beweis dafür ist die erschreckende Gleichgültigkeit dem Glaubensinhalt gegenüber, das völlige Fehlen jeglichen Interesses an dem, was der *Glaube glaubt*, und dies bei der überwältigenden Mehrheit der Menschen, die sich selbst Gläubige nennen und der Kirche aufrichtig ergeben sind. Die strahlende Offenbarung des dreieinen

Gottes, des dreifaltigen göttlichen Lebens, des Geheimnisses des Gottmenschentums Christi, der «unvermischten, unveränderlichen, ungetrennten, unteilbaren» Einigung in ihm von Gott und Mensch, die Herabkunft des Heiligen Geistes in die Welt und der «Beginn eines anderen, neuen und ewigen Lebens» im Geist – all das, woraus die frühe Kirche buchstäblich lebte, worin sie sich des «Sieges, der die Welt überwindet», erfreute und darum zum Gegenstand angestrengter Versuche zu verstehen und leidenschaftlicher Auseinandersetzungen wurde – all dies ist für den heutigen «religiösen Menschen» uninteressant geworden. Und dies ist nicht das Ergebnis einer sündhaften Trägheit oder Schwäche. Der Inhalt des Glaubens, die Wahrheit, auf die dieser sich bezieht, ist für ihn deshalb nicht von Belang, weil seine «Religiosität», sein religiöses Gefühl seiner nicht bedarf, das sich allmählich selber an die Stelle des Glaubens gesetzt und diesen in sich aufgelöst hat.

Doch von was für einer *Einheit des Glaubens* lässt sich dann noch reden? Was vermag dieser Begriff – der für die frühe Kirche und für ihr Verständnis von Tradition so wichtig und zentral war – noch auszusagen? Welcher Erfahrung noch zu entsprechen? Wenn beide, sowohl die Theologie in ihrer streng vernunfts- und rechtsgesättigten Form, und die Frömmigkeit in ihrer völligen Reduktion auf ein «individualisiertes» Gefühl, sich nicht «mit der Einheit befassen», die aus dem Bereich ihrer Aufmerksamkeit und ihres Interesses herausgefallen ist, was soll dann dieser Begriff noch beinhalten, der ja doch einer der Hauptpfeiler, der Grundkräfte des Christentums bleibt?

Zur Zeit ist tatsächlich viel – wohl unvergleichlich mehr als je zuvor – von der Einheit der Christen und der Einheit der Kirche die Rede. Doch hier – ich scheue mich nicht, dies zu sagen – in der *häretischen* Versuchung unserer Tage geht es um etwas *anderes* als jene Einheit, die den Herzschlag und die Urfreude, den wahren Inhalt des Glaubens und Lebens der Christen vom ersten Tag der Existenz der Kirche an ausmachte. Vom religiösen Bewusstsein kaum bemerkt, hat eine

Substitution stattgefunden, und diese entpuppt sich in unseren Tagen immer deutlicher als Verrat.

Das Wesen dieser Substitution liegt in der Tatsache, dass die Kirche, statt sich zugleich als Quell und Gabe einer immer neuen Einheit zu verstehen, zu erkennen und zu erfahren – denn sie ist eine Einheit, die weder von der Welt stammt, noch sich auf ihr Maß reduziert –, sich selber als Ausdruck, Form und «Sanktion» einer schon bestehenden, irdischen «natürlichen» Einheit verstanden hat. Anders gesagt: Die Kirche als *Einheit von oben* wurde durch die Kirche als *Einheit von unten* ersetzt. Wird dabei der Dienst dieser Einheit von unten, der Ausdruck und die Erhaltung dieser Einheit aus Fleisch und Blut, zur grundlegenden oder gar einzigen Berufung der Kirche, dann wird diese Substitution zum Verrat.

Ich bin überzeugt, dass gerade in unseren Tagen, gerade in unserer Zeit, die wie noch keine andere Zeit zuvor buchstäblich vom Kult und Pathos der «Einheit» besessen ist, diese Substitution besonders bedrohlich ist und in Gefahr steht, zum Verrat und zur Häresie im vollen Sinn des Wortes zu werden – obwohl die Mehrheit der Gläubigen und des «Kirchenvolkes» dafür blind sind. Sie sind blind dafür, weil sie Einheit nie erfahren noch kennengelernt haben, und darum wollen sie diese auch nicht, denn die Seele sehnt sich nur nach dem, was ihr, wenn auch bruchstückhaft – wie «im Spiegel, rätselhaft» – bewusst geworden ist, was sie selber gespürt, lieben gelernt hat und nicht mehr vergessen kann. Hier aber, ohne Kenntnis und Erinnerung, wollen und suchen sie die Einheit von unten. Auf diese übertragen sie den unstillbaren Durst des Menschen nach Einheit und verstehen nicht, dass abseits der uns durch Christus zuteil gewordenen Einheit von oben jede Einheit von unten nicht nur in sich selbst sinnlos und nutzlos, sondern unvermeidlich zu einem Idol wird und, so befremdlich dies auch scheinen mag, selbst die Religion und das Christentum in die Idolatrie zurückversetzt.

Darum gibt es für die Kirche – und allem zuvor für die orthodoxe Theologie – keine lebensnotwendigere und drängendere Aufgabe als die Erhellung der Erfahrung und Kenntnis der Einheit von oben, d.h. des eigentlichen Wesens der Kirche, das sie von allem in «dieser Welt» aussondert, und sie gerade so als das Heil der Welt und der Menschheit kundtut.

5

Je erhabener, je dunkler ein Wort ist, umso dringender verlangt es von den Christen, die es verwenden, nicht bloß seine präziseste Definition, sondern auch seine *Befreiung*, einen Exorzismus und eine Reinigung von der Lüge, die es von innen her pervertiert. Die Unterscheidung der Geister, zu der uns der Apostel Johannes aufruft, ist vor allem eine Unterscheidung der Worte, denn nicht nur das Wort ist mit der Welt und der Schöpfung gefallen, vielmehr begann der Fall der Welt gerade mit der Verkehrung des Wortes. Durch das Wort kam jene Lüge in die Welt, deren Vater der Teufel ist. Das Gift dieser Lüge besteht darin, dass das Wort selbst zwar dasselbe blieb, so dass der Mensch, wenn er von «Gott», «Einheit», «Glaube», «Frömmigkeit», «Liebe» spricht, davon überzeugt ist, dass er weiß, wovon er spricht, doch der Fall des Wortes bedeutet, dass es in sich selbst «anders», dass es zur Lüge über seine eigene Bedeutung und seinen wahren Sinn geworden ist. Der Teufel erschuf keine neuen «teuflischen» Worte, so wie er auch keine neue Welt erschuf, noch sie erschaffen konnte, wie er selbst überhaupt noch nie etwas erschuf, noch je etwas zu erschaffen vermochte. Die ganze Falschheit wie die ganze Macht dieser Falschheit liegen darin, dass er *dieselben* Worte zu Wörtern *über etwas Anderes* machte, dass er sie usurpierte und in ein Instrument des Bösen verwandelte, so dass er und seine Diener «in dieser Welt» in einer buchstäblich von Gott gestohlenen Sprache sprechen.

Deshalb sind alle Versuche, die Frage der Worte, ihres Sinns und ihrer Bedeutung auf eine Frage der Definition zu beschränken, vergeblich. Denn in jedem Fall erfolgt eine Definition immer in Worten, und das heißt, dass sie dem Teufelskreis, der die ganze gefallene Schöpfung beherrscht, nicht entrinnt noch zu entrinnen vermag. Das gefallene Wort bedarf deshalb, wie die ganze gefallene Welt, keiner Definition, sondern der *Erlösung*, und diese Erlösung erwartet es nicht von sich selbst noch von anderen Worten, sondern von der reinigenden und wieder lebendigmachenden Macht und Gnade Gottes.

Theologie, die, ihrem Wesen entsprechend, nach den «Gott angemessenen Worten» (Θεοπρεπείς λόγοι) zu suchen hat, ist dazu berufen, eine solche Heilung der Worte durch die Macht Gottes zu sein. Doch sie wird ihre Sendung nicht mit Hilfe von Definitionen noch durch «Worte über Worte» erfüllen, sondern indem sie die Worte auf jene Wirklichkeit und auf die Erfahrung jener Wirklichkeit bezieht, die noch ursprünglicher ist als das Wort selbst, das in Bezug auf sie ein *Symbol* ist: Kundgabe, Geschenk, Teilhabe, Besitz. Denn gerade als Symbol – d.h. nicht als Definition einer Wirklichkeit, die sich letzten Endes nicht definieren lässt, sondern als ihre Bezeugung und Gabe, als daran teilnehmend und teilhabend und als ihr Besitz – wurde das Wort geschaffen. Im Symbol befreit das Wort sich von seinem Fall und ersteht zu jener Begegnung mit der Wirklichkeit und jenem Empfang der Wirklichkeit, den wir Glauben nennen.

Die Schwachstelle der zeitgenössischen Theologie (der orthodoxen leider miteingeschlossen) und ihre offensichtliche Unzulänglichkeit liegen darin, dass sie so oft die Worte nicht mehr auf die Wirklichkeit bezieht. Sie wird zu «Worten über Worte», zu Definitionen von Definitionen. Entweder bemüht sie sich, wie heute im Westen, das Christentum in die «heutige Sprache» zu *übersetzen*, was aber bedeutet – da sie es nicht nur mit einer «gefallenen» Sprache zu tun hat, sondern in der Tat mit einer Sprache, die dem Christentum abgesagt hat –, dass Theologie nichts mehr zu sagen hat, ja selbst zur Apostasie wird; oder, wie unter den Orthodoxen häufig zu beobachten ist, versucht, dem «Menschen von heute» ihre eigene abstrakte und in vielerlei Hinsicht «archaische» Sprache aufzudrängen, die sich aber weder auf irgendeine Realität noch Erfahrung dieses «heutigen» Menschen bezieht, ihm also fremd und unverständlich bleibt, an der aber gelehrte Theologen mit Hilfe all dieser Definitionen und Auslegungen Versuche künstlicher Wiedererweckung durchführen.

Doch im Christentum geht der Glaube als Erfahrung einer Begegnung und einer in dieser Begegnung empfangenen Gabe den Worten voraus, denn erst aus dieser Erfahrung heraus erhalten sie nicht nur ihren Sinn, sondern auch ihre Macht. «Denn wovon das Herz voll ist, davon spricht der Mund» (Mt 12,34). Und darum werden Worte, die nicht aus dieser Erfahrung stammen oder davon abgeschnitten werden, unvermeidlich zu *bloßen* Wörtern: zweideutigen, leicht zu verändernden und bösen.

6

All das Gesagte gilt vor allem für einen eigentlichen Schlüsselbegriff des Christentums: *Einheit*. Ich bin überzeugt, dass es in der menschlichen Sprache kein göttlicheres, doch darum auch als gefallenes und Gott «geraubtes» kein teuflischeres Wort gibt. Und dies ist wahr, weil in diesem Fall beides, sowohl der ursprüngliche Sinn wie die Substitution, der «Raub», nicht etwas auf das Leben Bezogenes betrifft, sondern *das Leben selbst*, das echte Leben, den Inbegriff des Lebens.

Das Wort «Einheit» ist göttlich, denn in der christlichen Glaubenserfahrung ist es vor allem auf Gott selbst *bezogen*, auf die Offenbarung des göttlichen Lebens als Einheit und der Einheit als Inhalt und Fülle des göttlichen Lebens. Gott offenbarte sich selbst als Dreieinigkeit und die Dreieinigkeit als sein Leben, d.h. als Quell und Prinzip allen Lebens, ja in der Tat als wahres Leben des Lebens. Vielleicht ist das *Wissen* der Kirche, dass diese Einheit weit über jegliche Überlegung und Definition hinaus ist, nirgends besser und vollkommener ausgedrückt – inkarniert –, als in der Ikone der Ikonen, in Rubljows *Heiliger Dreifaltigkeit*; das Wunderbare daran liegt in der Tatsache, dass sie in der Darstellung der Drei im tiefsten Sinn des Wortes eine Ikone ist, d.h. Offenbarung, Kundgabe und Vision der Einheit als göttliches Leben selbst, als das Wirkliche.

Weil der ganze christliche Glaube in seiner letzten Tiefe auf den dreieinen Gott hingerichtet ist – auf die Erkenntnis Gottes in seiner Dreieinigkeit –, weiß er in dieser Kenntnis auch um das von Gott geschaffene geschöpfliche Leben. Er kennt es in seinem *Urstand*, kennt es in seinem *Fall* und in seiner *Erlösung*. Zunächst ist dies Kenntnis und Erfahrung der Schöpfung, nämlich des von Gott geschaffenen und geschenkten Lebens, Wissen und Erfahrung des geschöpflichen, sich Gott verdankenden Lebens als Einheit in ihm, und nur in ihm mit dem All und mit allem Leben. Zweitens ist dies Kenntnis und Erfahrung des Falls als Wissen um und Erfahrung des eigentlichen Wesens des Bösen und der Sünde als Spaltung, Trennung von Gott und darin Zerfall und Zersetzung des Lebens selbst, der Triumph des Todes über das Leben. Schließlich ist dies Kenntnis und Erfahrung der Erlösung, nämlich die Wiederherstellung der Einheit mit Gott und in ihm mit der ganzen Schöpfung, darin besteht das Wesen des neuen und ewigen Lebens, das mit Macht im Kommen, ja schon gegeben ist und das Reich Gottes schon vorwegnimmt: «Denn sie sollen eins sein, wie wir eins sind» (Joh 17,22).

Dies bedeutet, dass Einheit für den christlichen Glauben gerade nicht etwas zwar Wichtiges und Wünschenswertes, aber doch «Zusätzliches», vom Glauben zu Unterscheidendes ist – als könnte es Glauben ohne «Einheit» geben und wäre Einheit nicht gerade im Glauben enthalten und würde nicht durch ihn offenbart und gelebt. In der Einheit besteht vielmehr das wahre Wesen, der wahre Inhalt des Glaubens, der zugleich Zugang zur Einheit, Empfang der Einheit ist, die sich die Welt in ihrem Fall verwirkt hat, sowie Erfahrung von Einheit als Erlösung und neuem Leben. So wird vom Glauben gesagt: «Der Gerechte wird aus dem Glauben leben» (Röm 1,17) und «Wer an den Sohn glaubt, hat das ewige Leben» (Joh 3,36) und «wird auf ewig nicht sterben» (Joh 11,26). Glaube ist Teilnahme an der *Einheit von oben* und damit «am Beginn eines anderen, neuen und ewigen Lebens». Und die Kirche erweist sich in dieser Welt als die Gabe, die Gegenwart und Erfüllung dieser *Einheit von oben* und damit des Glaubens. Die Kirche ist in Bezug auf den Glauben und obwohl mit ihm verbunden nichts «Anderes» als eben die Erfüllung des Glaubens selbst – jene Einheit, die aufzunehmen, in die einzutreten und an der teilzuhaben Glauben bedeutet. In der christlichen Tradition und Erfahrung ist es der Glaube, der uns zur Kirche hin- und in die Kirche einführt, der die Kirche selbst als die Erfüllung des Glaubens, als die neue Schöpfung, das neue Leben *kennt*. Einer, der wie so oft heutzutage sagt: «Ich bin tief gläubig, doch mein Glaube ist nicht auf die Kirche angewiesen», mag wohl glauben, ja tief gläubig sein, aber sein Glaube ist etwas *anderes* als jener Glaube, der von den ersten Tagen der Christenheit an das Verlangen nach dem Eintritt in die Kirche durch die Taufe war und das unablässige Stillen dieses Verlangens «in der Einheit von Glaube und Liebe» an Christi Tisch in seinem Reich. Das ganze Leben der Kirche «wird in mystischer Einheit von der Heiligen Dreifaltigkeit» erleuchtet (erste Antiphon des Sonntags, 4. Ton). Andersseits gibt es kein kirchliches Leben, das diese göttliche Einheit nicht durchscheinen lässt, nicht daran teilhat. Aufgrund dieses Lichtes kann ein Asket wie der Ehrwürdige Serafim von Sarow in seiner «entlegenen Klause», äußerlich gesehen an einem von der «sichtbaren Wirklichkeit» der Kirche weit entfernten Ort, dennoch in und durch die Kirche leben. Gleichzeitig mag ein anderer, obwohl völlig in diese «sichtbare Realität», in die äußeren Dinge des kirchlichen Lebens eingetaucht, nicht aus diesem Licht leben. Denn die ganze Ordnung der Kirche, ihre «Struktur», ihre ganze «sichtbare Realität» ist lebendig, wirklich und Leben schaffend, nur soweit sie hinweist und bezogen ist auf diese göttliche *Einheit von oben*, bezogen nicht nur als ein «Mittel» bis zu einem letzten Ziel hin, wenn «Gott alles in allem sein wird» (1 Kor 15,28), sondern als Bild und Gabe, als Licht und Macht des Reiches Gottes *hier und jetzt*, als wahrhaftige Sichtbarkeit des Unsichtbaren und vorweggenommene Verwirklichung des noch Erwarteten.

Nur durch diese Einheit von oben, in der wir das echte Leben der Kirche, die Gnade und das Neue dieses Lebens finden, ist die Kirche von «dieser Welt» getrennt, und nur durch die Kenntnis und Erfahrung dieser Einheit weiß sie um die Welt als «gefallene», deren Gestalt vergeht (1 Kor 7,13) und dem Tod geweiht ist. Denn wenn die «sichtbare» Kirche in ihren Gliedern und in ihrem ganzen «äußeren» Leben Fleisch vom Fleisch «dieser Welt», Blut vom Blut «dieser Welt» ist, so ist sie doch ihrem eigentlichen Leben nach für die Welt unsichtbar – «mit Christus verborgen in Gott» (Kol 3,3) und nur den Augen des Glaubens sichtbar – sie ist in ihrer Beziehung zur Welt völlig *anderer Natur*. Denn eben darin, was die Welt zu «dieser Welt» macht, liegt ihre Gefallenheit: dass ihr Leben durch die Sünde von der Einheit von oben losgerissen und in diesem Losgerissensein selbst zu Verderbnis, Zerfall und zur hoffnungslosen Versklavung an Tod und Zeit wurde, die auf der Erde herrschen.

Es ist genau dieses Verständnis des Wesens der Kirche als eines von dem Wesen «dieser Welt» unterschiedenen, das uns die eigentliche Bedeutung der oben erwähnten Substitution enthüllt: dass die hauptsächlichste und erschreckendste Gefahr, die das heutige Bewusstsein der Kirche vergiftet, in dieser Substitution der Einheit von oben durch die *Einheit von unten* liegt.

7

Um das Abgründige dieser erschreckenden Gefahr zu verstehen, muss man zunächst einmal das Wesen dessen erfassen, was wir als «Einheit von unten» bezeichnet haben, indem wir sie der «Einheit von oben» gegenüberstellen. Es ist die Einheit, von der, so gefallen, todgeweiht und «im Bösen liegend» sie auch sei, «diese Welt» lebt – soweit sie überhaupt lebt – und die, so verdunkelt und entstellt sie auch dabei werde, doch von Gott in diese Welt hineingestellt wurde. Der Teufel vermochte den Menschen und in ihm die Welt von Gott abzukehren, er vermochte das Leben zu vergiften und durch die Sünde zu schwächen, sie mit Sterblichkeit und Tod zu durchwirken. Eines aber vermochte er nicht und wird er nie vermögen: das eigentliche Wesen des Lebens als Einheit zu verändern. Er vermochte es nicht und wird es nie vermögen, weil Gott allein Schöpfer und Lebensspender ist. Nur von ihm her gibt es Leben, dessen Gesetz, so verkehrt das Leben durch die Sünde auch sein mag, Gesetz der Einheit bleibt. Alles was lebt, jeder Pulsschlag des Lebens lebt aus ihr, erwartet sie und sehnt sich ihr entgegen.

Die Substitution, der Sieg des «Fürsten dieser Welt», liegt in der Tatsache, dass er diese Einheit von Gott her ihrem Quell, Inhalt und Ziel entrissen und somit sie zum Selbstzweck gemacht hat, in der Sprache des Glaubens: zu einem *Idol*. Die Einheit, die *von* Gott stammt, hat aufgehört, Einheit mit Gott und in Gott zu sein, der allein sie als echte Einheit und echtes Leben vollendet. Die Einheit wurde zu ihrem eigenen Inhalt, ihrem eigenen «Gott».

Und weil die Einheit *von* Gott kommt, fährt sie einerseits fort, in «dieser» gefallenen Welt zu leuchten und ihr Leben zu erschaffen: in Familie, in Freundschaft, im Empfinden, einem bestimmten Volk anzugehören und für dessen Schicksal Verantwortung zu tragen, in Liebe, Mitleid und Fürsorge, in der Kunst mit ihren Höhenflügen und ihrem Hingerissensein ins Ewige, Himmlische und Schöne, in den tiefsten Fragen des Geistes, in der göttlichen Schönheit des Guten und der Demut – kurz, in allem, was im Menschen und in der Welt vom Bild und Gleichnis Gottes zwar verdunkelt aber nicht zerstört ist. Anderseits wird sie in dem Maß, als Einheit nicht mehr Einheit mit und in Gott ist, zum Selbstzweck und Idol, und damit nicht nur prekär, unbeständig und zerbrechlich, sondern auch zum Ansatzpunkt immer neuer Spaltungen, von Bösem, Gewalt und Hass. Die Einheit selber wendet sich *nach unten hin* – zu den niederen, irdischen und natürlichen Dingen, und in dem, was unten ist, in Fleisch und Blut, ihr Prinzip und ihren Ursprung sehend, beginnt diese Einheit von unten im selben Maß zu trennen, wie sie eint. Liebe zum Eigenen, Einheit mit seinesgleichen wendet sich zur Feindschaft dem «Fremden» gegenüber, zur Trennung von dem, was nicht das Eigene ist, so dass die Einheit selbst zu einer Art Chauvinismus wird, zur Selbstbehauptung, zum Selbstschutz *gegen* etwas oder jemand. Alles in der Welt lebt durch Einheit, und alles in der Welt wird immerfort durch diese Einheit selbst gespalten im Aufeinanderprall und Streit der zu Idolen gewordenen «Einheiten». Und nirgends tritt das wahrlich diabolische Wesen dieser Substitution offensichtlicher hervor als in diesen *Utopien der Einheit*, die ausnahmslos Inhalt und Antrieb aller «rechten» wie «linken» gegenwärtigen *Ideologien* ausmachen – Ideologien, in denen sich die diabolische Lüge als äußerste Entmenschlichung des Menschen zeigt, als Opferung des Menschen an die ganz zum Idol gewordene «Einheit».

Hier zeigt sich, weshalb das immer deutlichere Eindringen dieser Versuchung zur «Einheit von unten» in die Kirche und ihre fortschreitende Vergiftung des kirchlichen Bewusstseins so erschreckend sind. Wir reden nicht von äußeren Veränderungen, von der einen oder anderen Überprüfung von Dogmen und Kanons noch von einer «neuen Auffassung» von Tradition. Im Unterschied zu den Christen des Westens, die vor dem heutigen Zeitgeist spontan «kapitulieren», bleiben die Orthodoxen streng konservativ und an all das gebunden, was vom Nimbus des Althergebrachten umgeben ist. Zudem nimmt in dieser Zeit einer tiefen, durch den triumphierenden Säkularismus, die entpersonalisierte, unmenschliche Technologie und durch einen ideologischen Utopismus usf. hervorgerufenen geistigen Krise die nostalgische Anziehungskraft des «Altehrwürdigen» im «religiösen Gefühl» der Orthodoxie noch zu und entwickelt sich zu einer eigenen Form von Utopismus des Vergangenen.

Es geht um die innere Ausrichtung des Bewusstseins der Kirche, um jenen *Schatz*, von dem die Schrift sagt, dass dort, wo des Menschen Herz ist, auch sein Schatz sei (Mt 6,21), und der auch die innere Kraft, die innere Inspiration kirchlichen Lebens ausmacht. Denn die Kirche Christi, das Reich Gottes, d.h. die Einheit von oben, die Einheit mit Gott in Christus durch den Heiligen Geist, war schon immer und wird für immer, ja kann gar nichts anderes sein als ein solcher Schatz. Allein um diesen Schatz in «dieser Welt» zu bezeugen und so die Welt zu retten, bleibt und «weilt» die Kirche in dieser Welt. Ihr Zeugnis und ihre Verkündigung betreffen nur das Gottesreich, in ihm allein besteht ihr Leben. Ja, darüber hinaus kann man sagen, dass Christi Ankunft in dieser Welt und in ihm das Kommen der Einheit von oben, dass Christi Auftrag an die Apostel und damit an die Kirche, das Evangelium allen Geschöpfen zu verkünden und sie «im Namen des Vaters und des Sohnes und des Heiligen Geistes» zu taufen und so in die Kirche einzuführen und diese aufzubauen, die endgültige und äußerste *Spaltung* in «diese Welt» gebracht hat – nicht Frieden, «sondern das Schwert» (Mt 10,34). «Denn ich bin gekommen, um den Sohn mit seinem Vater zu entzweien und die Tochter mit ihrer Mutter und die Schwiegertochter mit ihrer Schwiegermutter, und die Hausgenossen eines Menschen werden seine Feinde sein» (Mt 10,35-36).

Doch die ganze Gewalt dieser wahrhaft rettenden Spaltung, die ganze, absolute und radikale Differenz zwischen ihr und der zerstörerischen Spaltung, die durch den Teufel in die Welt kam und das eigentliche Wesen der Sünde und des Sündenfalls ausmacht, besteht darin, dass sie die *Anprangerung* (und zwar im wortwörtlichen Sinn dieses Wortes: das Aufzeigen, Offenbaren, die Entlarvung) der teuflischen Substitution ist, nämlich der Lüge, der Verkehrung der «Einheit von unten» in ein Idol, und des Dienstes an dieser in Idolatrie, in Trennung von Gott, in Spaltung des Lebens, Zerstörung und Tod. Nur weil die göttliche Einheit von oben in die Welt kam, ihr vorgestellt und geschenkt wurde, ja in ihr wohnt, vermag der Mensch, an diese Einheit zu *glauben*, d.h. ihr ganzes Wesen wahr- und annehmen, zu lieben und als Schatz des Herzens und als das Eine Notwendige zu erkennen, doch in gleicher Weise auch den äußersten Abgrund, das grenzenlose Entsetzen, das ganze unvermeidliche sinnlose Ende des Absturzes, das der Teufel hinter raffinierter und verführerischer Schminke der «Einheit von unten» vor uns verborgen hielt. Die *Umkehr*, das unerlässliche Fundament des christlichen Glaubens, ist vor allem Bekehrung von der «Einheit von unten» zur «Einheit von oben», Verwerfung des einen, um das andere zu empfangen. Denn ohne Verzicht kann man nicht empfangen, ohne «dem Teufel und all seinen Engeln und seinem Dienst» zu widersagen, kann es keine Einheit mit Christus durch die Taufe geben. «Und die Hausgenossen eines Menschen werden seine Feinde sein.» Wovon handeln diese Worte, wenn nicht von der «Einheit von unten», von jeglicher «Einheit von unten», d.h. von einer Einheit, die zum Idol und zur Idolatrie geworden ist, die nur für sich selbst lebt, sich nur auf sich selbst bezieht, folglich zur Spaltung des Lebens führt? «Liebt nicht die Welt und was in der Welt ist! Denn wer die Welt liebt, in dem ist nicht die Liebe zum Vater. Denn alles, was in der Welt ist, Begierde des Fleisches, Begierde der Augen und das Prahlen mit dem Besitz, ist nicht vom Vater, sondern von der Welt» (1 Joh 2,15-16). Was will dieses Gebot des Apostels der Liebe anderes als die Absage an die «Einheit von unten» im Namen der «Einheit von oben», als die Absage an «diese Welt», die zu einem Idol geworden ist, und dies im Namen der Welt als Gemeinschaft in der göttlichen Einheit von oben, als Leben in Gott?

Darum kommt die Einheit von oben, in der die Rettung der Welt besteht, durch das Kreuz in die Welt, und wird uns im Kreuz zuteil, «durch das mir», nach den Worten des Apostel Paulus, «die Welt gekreuzigt ist und ich der Welt» (Gal 6,14), als ein wirklicher Kampf mit der Versuchung zur «Einheit von unten», die das ganze Leben verseucht hat, das Allerinnerste und «Persönlichste» wie das «Äußerlichste». Doch wie der Tod – den Gott nicht geschaffen hat und den der Apostel als den «letzten Feind» (1 Kor 15,26) bezeichnet – im freien, ganz aus Liebe und Selbsthingabe vollzogenen Sterben Christi in seiner «Sterblichkeit» zerstört und das Grab zum Geburtsort des Lebens wird, so zerstört die Scheidung, die mit Christus, dem Entlarver des Teufels, des Herrn der Lüge und der Spaltung, in die Welt kam, das Werk des Teufels. Denn durch diese Scheidung ist die eine wirkliche, weil göttliche, Einheit in die Welt gekommen und herrscht in jedem, der sie annimmt und aus ihr lebt. Durch sie wird jede Spaltung überwunden und restlos besiegt, so dass Gott alles in allem sein wird.

Doch die Christen ertragen diese Gabe nicht, noch stellen sie sich dem an sie ergangenen erhabenen und erlösenden Ruf «in dieser Welt». Diese Einheit von oben ist alles, was es braucht; die Welt selbst hungert und dürstet danach, ohne sie zu kennen, und erwartet sie von der Kirche. Doch schon immer – seit Jahrhunderten – wollen die Menschen die Kirche zwingen, allen möglichen Formen von «Einheit von unten» zu dienen, sie zu segnen, zu weihen, sie «religiös» zu sanktionieren und ihr Ausdruck und Rechtfertigung zu sein. Genau diese «Einheiten von unten» – natürliche, nationale, ideologische, politische – sind zum «Schatz des Herzens» geworden, obgleich diese Substitution denjenigen, die sie vollziehen, verborgen bleibt, denn dieser Schatz kleidet sich in kirchliche Gewänder und spricht so oft eine besonders traditionelle, besonders «orthodoxe» Sprache. Doch selbst hier, behext durch diese Kirchlichkeit, Altehrwürdigkeit und all ihren Glanz, wird das Herz, das sich diesem Schatz überlassen hat, nicht Worte sagen können, wie sie mit solcher Freude – und vor allem solcher Selbstverständlichkeit – etwa im frühchristlichen *Brief an Diognet* erklingen: «Jede Fremde ist ihnen Heimat, und jede Heimat ist ihnen fremd.»[4] Ein solches Herz hält die Christen nicht für ein «drittes Geschlecht», für Wanderer und Fremdlinge in dieser Welt, da sie die volle Freude der ersehnten Heimat ihres Herzens schon erblickt haben. Ein solches Herz

---

[4] *Der Brief an Diognet* 5, 5, vgl. *Der Brief an Diognet*, Einsiedeln 1982, 19.

wird nicht in dieser Freiheit in Christus atmen, auf der allein die Verwandlung der Welt ruht, die Rückkehr zum Gott aller «Einheiten», aller «Werte», die ihm der Teufel entfremdet hat.

8

Erst jetzt, nachdem dies gesagt ist, können wir zu jenem *Bekenntnis des Glaubens* zurückkehren, das seit den ersten Tagen der Kirche die Bedingung für den Eintritt in das Leben der Kirche durch die Taufe war und bleibt und in der gegenwärtigen liturgischen Ordnung den eucharistischen Kanon einleitet, das eigentliche Sakrament der Danksagung und Darbringung.

Denn «wer mit dem Herzen glaubt und mit dem Mund bekennt, wird Gerechtigkeit und Heil erlangen» (Röm 10,10). Wir sprachen bereits von der entscheidenden Bedeutung des *Wortes* für den christlichen Glauben. Das Christentum selbst ist vor allem *Frohbotschaft*, Verkündigung des Wortes Gottes und somit Erlösung und Neuerweckung des Wortes, seine Verwandlung in das, wozu Gott es gemacht hat: zum Wort nicht nur über die Wirklichkeit, sondern als Wort-Wirklichkeit, als Wort-Leben, Wort als Offenbarung, als Gabe und «große Macht». Das Bekenntnis des Glaubens in Worten und durch Worte ist für das Christentum so fundamental, dass die «Einheit von oben», die das Wesen der Kirche als «Einheit im Glauben und in der Liebe» begründet, vor allem durch ihr *Ausgesprochenwerden* verwirklicht, durch ihre Darlegung und Inkarnation im Wort geschenkt und empfangen wird. Wenn das ganze Leben der Kirche und das ganze Leben eines jeden ihrer Glieder aufgerufen ist, ein Bekenntnis zu sein, dann liegt das Prinzip, die Quelle dieses Bekenntnisses immer im Wort, denn in und durch das Wort ist Gottes Gabe an uns – und unser Empfang dieser Gabe, die Gemeinschaft, die Einheit, die Wesen und Leben des Glaubens ausmacht – ausgesprochen, benannt und erfüllt. Wie uns im Wort des Evangeliums Christus, das fleischgewordene Wort Gottes, kundgetan und geschenkt wird, so liegt in den Worten des Glaubensbekenntnisses – im Aussprechen der göttlichen Wahrheit, auf die der Glaube in seiner Erkenntnis hingeordnet ist – auf gleiche Weise die Gabe der Wahrheit und der Teilhabe an ihr. Darum hört die Kirche niemals auf und wird nicht müde, immer wieder neu «aus einem Herzen und in einem Geist» das unglaublichste, unerschöpflichste aller menschlichen Worte auszusprechen: «Ich glaube» – und damit jene göttliche Wahrheit zu benennen und auszusprechen, in deren Erkenntnis und Licht sie lebt. Deshalb, als die eigentliche Verwirklichung der «Einheit des Glaubens», umfängt und schenkt das Glaubensbekenntnis die Freude der Einheit und gibt Anteil daran: für die Kirche ist es ein Ritus der Freude. Und so ist es schließlich gerade dieses Aussprechen der Einheit von oben, das uns in das Sakrament dieser Einheit einführt, mit dem der eucharistische Aufstieg zum Tisch Christi in seinem Reich beginnt.

Doch das Bekenntnis des Glaubens ist auch Gericht über die Kirche und über jeden von uns, die wir Glieder der Kirche sind. «Denn aufgrund deiner Worte wirst Du freigesprochen und aufgrund deiner Worte wirst du verurteilt werden» (Mt 12,37). Darin besteht das Kriterium und die Anklage aller unserer Substitutionen und Verrate, der untrügliche Erweis, wo der Schatz unserer Herzen liegt und worin er besteht, die Prüfung unseres Glaubens.

Alles in der Kirche, all ihre Formen und Strukturen, selbst die Liturgie und Frömmigkeit, können «umgedeutet» werden, denn der Tücke und Listigkeit des «Fürsten dieser Welt» sind keine Grenzen gesetzt; alles in der Welt – auch Religion und «Spiritualität», selbst die wahrnehmbare Herrlichkeit – kann zu einem Idol und zur Idolatrie werden. Doch so lange die Kirche und jeder von uns in und mit ihr das *Glaubensbekenntnis* immer wieder ausspricht und sich so selber richtet, wird die Kirche von der Wahrheit immerzu neu erleuchtet und die «Pforten der Hölle» werden sie nicht überwältigen, und die ewig lebendig machende und auf ewig heilende Macht ihres Lebens wird, «von der Heiligen Dreifaltigkeit in mystischer Einheit erleuchtet», nicht versiegen.

ACHTES KAPITEL

DAS SAKRAMENT DER ANAPHORA

«Herr, es ist gut, dass wir hier sind...»

(Mt 17,4)

1

«Lasst uns stehen in rechter Ordnung, lasst uns stehen in Ehrfurcht, lasst uns aufmerken, damit wir das heilige Opfer in Frieden darbringen.» Wenn wir nach dem Glaubensbekenntnis diese Aufforderung hören, so ereignet sich etwas in der Liturgie, das in Worten schwer auszudrücken ist, etwas, das nur von innen her geschieht, nur mit den Augen des Glaubens wahrzunehmen ist: ein Übergang auf eine andere Ebene. Etwas ist vollendet, und nun beginnt offensichtlich etwas Neues.

Was denn? Die allgemein übernommene Antwort auf diese Frage lautet etwa so: Wir beginnen nun den *eucharistischen Kanon*, den Hauptteil der Liturgie, in dem das Sakrament, d.h. die Wandlung oder Transsubstantiation der eucharistischen Gaben von Brot und Wein in den Leib und das Blut Christi vollzogen wird. Auch wenn diese Antwort formal richtig ist, so ergeben sich daraus doch weitere Fragen, sie bedarf noch der Erklärung, denn, wie ich zu zeigen versuche, sie kann auf verschiedene Weisen verstanden werden, und auf diesen unter-

212

schiedlichen Auffassungen beruht wiederum die Art und Weise, wie die ganze Liturgie, ihr Ort nicht nur in unserem Leben, nicht nur im Leben der Kirche, sondern im Mysterium der Erlösung der Welt verstanden wird, als Heimkehr und Aufstieg der Schöpfung zum Schöpfer.

So vor allem, um was geht es uns, wenn wir diesen Teil der Liturgie als ihren «Hauptteil» bestimmen, oder genauer: Um was kann es, um was muss es uns gehen? Diese Formulierung setzt eine gewisse Korrelation, einen gewissen Bezug zwischen dem «Hauptteil» und dem Teil, der nicht Hauptteil ist, voraus und hätte ohne diesen Bezug keinerlei Sinn. Doch «scholastische», Schul-Theologie – von ihr her ist diese Definition gebildet worden und hat damit allgemeine Gültigkeit, ja eine Art Selbstverständlichkeit erlangt – hat sich selber kaum je ernsthaft mit irgend einem anderen Teil der Liturgie befasst. Im Gegenteil, es war gerade die scholastische Theologie, die, zunächst im Westen, dann, diesen nachahmend, auch im Osten, das ganze Sakrament der Eucharistie auf einen seiner Teile (den «eucharistischen Kanon») reduziert hat und, als sei dies nicht genug, auch diesen noch auf ein einziges Moment (die Transsubstantiation). Aufgrund eben dieser «Reduktion» erwiesen sich alle in den vorausgehenden Kapiteln behandelten übrigen Teile der Liturgie – in Bezug auf diesen nicht mehr wichtigsten, sondern nun einen und einzigen Teil der Liturgie – als andersartiger Natur und somit für das theologische Definieren und Verstehen des Sakraments der Eucharistie als *überflüssig*. Doch schließlich hat sie gerade diese «Überflüssigkeit» in der Theologie einerseits für die «Liturgisten und Rubrizisten» prädestiniert und anderseits für das «religiöse Gefühl» und für die damit einhergehenden, seltsamen und ungeordneten Bemühungen, überall im Gottesdienst «illustrative Symbolik» zu entdecken, der meist jegliche Beziehung zum Sakrament abgeht.

Wer den vorausgehenden Kapiteln auch nur mit einer Spur Aufmerksamkeit gefolgt ist, dem sollte klar geworden sein: Wenn dies der Sinn des Wortes «Haupt-» in der Definition dessen ist, was tatsächlich der Hauptteil der Liturgie ist, wird die nun folgende Klarstellung zeigen, dass ich diesen Sinn kategorisch ablehne. Ich lehne ihn ab, weil ich darin das auffälligste Beispiel und Zeugnis nicht nur für die Einseitigkeit oder das Ungenügen jener Theologie sehe, sondern weil sie, klar ausgedrückt, den Zerfall unserer totgeborenen westlichen Schultheologie zeigt – ein Zerfall, der sich nirgends so deutlich zeigt wie in ihrer Art, sich dem Heiligsten in der Kirche zu nähern: der Eucharistie und den Sakramenten. Deshalb habe ich nicht um des feierlichen Tones willen, sondern völlig bewusst und verantwortlich, jedes Kapitel des ersten Teils der Liturgie – Einzug und Versammlung, Lesung und Verkündigung des Wortes Gottes, Darbringung, Friedenskuss und Glaubensbekenntnis – mit dem Wort *Sakrament* überschrieben. Denn die ganze uns hier gestellte Aufgabe sehe ich darin, so umfassend wie möglich zu zeigen, dass die göttliche Liturgie ein einziger und doch «vielgestaltiger» heiliger Ritus ist, ein einziges Sakrament, in dem alle seine «Teile», ihre Abfolge und Struktur, ihre gegenseitige Zuordnung, die Notwendigkeit eines jeden Teils im Ganzen und das Angewiesensein des Ganzen auf jeden einzelnen Teil, uns den unerschöpflichen, ewigen, allumfassenden und wahrhaft göttlichen Sinn dessen offenbaren, was vollzogen worden ist und was sich vollzieht.

So ist es jedenfalls Tradition der Kirche, so ihre lebendige Erfahrung: das Sakrament der Eucharistie ist mit der göttlichen Liturgie untrennbar verbunden. Denn seine Anlage, sein ganzer Ablauf, seine Ordnung und Struktur bestehen darin, uns Sinn und Inhalt des Sakraments kundzutun, uns ganz darin einzuführen und uns zu daran Teilnehmenden, Kommunizierenden zu machen. Inzwischen wird gerade diese Einheit, diese Ganzheitlichkeit der Eucharistie, die unauflösliche Verbindung von Sakrament und Liturgie durch die Schultheologie, durch ihre willkürliche Isolierung eines einzigen «Moments» (Aktes, Formel) der Liturgie und durch seine ausschließliche Identifikation mit dem Sakrament zerstört. Wir sprechen hier nicht von irgendwelchen Widersprüchlichkeiten in abstrakten

Definitionen oder von theologischen «Spitzfindigkeiten», sondern von etwas weit Tieferem und Wesentlicherem. Wie und wo ist die Antwort auf die Frage zu suchen: *Was vollzieht sich in der Eucharistie?* Wenn für die Kirche nicht nur die Antwort auf diese Frage, sondern auch die Frage selbst, d.h. ihr sinngemäßer «Kontext» in der Liturgie liegt, dann weil die Eucharistie für sie Krönung und Vollendung der Liturgie ist, so wie die Liturgie Krönung und Vollendung des ganzen Glaubens, des ganzen Lebens und der ganzen Erfahrung der Kirche ist. Schultheologie aber «befragt» die Liturgie nicht nach dem Sinn des Sakraments. Ihr trügerisches Wesen, ihre Tragik liegt darin, dass sie sich für diese Frage einen *Ersatz* schafft, sie durch eine andere Frage ersetzt, die nicht in der Erfahrung der Kirche wurzelt, sondern in der «Problematik dieser Zeit» – in den Fragen, Denkkategorien, man könnte fast sagen in der Neugier unserer gefallenen Vernunft, die nicht im Glauben wiedergeboren ist und von ihm erleuchtet wird. Hat sie sich dann ihre eigene und besondere, apriorische und «sichselbst-genügende» Definition des Sakraments zurechtgelegt, verbindet und verknüpft sie mit dieser alle Fragen und «Probleme», die in Wirklichkeit auf die Erfahrung der Kirche zu beziehen und im Licht dieser Erfahrung zu werten wären.

2

Im Lauf der Jahrhunderte haben sich diese «Probleme» auf zwei Fragen reduziert: *Wann* und *wie.* Wann – d.h. in welchem Moment werden Brot und Wein in Leib und Blut Christi verwandelt? Wie – d.h. was ist die Ursache, die dies bewirkt? Buchstäblich Hunderte von Büchern sind als Antwort auf diese Fragen geschrieben worden und sind bis zum heutigen Tag Gegenstand großer Auseinandersetzungen – zwischen Katholiken und Protestanten, zwischen Ost und West. Doch man braucht bloß zu versuchen, all diese Mutmaßungen und Theorien auf die unmittelbare Erfahrung der Liturgie, auf diesen in der Kirche vollzogenen Dienst zu beziehen, und es zeigt sich, wie sehr diese Erklärungen dieser Erfahrung äußerlich bleiben, keinerlei Zugang dazu haben, nichts wirklich erklären können, sich also *erübrigen*.

Was bedeutet denn die auf Aristoteles zurückgehende Unterscheidung von *Substanz* und *Akzidenz*, derer sich die Scholastik bediente, um die Frage zu beantworten, wie die Transsubstantiation von Brot und Wein in Leib und Blut Christi sich vollziehe – nicht philosophisch, nicht theoretisch, sondern in Wirklichkeit –, für unseren Glauben, unser Teilhaben am Göttlichen, für unser geistiges Leben, unsere Erlösung? Besteht denn Transsubstantiation nach dieser Erfahrung in der Verwandlung der «Substanz» des Brotes in die des Leibes Christi, während die «Akzidenzien» des Leibes die Akzidenzien des Brotes bleiben? Für den Glauben, der jeden Sonntag in Gottesfurcht und Liebe bekennt «dies ist wahrhaft Dein eigener allerreinster Leib, dies ist wahrhaft Dein eigenes kostbares Blut», ist diese Erklärung überflüssig, wie sie auch für das Denken selbst eine unverständliche Vergewaltigung jener eigentlichen «Gesetze» darstellt, auf deren Fundamenten die Erklärung sich doch angeblich aufbaut.

Dasselbe trifft auch auf die Frage nach dem *Wann* zu, auf die Frage also, in welchem Moment, kraft welcher «Kausalität» die Transsubstantiation geschieht. Die westlichen Scholastiker antworten: Im Moment, da der Priester die *Einsetzungsworte* spricht: «Das ist mein Leib…, das ist mein Blut.» Diese bilden deshalb die Konsekrationsformel, die formale, «notwendige und hinreichende» Ursache der Transsubstantiation. In der – wie wir später sehen werden zu Recht erfolgenden – Ablehnung der lateinischen Lehre behauptet die Orthodoxie, die Wandlung vollziehe sich nicht durch die Einsetzungsworte, sondern durch die *Epiklese*, das Gebet der Anrufung des Heiligen Geistes, das in unserer liturgischen Ordnung unmittelbar auf die erwähnten Worte folgt. Da diese Lösung aber von derselben Methode und denselben «Problemstellungen» bestimmt wird, vermag auch diese Theologie nicht, den letzten

216

Sinn, die letzte Tragweite dieses Disputs zu enthüllen. Die eine «konsekratorische Formel» wird durch eine andere ersetzt, ein «Moment» durch einen anderen «Moment», ohne das wahre Wesen der *Epiklese* und ihre wahrhaftige Bedeutung in der Liturgie aufzuzeigen.

Der springende Punkt all des Gesagten – und ich werde nicht müde werden, dies noch und noch zu betonen – ist nicht, von der Zwecklosigkeit oder Unmöglichkeit eines theologischen Verständnisses der Eucharistie zu überzeugen und diese Fragen beiseite zu lassen nach jener abgedroschenen und grundsätzlich blasphemischen Wendung: «Es ist unmöglich zu verstehen, es muss geglaubt werden.» Ich glaube und bekenne, es gibt für die Kirche, für die Welt, für die ganze Menschheit keine wichtigere und drängendere Frage als die: *Was wird in der Eucharistie vollzogen?* In Wirklichkeit ist diese Frage dem Glauben ganz natürlich, dem Glauben, der aus dem Verlangen nach dem Eingehen in die Weisheit der Wahrheit lebt, aus dem Verlangen nach einem logos-gemäßen (λογικός, *slovesnyj*), d.h. vernunftgemäßen, verständigen und verständlichen Gottesdienst, der die göttliche Weisheit offenbart und in ihr gründet. Es ist wirklich die Frage nach dem letzten Sinn und Zweck alles Wirklichen, des sakramentalen Aufstiegs dorthin, wo Gott «alles in allem» sein wird, also die Frage, die – durch den Glauben – als ein geheimnisvolles Feuer in den Herzen der Jünger auf dem ganzen Weg nach Emmaus brannte. Genau deshalb ist es so wichtig, dieser drängenden Frage *Raum zu geben*, sie von allem zu reinigen, was sie verdunkelt, beschränkt und verzerrt, und das heißt vor allem, sie von all jenen «Fragen» und «Antworten» zu befreien, deren Verderbtheit darin besteht, dass sie, anstatt das Irdische durch das Himmlische zu erklären, das Himmlische und Überirdische auf das Irdische reduzieren, auf ihre eigenen «menschlichen, bloß menschlichen», dürftigen und schwächlichen «Kategorien».

Mit der Aufforderung «Lasst uns stehen in guter Ordnung» beginnen wir nun den *Hauptteil* der göttlichen Liturgie. Er ist aber Hauptteil in Bezug auf alle übrigen Teile und nicht in Isolierung und Abtrennung davon. Er ist es, weil die ganze Liturgie, alles was sie bezeugt, offenbart, wohin sie führt und aufsteigt, darin seine *Erfüllung* findet. Er eröffnet das Sakrament der Anaphora, das *nicht möglich* wäre ohne das Sakrament der Versammlung, ohne das Sakrament der Darbringung, ohne das Sakrament der Einheit, in dem uns aber – weil es die Erfüllung der ganzen Liturgie ist – das Verständnis des Sakramentes geschenkt wird, das alles Verstehen übersteigt und dennoch alles offenbart und erklärt. Es ist gerade diese innere «Beziehung», diese Abgerundetheit und Einheit der eucharistischen Feier, an die wir erinnert werden und der wir unsere geistige Aufmerksamkeit zuwenden, wenn der Diakon uns auffordert, «in guter Ordnung» zu stehen oder sogar «gut zu sein».[1]

3

«Recht», «richtig», «gut» – solche Wörter sind wie alle Wörter, wie die gefallene menschliche Sprache selbst, verwässert und schwach geworden. «Gut» z.B. kann nahezu alles bedeuten, alles, was uns, was «dieser Welt», was dem Teufel gefällt. Nur ab und zu, und auch dann nur bruchstückhaft – in der Dichtung, in der Sprache der Kunst – leuchtet es auf in seiner ursprünglichen Reinheit und Kraft, in seinem ursprünglichen göttlichen Sinn. Denn «gut» stammt, wie jedes echte Wort, von Gott, und um es in seinem liturgischen Klang und Sinn zu hören und zu verstehen, was es meint, was es zu Beginn der Anaphora kundtut, muss es zu Gott emporgehoben werden. Es muss dort gehört werden, wo es zum ersten Mal gleichsam wie eine bestimmte Uroffenbarung erklang:
«Und Gott sah, dass es gut war» (Gen 1,10). Hier hat dieses Wort seinen Urklang, hier steht es selbst als Anfang. Doch wie

---

[1] Vgl. das griechische Στῶμεν καλῶς oder das slawische *Stanem dobre*: Lasset uns *gut* stehen (bleiben), *gut* beginnen, *gut* sein oder bleiben.

vernehmen wir es, wie verstehen wir es, wie nehmen wir es auf? Wie erklären wir es mit Hilfe anderer Wörter, wenn sie alle diesem primären Wort gegenüber sekundär sind, wenn sie alle erst von ihm her ihre volle Bedeutung und Macht empfangen? Natürlich, «Kultur», «Wissenschaft» und «Philosophie» sind alle hinreichend gebildet, *wissen* alle genug, um formal zu definieren: etwas ist gut oder richtig, wenn es seinem Wesen, seinem Zweck, seinem Entwurf entspricht, wenn seine «Form» oder Vollendung seinem «Inhalt» oder Entwurf entspricht. Auf den biblischen Text angewandt heißt das also: und Gott sah: Was er geschaffen hatte, entsprach seiner Vorstellung und war darum richtig und gut. All dies ist wahr und richtig gemäß der Richtigkeit der verwendeten Wörter, doch wie ärmlich sind diese Wörter, die nicht mächtig genug sind, das Entscheidende auszudrücken: das wahrhaftige *Gutsein des Guten*, die Offenbarung über die Welt, das Leben, über uns selbst, welche dieses göttliche *gut* beinhaltet und offenbar macht – die Fülle der Freude, das *Entzücken*, durch das es strahlt und Leben schenkt. Woher aber sollen wir noch, nicht die Erklärung, nicht die Bestimmung, sondern vor allem die eigentliche Erfahrung finden, die unmittelbare Erkenntnis dieses ursprünglichen, unvergänglichen «gut»?

Wir entdecken, hören und empfangen dieses Wort dort, wo es aufs Neue in all seiner Macht und Fülle erklang, wo es als die menschliche Antwort auf das göttliche *gut* erklang. «Herr, es ist gut, dass wir hier sind» (Mt 17,4). Durch die Antwort auf dem Berg der Verklärung wurde für immer, für alle Zeiten die Annahme des göttlichen *gut* durch den Menschen als sein Leben, als seine Berufung bezeugt. Dort in dieser «Wolke aus Licht», die ihn überschattete, sah der Mensch, dass «es gut ist», er nahm an und bekannte. In dieser Schau, in dieser Erkenntnis und Erfahrung lebt die Kirche in ihrer tiefsten Tiefe. In dieser *Erfahrung* liegt ihr Beginn und ihre Vollendung, so wie der Beginn und die Vollendung von allem in ihr liegt. Man kann über die Kirche ad infinitum «diskutieren», man kann sich bemühen, sie zu «erklären», kann Ekklesiologie «studieren», kann die «apostolische Sukzession» oder die Artikel und Prinzipien der kirchlichen Struktur erörtern, doch ohne diese Erfahrung, ohne diese geheime Freude, ohne die Hinordnung von allem auf dieses «es ist gut, dass wir hier sind», bleibt alles bloß Worte über Wörter.

Die göttliche Liturgie – der fortwährende Aufstieg der Kirche zum *Himmel,* ihre Empornahme zum Thron der Herrlichkeit, zum unvergänglichen Licht und zur Freude des Reiches Gottes – ist die Mitte dieser Erfahrung und zugleich ihre Quelle und Gegenwart. «Im Hause Gottes stehend glauben wir, im Himmel zu stehen.» Diese Worte sind keine fromme Rhetorik, denn sie drücken das wahre Wesen, das wahre Ziel der Kirche wie ihres Gottesdienstes aus, der vor allem darin besteht, *Liturgie* zu sein, eine Handlung (ἔργον), in der das Wesen des sich Ereignenden sich zugleich offenbart und erfüllt. Worin aber besteht dieses Wesen, worin der letzte Sinn der göttlichen Liturgie, wenn nicht in der Kundgabe und Gewährung dieses göttlichen «gut»? Woher, wenn nicht von dem «Herr, es ist gut, dass wir hier sind», stammt ihre zugleich überirdische, himmlische und kosmische Schönheit, jenes *Ganzsein*, in dem *alles* – Wörter, Töne, Farben, Zeit, Raum, Bewegung und ihrer aller *Wachstum* – kundgetan und verwirklicht wird als ein Neumachen der Schöpfung und unserer selbst, als Aufstieg der ganzen Welt zu jener Höhe, zu der Christus uns emporgehoben hat und in Ewigkeit emporhebt? Wenn es darum überhaupt angemessen ist, hier von *Kausalität,* von dem *Wann* und *Wie* zu sprechen, dann ist diese Kausalität, welche die Liturgie zusammenhält, welche jeden ihrer Teile zu einem Teil, einer Stufe und so zu einer Bedingung und «Ursache» des weiteren Aufstiegs macht, in diesem *gut* enthalten, durch dessen Erkenntnis, Erfahrung und Teilhabe die Kirche *lebt.* Dieses göttliche «gut» *versammelt* die Kirche als die neue, als die von Gott neu gemachte Schöpfung; es verwandelt die Versammlung in *Einzug* und *Aufstieg*; es öffnet den Geist für das Hören und den Empfang des *Wortes Gottes*; es *schließt* unser Opfer, unsere

Darbringung in dem einen, unwiederholbaren und allumfassenden Opfer Christi *mit ein*; es vollendet die Kirche als *Einheit im Glauben und in der Liebe* und führt uns letztlich zu jener Schwelle, die wir jetzt erreicht haben, zu jenem wahren *Hauptteil,* in dem alle Bewegung, alles Wachstum am Tisch Christi in seinem Reich seine Vollendung und Erfüllung finden wird. Solange wir darum nicht die ganze Liturgie als Gabe und Erfüllung dieses göttlichen *gut* erkennen, werden wir nicht verstehen, *was in der Eucharistie* und an ihrem Höhepunkt *vollzogen wird*: die Wandlung von Brot und Wein, zusammen mit uns, mit der Kirche, mit der Welt, mit *allen und durch alle.*

Auch die Worte des Diakons bezeugen dieses «gut» und rufen uns auf, darin zu stehen, da jetzt der Hauptteil der Liturgie – in dem alles zu seiner Vollendung kommt – beginnt.

4

Drei Rufe des Zelebranten und drei kurze Antworten der Versammlung bilden den einleitenden Dialog, mit dem das Sakrament der Anaphora beginnt.

Das Erste ist der feierliche Segen. Er kommt ausnahmslos in allen uns überlieferten Hochgebeten in verschiedenen Formulierungen vor – von dem einfachen «Der Herr sei mit euch» der Liturgien Roms und Alexandriens bis hin zu unserer trinitarischen Formel, die mit der Formel bei Paulus fast identisch ist: «Die Gnade unseres Herrn Jesus Christus, die Liebe Gottes, des Vaters, und die Gemeinschaft des Heiligen Geistes sei mit Euch allen!» (vgl. 2 Kor 13,13) Der Sinn dieses Segens ist stets und überall derselbe: jubelndes Bejahen und Bekennen, dass die Kirche in *Christus* versammelt ist und in ihm die Eucharistie darbringt. Das heißt, dass wir in einer solchen Einheit mit ihm sind, dass alles, was wir tun, von ihm vollbracht wird, und alles von ihm Vollbrachte uns geschenkt ist.

Das ist es, was durch die abweichende Formulierung der trinitarischen Segensformel herausgestellt wird. Die Abweichung besteht im Gegensatz zu der sonst verwendeten Formel «Vater, Sohn und Heiliger Geist». Der eucharistische Segen beginnt mit Christus, mit der Spendung seiner Gnade, denn in diesem Moment der Liturgie liegt das Wesentliche des Segens nicht im Bekennen der Allerheiligsten Dreifaltigkeit in ihrer ewigen Wesenheit, sondern in ihrer Offenbarung, Bezeugung, ja, man kann sagen *Erfahrung* als Wissen um Gott, der ewiges Leben ist (Joh 17,3), als Versöhnung, Einigung und Gemeinschaft mit ihm, die uns geschenkt worden ist und auf ewig geschenkt wird zu unserem Heil. Dieses Heil wird uns in Christus, dem zum Menschensohn gewordenen Sohn Gottes, gewährt, in dem wir «Frieden mit Gott» und «Zugang zur Gnade» erhalten (Röm 5,1-2), durch den wir «Zutritt zum Vater haben in dem einen Geist» (Eph 2,18). Denn «einer ist Mittler zwischen Gott und den Menschen: der Mensch Jesus Christus» (1 Tim 2,5), der von sich sagt: «Ich bin der Weg, die Wahrheit und das Leben, niemand kommt zum Vater außer durch mich» (Joh 14,6). Christlicher Glaube beginnt mit der Begegnung mit Christus, mit seiner Aufnahme als Sohn Gottes, der uns den Vater und seine Liebe zu uns offenbar gemacht hat. Diese Aufnahme des Sohnes, dieses in ihm mit dem Vater Eins-Sein vollendet sich als Erlösung, als neues Leben, als Gottesreich in der Gemeinschaft des Heiligen Geistes, der göttliches Leben, göttliche Liebe und Gemeinschaft mit Gott ist. Und so ist die Eucharistie auch das Sakrament unseres *Hinzutretens* zu Gott, unserer Erkenntnis Gottes und der Einheit mit ihm. Als im Sohn dargebrachte wird sie dem Vater dargebracht. Und als dem Vater dargebracht erfüllt sie sich im Heiligen Geist. Deshalb ist die Eucharistie für die Kirche die auf ewig lebendige und Leben schaffende Quelle der Erkenntnis der Allerheiligsten Dreifaltigkeit. Diese Erkenntnis ist nicht theoretisches Wissen (Dogma, Lehre), was sie leider für so viele Gläubige bleibt, sondern Erkenntnis im Sinne eines wirklichen *Erkennens*, einer Begegnung, einer Erfahrung und somit einer Teilhabe am ewigen Leben.

5

Der nächste Aufruf des Zelebranten «Erheben wir die Herzen» kommt in keinem anderen Gottesdienst vor – er gehört ganz und ausschließlich zur göttlichen Liturgie. Denn dieser Ruf fordert nicht zu einer bestimmten hochgemuten Gesinnung auf. Im Licht des bisher Gesagten ist er eine Bestätigung dafür, dass die Liturgie nicht auf Erden gefeiert wird, sondern im Himmel. «Gott aber ... hat uns, die wir infolge unserer Sünden tot waren, ... mit Christus zusammen wieder lebendig gemacht (aus Gnade seid ihr gerettet), hat uns mit Christus auferweckt und zusammen mit ihm einen Platz im Himmel gegeben» (Eph 2,4-6). Wir wissen ja, dieser Aufstieg zum Himmel, wo unser «Leben mit Christus in Gott verborgen» ist, hat ganz zu Beginn der Liturgie begonnen, mit unserem Einzug und unserer «Versammlung als Kirche». Ist es notwendig, noch darzulegen, dass dieser Himmel nichts mit jenem «Himmel» gemein hat, den Bultmann und seine Schüler in ihrer herablassenden Wissenschaftlichkeit im Namen der «Entmythologisierung» und einer dem «zeitgenössischen» Menschen gemäßen Erklärung – angeblich zur Rettung des Christentums – zu Fall brachten, und wozu der hl. Johannes Chrysostomus vor über 1500 Jahren schon alles gesagt hat: «Was ist mir der Himmel, wenn ich den Herrn des Himmels betrachte, *wenn ich selber zum Himmel werde*?»[2]

Wir können unsere Herzen «in die Höhe» erheben, weil diese «Höhe», dieser Himmel in und um uns ist, weil er uns als die wahre Heimat unserer Herzenssehnsucht wiedergegeben und wiedererrichtet wurde, als Heimat, in die wir nach einem qualvollen Exil zurückkehrten, an die wir stets vor Heimweh seufzend gedacht haben und in der Erinnerung an welche die ganze Schöpfung lebt. Wenn wir vom Irdischen, von uns, von der Kirche in Kategorien des *Aufstiegs* sprechen, dann müssen wir vom Himmlischen, von Gott, Christus, vom

---

2   Unausgewiesenes Zitat.

Heiligen Geist in Kategorien des *Abstiegs* reden. Doch wir sagen dasselbe: wir sprechen vom Himmel auf Erden, vom Himmel, der die Erde verwandelt hat, und von der Erde, die den Himmel als ihre letzte Wahrheit angenommen hat. «Himmel und Erde werden vergehen» (Mk 13,31) – vergehen in ihrer Gegensätzlichkeit, ihrer Zerrissenheit; sie werden vergehen, weil sie verwandelt werden in «einen neuen Himmel und eine neue Erde» (Offb 21,1), in das Reich Gottes, in dem Gott «alles in allem» sein wird. Für «diese Welt» ist dies noch Zukunft, in Christus aber ist es bereits offenkundig und in der Kirche schon «vorweggenommen». Die Eucharistie erhebt uns, nimmt uns in dieses himmlische Reich Gottes in der Höhe empor, und darin vollzieht sich die Eucharistie.

Darum aber erklingt der Ruf «Erheben wir die Herzen» auch wie eine letzte feierliche Warnung. «Bedenken wir, dass wir nicht auf Erden bleiben», schreibt der hl. Johannes Chrysostomus. Wir können bleiben, wir sind frei, in der Niederung zu verbleiben und diesen wahrlich *schwierigen* Aufstieg weder zu hören, noch zu sehen, noch anzunehmen. Doch wenn wir auf Erden bleiben, haben wir keinen Platz bei der himmlischen Eucharistie, und damit wird unsere Anwesenheit bei der Feier uns zum Gericht. Und wenn jeder von uns im Chor antwortet: «Wir haben sie beim Herrn», d.h. wenn wir unsere Herzen in die Höhe, zum Herrn gewendet haben, wird Gericht über uns gehalten. Denn wer, sei er auch gefallen und sündig, nicht sein ganzes Leben zum Himmel wendet, nicht die Erde vom Himmel her begreift, kann nicht sein Herz, und sei es auch nur für diesen einen Augenblick, in die Höhe wenden. Wenn wir darum diese *letzte* Aufforderung hören, sollten wir uns fragen: Sind unsere Herzen dem Herrn zugewandt? Liegt der höchste Schatz unseres Herzens bei Gott im Himmel? Ist dem so, dann ist uns, trotz unserer Schwachheit, trotz unseres Gefallenseins, der Himmel zuteil geworden und wir schauen das Licht und die Herrlichkeit des Gottesreichs. Ist dem nicht so, wird uns das Sakrament des Kommens des Herrn zu denen, die ihn lieben, zum Sakrament des kommenden Gerichts.

«Lasst uns dem Herrn Dank sagen... Würdig ist es und gerecht...» Diese Worte stehen am Anfang des traditionellen jüdischen Dankgebetes, und zweifellos sprach auch der Herr sie aus, als er mit diesem Gebet sein eigenes *neues* Dankgebet begann, das nötig war, um den Menschen zu Gott zu führen und die Welt zu erlösen. Und zweifellos antworteten auch die Apostel mit jenem «Würdig ist es und gerecht». Und jedesmal, wenn die Kirche das Gedächtnis dieser Danksagung feiert, spricht sie es ihnen und mit ihnen nach: «Würdig ist es und gerecht.»

Die Erlösung ist vollbracht. Nach der Dunkelheit der Sünde, nach Sündenfall und Tod bringt ein Mensch Gott aufs Neue die reine, sündlose, freie und vollkommene Danksagung dar. Ein Mensch ist zu dem Ort zurückgekehrt, den Gott ihm bereitet hatte, als er die Welt erschuf. Er steht in der Höhe vor dem Thron Gottes, er steht im Himmel vor Gottes Angesicht und in Freiheit, in der Fülle der Liebe und Erkenntnis vereint er in sich die ganze Welt, die ganze Schöpfung und sagt Gott Dank, und in ihm bestätigt und bekennt die ganze Welt diese Danksagung als «würdig und gerecht». Dieser Mensch ist Christus. Er allein ist ohne Sünde, er allein ist Mensch in der ganzen Fülle seiner Bestimmung, Berufung und Herrlichkeit. Er allein richtet in sich selbst das «gefallene Bild» wieder auf und erhebt es zu Gott, und somit bringen wir jetzt die Danksagung Christi dar, hören sie und nehmen daran teil, wenn der Zelebrant das uns von Christus, der uns für alle Zeit mit Gott vereint hat, aufgetragene eucharistische Gebet beginnt.

NEUNTES KAPITEL

DAS SAKRAMENT DER DANKSAGUNG

«Dankt für alles!»
(Thess 5,18)

1

In den liturgischen Büchern wird das Gebet der Danksagung, auf das die eucharistische Feier als auf ihren Höhepunkt und ihre Erfüllung hinführt, meist anhand seiner Teile besprochen, die seit langem mit lateinischen oder griechischen Titeln bezeichnet werden: *praefatio, sanctus, anamnesis* usf. Diese Unterteilung entspricht mehr oder weniger der Struktur und Ordnung des eucharistischen Hochgebets und könnte sich für ein Verständnis des Danksagungsgebetes eben als der *Vollendung* der Liturgie als hilfreich erweisen. Anzunehmen ist, dass sie sich aus diesem Grund in der Liturgik durchsetzte. Faktisch hat sie – so befremdlich dies scheinen mag – zum genauen Gegenteil geführt. Im Bewusstsein der Liturgiewissenschaftler und Theologen und im Anschluss daran auch in dem der Gläubigen zergliederte sich das eucharistische Gebet gleichsam in verschiedene Gebete, die, obgleich aufeinander folgend, nicht mehr als ein ganzes und zusammengehörendes Gebet verstanden wurden. Denn selbst wenn all diese Teile, ihre historische «Genese», die Verwandtschaften und Unterschiede unter ihnen in der Vielzahl der uns aus der Urkirche überlieferten eucharistischen Texte vorhanden und Thema der Liturgiewissenschaft sind, haben die Theologen doch seit langem ihr ganzes Interesse auf jenen Teil gerichtet, den sie als die «Konsekrationsformel» bezeichnet haben, d.h. auf den Moment und Modus der Verwandlung der eucharistischen Gaben.

Die Fragmentierung des eucharistischen Gebets führte natürlich zur vorherrschenden Praxis der Priester, es *leise*, d.h. «für sich», zu lesen. Ich möchte mich zur Herkunft dieser in der frühen Kirche völlig unbekannten Praxis in einem besonderen Exkurs äußern, denn es handelt sich um eine komplexe Frage, deren Erörterung in diesem Zusammenhang zu viel Raum einnehmen würde.[1] An dieser Stelle möchte ich nur festhalten, dass die Laien, das Volk Gottes, das Petrus als «ein auserwähltes Geschlecht, eine königliche Priesterschaft, einen heiligen Stamm, ein Volk, das sein besonderes Eigentum» ist (1 Petr 2,9), bezeichnete, dieses eigentliche Gebet der Gebete, in dem sich das Mysterium vollendet und das Wesen und die Berufung der Kirche sich erfüllen, überhaupt *nicht hören* und darum *auch nicht kennen*. Alles, was die Gläubigen vernehmen, sind vereinzelte Rufe und Satzfragmente, deren innerer Zusammenhang – ja, zuweilen ihre bloße Bedeutung – ihnen unverständlich bleibt, wie etwa nach dem still gesprochenen Danksagungsgebet die Worte: «...die den Siegeshymnus singen und rufen und jauchzen und sprechen.» Wenn wir noch hinzufügen, dass in vielen orthodoxen Kirchen diese «heimlichen» Gebete meist hinter verschlossener Heiliger Pforte gelesen werden, gelegentlich sogar hinter zugezogenem Altarvorhang, ist es keine Übertreibung zu sagen: das Danksagungsgebet ist aus mancherlei praktischen Gründen aus dem kirchlichen Gottesdienst herausgefallen. Ich wiederhole, die Laien kennen es schlichtweg nicht, Theologen sind daran nicht interessiert und der Priester, der gezwungen ist, es zu überflie-

---

[1] Diesen Exkurs konnte Alexander Schmemann vor seinem Tod nicht mehr schreiben.

gen, während der Chor singt – häufig gar noch ein «Konzert» gibt –, ist kaum in der Lage, es in seiner Fülle, Einheit und Zusammengehörigkeit aufzunehmen. Und schließlich wird es seit langem schon selbst in den Messbüchern in zersplitterten Fragmenten abgedruckt, durch sinnlose Interpolationen auseinandergerissen, die ohne jeglichen Grund dort stehen, wo sie sind, und ebenso mit verschiedenen Zusätzen, die aus völlig willkürlichen Quellen da hineingeraten sind.

In Anbetracht dieser Situation, in der ich ehrlich nichts anderes zu sehen vermag als einen tiefen Zerfall, ist vor jeder Erörterung über das eucharistische Gebet damit zu beginnen, seine Einheit aufzuzeigen, d.h. wie alle jene Teile, in die es in liturgischen Studien wie leider auch in der liturgischen Praxis zergliedert worden ist, in einem unteilbaren Ganzen untereinander verbunden sind. Denn, ich wiederhole, nur in diesem Ganzen liegt sein Sinn und seine Kraft, genau in dem *das Sakrament vollziehenden Akt*, als Vollendung des eucharistischen Sakraments.

Halten wir sogleich fest, die Vielzahl der uns überlieferten eucharistischen Gebete widerspricht dieser Einheit in keiner Weise. In der Antike besaß nahezu jede Kirchenprovinz ihre eigene *Anaphora*, d.h. ihre eigene Form und ihren eigenen Text des Danksagungsgebets. Die frühe Kirche, die von dem später sich entwickelnden Zwang zur Uniformität noch frei war, hat nie Gleichförmigkeit mit Einheit gleichgesetzt. Noch heute gibt es in der orthodoxen Kirche zwei Liturgien – die Liturgie des hl. Johannes Chrysostomus und die des hl. Basilius des Großen – und der Hauptunterschied zwischen ihnen findet sich im Text des Danksagungsgebets. Sprechen wir also von der Einheit dieses Gebets, so meinen wir damit keine äußere, sprachliche Einheit, die es in der Kirche nie gegeben hat, sondern etwas unermesslich Tieferes. Wir sprechen von der Einheit des Glaubens und von der Erfahrung der Kirche, aus der all diese Gebete geboren wurden. Bei allen semantischen Unterschieden zwischen ihnen bekunden und inkarnieren sie doch alle ein und dieselbe integrale Erfahrung, ein und dieselbe Erkenntnis, ein und dasselbe Zeugnis. Eine Erfahrung, von der mit ebensoguten Gründen gesagt werden kann, dass alle menschlichen Worte nicht ausreichen, sie zu bestimmen, wie dass sie für diejenigen, die Anteil an ihr haben, in äußerst knappen, wenigen und einfachen Worten lebt, wächst und Frucht bringt.

2

Was aber verleiht diesem zentralen, wahrhaft «vollkommenen» Gebet der Liturgie seine Einheit, verwandelt es in dieses *Ganze*, in dem und durch das wir sagen können, dass dieses Sakrament der Sakramente vollbracht ist? Die Kirche hat diese primäre und grundlegende Frage buchstäblich vom ersten Tag ihres Daseins an beantwortet, indem sie nicht nur dieses Gebet selbst, sondern die ganze Liturgie mit dem einen Wort *Eucharistie, Danksagung*, bezeichnete. Mit dem Wort Eucharistie bezeichnet die Kirche bis heute die Darbringung der Gaben, das Gebet, mit dem sie konsekriert werden, wie ihren Empfang durch die Gläubigen. Versammelt um die heiligen Mysterien beten wir, dass sie uns zu «Danksagung, Wohlergehen und Seligkeit» gereichen. Daraus folgt, dass sowohl der Ruf des Zelebranten – «Lasst uns dem Herrn Dank sagen» – wie die Antwort der Versammlung – «Würdig ist es und gerecht» – ganz offensichtlich nicht nur auf eine einzelne «einführende» Sequenz des eucharistischen Gebetes, in der Sprache der Liturgiewissenschaft die «praefatio», bezogen sind, sondern Beginn, Grundlage und Schlüssel zum ganzen Inhalt des allerheiligsten Mysteriums der Eucharistie darstellen, ohne die es uns verborgen bleibt. Die ganze *Darbringung, Anaphora*, ist von Anfang bis Ende Danksagung. Um aber *heute*, nach Jahrhunderten des Vergessens, die Bedeutung dieser Aussage verstehen zu können, um zu begreifen, was der frühen Kirche voller Freude selbstverständlich war und keiner Erklärung bedurfte, müssen wir uns einen Weg bahnen durch

Berge von Deutungen, in denen diese Selbstverständlichkeit verloren ging. Erst dann werden wir zur ursprünglichen christlichen Bedeutung und Erfahrung der *Danksagung* weitergehen können.

Es wäre besser, einfach zu sagen: Danksagung ist Erfahrung des Paradieses. Doch auch das Wort «Paradies» ist im gegenwärtigen christlichen Bewusstsein schwach und schal geworden – die gelehrten Ausleger des Christentums meiden es als «naiv» und «primitiv» – und muss also in irgend einer Weise exhumiert werden. Vielleicht ist es aber gerade darum bedeutungsarm geworden, weil es aus seinem kirchlichen «Kreis», aus jener Erfahrung des Paradieses gerissen wurde, deren Gabe und Vorwegnahme die ursprünglichste und tiefste Bedeutung der Liturgie der Kirche ausmachen. «Im Hause Gottes stehend glauben wir, im Himmel zu stehen.»[2] Darum singt die Kirche am Tag der Geburt Christi, wenn wir den Advent Gottes in dieser Welt feiern: «...und der Seraph zog ab vom Baum des Lebens und ich bekomme Anteil an den Freuden des Paradieses.»[3] Darum grüßen wir aus der strahlenden Tiefe der Osternacht den auferstandenen Christus mit dem Jubelruf: «Du hast uns die Pforten des Paradieses aufgetan.»[4] Aufs Neue wird uns darin ins Bewusstsein gerufen, dass das Paradies der ursprüngliche Stand des Menschen und aller Schöpfung ist, dass es unser Stand war vor dem Fall, vor unserer «Verbannung aus dem Paradies», und unser Stand nach unserer Erlösung durch Christus, der das ewige Leben ist, das Gott verheißen hat und das in Christus dem Menschen schon zuteil geworden ist und ihm offen steht. Das Paradies ist, mit anderen Worten, *Anfang* und *Ende*, auf das hin das ganze Leben des Menschen und mit ihm aller Schöpfung ausgerichtet ist und durch das es bestimmt wird. Erst in Bezug zu ihm verstehen wir den göttlichen Ursprung unseres Lebens und un-

[2] Tropar zur Mutter Gottes.
[3] Aus der Liturgie der Vesper.
[4] Aus den Laudes.

seren Abfall von Gott, unsere Knechtschaft durch Sünde und Tod, unsere Erlösung durch Christus und unsere ewige Bestimmung. Wir sind im Paradies und für das Paradies geschaffen, wir sind aus dem Paradies vertrieben worden, doch Christus «führte uns aufs Neue ins Paradies».

Wenn wir mit unserem geistlichen Auge die Paradieserfahrung der Kirche, ihre Liturgie, die in ihr nie versiegende Heiligkeit betrachten und mit unserem geistlichen Ohr ihrem wohlklingenden Zeugnis des Wortes Gottes lauschen, wird uns das Wesen dieser Erfahrung, der Inhalt des ewigen Lebens, der ewigen Freude, der ewigen Glückseligkeit, für die wir geschaffen sind, als *Dreieinheit von Erkenntnis, Freiheit und Danksagung* offenbar. Ich betone: Erkenntnis und Freiheit sind nicht etwas, dem sich dann noch Danksagung als etwas von diesen Unterschiedenes anschließt, sondern Erkenntnis und Freiheit vollenden sich in der Danksagung, und als Vollendung von Erkenntnis und Freiheit ist Danksagung Gemeinschaft und als solche Besitz.

3

«Das ist das ewige Leben: dich, den einzigen wahren Gott, zu erkennen» (Joh 17,3). Das ganze Christentum liegt in diesen Worten Christi. Der Mensch wurde erschaffen, um Gott zu erkennen, und in der Erkenntnis Gottes besteht sein wahres und somit ewiges Leben. Diese Erkenntnis aber ist nicht Erkenntnis, durch die unser Verstand sich selbst aufbläht in der Überzeugung, alles, einschließlich Gott, erkennen zu können, und dabei doch dem Faktum gegenüber blind bleibt, dass die ganze Tiefe und Endgültigkeit unseres Falles gerade in der Verdunkelung unseres Denkvermögens und im Zerfall echter Erkenntnis besteht. Darum ist *Erkenntnis Gottes*, von der Christus als von dem ewigen Leben und Paradies spricht, kein rationales *Wissen über Gott*, das, wie sehr es auch «formal» und «objektiv» richtig sein mag, doch immer innerhalb seiner

Grenzen und ein Teil jener gefallenen und gebrochenen Erkenntnis bleibt, die durch die Sünde geschwächt und des Zugangs zum Wesen des Erkannten beraubt, auch nicht mehr fähig ist, Begegnung, Gemeinschaft, Einheit zu sein. In seiner Entfremdung von Gott, in seiner buchstäblich *vernunftlosen* Wahl, nicht in Gott, sondern in sich selbst und aus sich selbst zu leben, hörte Adam nicht auf, etwas «von Gott zu wissen», d.h. das zu glauben, von dem gesagt wird, dass dies «auch die Dämonen glauben und zittern» (Jak 2,19). Doch er hörte auf, *Gott zu kennen*, sein Leben hörte auf, Begegnung mit Gott, Gemeinschaft mit Gott – und in ihm mit der ganzen Schöpfung Gottes – zu sein, all das, was die Genesis als Essenz des Paradieses schildert. Und doch dürstet die Seele einzig nach dieser Begegnung – mit dem lebendigen Gott, mit Gott als dem Leben des Lebens – und kann nur nach diesem Leben dürsten, denn in ihrer letzten Tiefe ist sie selber dieser Durst: «Meine Seele dürstet nach Gott, dem lebendigen Gott», sagt der Psalmist (Ps 42,3).

Danksagung ist das «Zeichen», besser noch, die Gegenwart, Freude und Fülle der Erkenntnis Gottes, d.h. der Erkenntnis als Begegnung, als Gemeinschaft, als Einheit. So wie es unmöglich ist, Gott zu erkennen und ihm nicht zu danken, ist es auch unmöglich, ihm zu danken, ohne ihn zu erkennen. Gott erkennen verwandelt unser Leben in Dankbarkeit, und Dankbarkeit verwandelt die Ewigkeit in ewiges Leben: «Lobe den Herrn, meine Seele, und alles in mir seinen heiligen Namen!» (Ps 103,1) Wenn das ganze Leben der Kirche vor allem ein ununterbrochener überfließender Strom des Lobens, Segnens und Danksagens ist, wenn sich dieses Danken aus Freude wie Leid ergibt, aus den Tiefen des Glücks wie des Unglücks, aus Leben wie Tod, wenn noch die bitterste Todesklage sich wandelt in ein Loblied «Halleluja», dann weil die Kirche die in Christus sich vollendende Begegnung mit Gott ist, seine – Christi – Gotteserkenntnis, die uns als eine Gabe reinen Dankens und himmlischen Lobes geschenkt ist. Christus hat uns die «Pforten des Paradieses aufgetan». Denn nachdem

232

alles vollbracht war, als die Vergebung der Sünde und der Sieg über den Tod aufleuchteten, als der «Seraph vom Baum des Lebens» abzog, blieb nur noch Lobpreis, nur noch Dank. Bevor Danksagung zum Dank *für etwas* wurde, für all die Dinge, «die wir empfangen, ob sie sichtbar sind oder unsichtbar, ob sie uns bekannt sind oder unbekannt», ist uns der Dank als reine Danksagung gegeben, als segensreiche, himmlische Fülle der Seele «in der Schau der unaussprechlichen Güte (d.h. Schönheit) des Angesichts Gottes», und in dieser Erkenntnis die allumfassende Freude jenes kleinen Kindes im Evangelium, von dem Christus gesagt hat, dass, wenn wir nicht werden wie dieses Kind, wir nicht in das Paradies des Himmelreiches gelangen können.

4

Durch diese reine Danksagung – gerade weil sie wahre Erkenntnis, ja die Fülle der zur wahren Gotteserkenntnis gelangten Seele ist – wird die umfassende *Erkenntnis der Welt*, die durch die Sünde und den Abfall des Menschen von Gott zur bloßen *Kenntnis der Welt* zerfiel, wiederhergestellt. Wie Kant ein für allemal aufgewiesen hat, ist die «objektive», *äußere* Erkenntnis von jedem Zugang zu den «Dingen an sich», zum eigentlichen Wesen der Welt und des Lebens, und darum auch von ihrem echten Besitz hoffnungslos ausgeschlossen.

Und dennoch war der Mensch für diesen Besitz geschaffen, er war dazu berufen, als Gott ihn im Paradies zum Herrn der Schöpfung gemacht hat und ihm das Vorrecht verlieh, «jedem lebendigen Wesen» einen *Namen zu geben*, d.h. es *in sich selbst*, in seinem tiefsten Wesen zu erkennen. Und so ist diese durch die Danksagung wiederhergestellte Erkenntnis nicht Erkenntnis über die Welt, sondern Erkenntnis der Welt, denn diese Danksagung ist Erkenntnis Gottes und aus demselben Grund Wahrnehmung der Welt als Welt Gottes. Es ist nicht nur Erkenntnis, dass alles in der Welt seine Ursache in Gott hat – was letztlich auch das «Wissen über die Welt» zu erkennen fähig ist –, sondern auch, dass alles in der Welt und auch die Welt selbst Gabe der Liebe Gottes ist, Gottes Selbstoffenbarung, Aufruf, in allem Gott zu erkennen und durch alles Gemeinschaft mit ihm zu haben, alles zu besitzen als Leben in ihm.

Wie die Welt durch das Wort Gottes, *durch Segnung* – in der tiefsten, ontologischen Bedeutung dieses Ausdrucks –, geschaffen wurde, so ist sie gerettet und wiederhergestellt durch Danksagung und Segnung, die uns im Heiligtum Christi gewährt werden. Durch Danksagung und Segnung erkennen und verstehen wir die Welt als Ikone, als Kommunion, als Heiligung. Durch diese verwandeln wir sie in das, wozu sie geschaffen wurde und wozu Gott sie uns geschenkt hat. «Und als er Dank gesagt und sie gesegnet und geheiligt hatte...» Jedes Mal, wenn wir diese Worte des Danksagungsgebetes sprechen, «vollziehen» wir das Gedächtnis Christi, der «Brot in seine heiligen, reinen und unbefleckten Hände nahm» – das bedeutet Materie, Welt, Schöpfung –, und legen Zeugnis ab für die Welt als neue Schöpfung, neu erschaffen als «Paradies der Freude», wo alles von Gott Erschaffene berufen ist, unsere Teilhabe an der göttlichen Liebe, am göttlichen Leben zu werden.

5

Schließlich ist Danksagung als Fülle der Erkenntnis auch Fülle jener echten Freiheit, von der Christus gesagt hat: «Ihr werdet die Wahrheit erkennen und die Wahrheit wird euch frei machen» (Joh 8,32). Die Freiheit, die der Mensch durch seinen Abfall von Gott und seine Verbannung aus dem Paradies verlor. So wie die Erkenntnis, mit der sich der Mensch brüstet und sich für überaus mächtig erachtet, keine wahre Erkenntnis ist, so ist die Freiheit, der er ununterbrochen nachweint, keine echte Freiheit, sondern eine gewisse dunkle Widerspiegelung davon, die sich nicht mit wissenschaftlicher «Exaktheit» erklären lässt, ein unerklärliches Begehren im menschlichen Herzen. Es ist erstaunlich, wie schnell selbst Christen dies vergessen und wie gedankenlos und selbstverständlich sie sich die billige Rhetorik der «Befreiung» aneignen, die der heutigen Kultur den Atem nimmt. Dies ist umso erstaunlicher, als Christen besser als andere wissen sollten, dass gerade in «dieser» von Sünde und Tod beherrschten Welt niemand je das Wesen der zum Idol gewordenen Freiheit zu bestimmen, niemand jenes «Reich der Freiheit» noch den Kampf um seine Vollendung zu schildern vermag, der angeblich die Menschheitsgeschichte bestimmt.

Dies ist so, weil wir auch hier *Kenntnisse über die Freiheit* haben, aber *keine Erkenntnis der Freiheit*. Und auch unsere Kenntnisse sind nur relativ, «aus Vergleichen». Natürlich waren jene, die unter einer orthodoxen Regierung lebten, freier als jene unter einem «totalitären» Regime. Für einen Gefangenen beginnt die Freiheit jenseits der Gefängnismauern. Für einen, der «in Freiheit» lebt, beginnt sie mit der Überwindung der jeweils nächsten Form von «Unfreiheit» und so ad infinitum. Wie viele Schichten von «Unfreiheit» wir auch wegheben, jedes Mal, wenn wir eine entfernen, finden wir unvermeidlich darunter die nächste, die sich als noch undurchdringlicher erweist. Es scheint, als würden wir schließlich gezwungen, das Trügerische der uns peinigenden Tagträume einzusehen. Der Durchschnittsmensch, der seine Aufmerksamkeit völlig gebannt auf die nächste «Unfreiheit» richtet, könnte nur allzu leicht dieses Trügerische nicht erkennen. Der Pöbel, der die nächste Bastille stürmen wird, wird es nicht kennen, und auch Ortega y Gassets «Massenmensch»[5] nicht, dessen «Befreier» jegliches Zeter- und Mordiogeschrei – nach den Worten eines russischen Dichters – in ein «*Hurra* aus der Kehle des Patrioten und ein *Nieder mit...* aus der Kehle des Aufrührers» verwandeln wird. Dies erleben aber und bezeugen mit ihrem

[5] Ortega y Gasset, *Der Aufstand der Massen*, Stuttgart und Berlin, o.J., u.a. Kap. VI, 56ff.

ganzen schrecklichen Schicksal die Wenigen, die in ihrer pro-metheischen Suche nach der Freiheit nicht nur *von* jemandem oder *von* etwas, sondern nach der absoluten ‹Freiheit an sich›, an der tauben Wand zerschmettern, zu der diese Suche in «dieser Welt», gemäß ihrer Elemente und Logik, unweigerlich führt. Bei Dostojewskij in den *Dämonen* endet Kirillow durch Selbstmord. Und im «wirklichen Leben» versinkt Nietzsche im Wahnsinn, zerstört sein Leben beim Hören des «unheimlichen Gelächters des Idioten» Arthur Rimbaud; «ich starre an eine Wand», flüstert der sterbende Valéry, und die finstere kafkaeske Flamme der Absurdität und Verzweiflung bricht immer deutlicher aus den Rissen einer angeblich auf Freiheit und Vernunft gegründeten und Freiheit verheißenden Welt.

Es ist Zeit zuzugeben, dass die Christen selber einen guten Teil der Verantwortung für diese Tragödie der Freiheit tragen, dass die Wurzeln dieser Tragödie nicht zufällig in jene Welt und Kultur zurückreichen, die sich bis vor kurzem selber noch christlich genannt hat. Einerseits ist die unerhörte, unmögliche gute Botschaft – der Ruf: «zur Freiheit hat uns Christus befreit, so steht denn fest» (Gal 5,1) – nur mit und durch das Christentum in die Welt gekommen. Ausgerechnet das Christentum und es allein hat das menschliche Bewusstsein mit diesem unstillbaren Verlangen vergiftet. Und wer, wenn nicht die Christen, hat diese frohe Botschaft verkürzt, man könnte auch sagen verraten, zuhanden der Welt, der «Außenstehenden» – sie reduziert auf ein eingängiges, «wissenschaftliches» und «objektives» Wissen über Gott, das Gott nicht anders als in Kategorien von Macht, Autorität, Notwendigkeit und Gesetz zu bestimmen vermag. Von hier genau stammt das furchtbare Pathos der Auflehnung gegen Gott, die allen Ideologien eignet, die dem Menschen Freiheit verheißen. Und hier gibt es kein Missverständnis: Wenn Gott ist, was die «Kenntnis über Gott» so selbstsicher behauptet, dann ist der Mensch ein Sklave, trotz aller in glatten Apologien und Theodizeen vorgebrachten Bemerkungen und Erläuterungen. Somit ist es um der Freiheit willen notwendig, dass Gott nicht ist, dass er getötet wird, und der sich durch diesen Gottesmord selbst vergöttlichende zeitgenössische Mensch geht auf seine tiefsten Abgründe zu.

Daher vermögen weder «diese Welt» noch das «Wissen über Gott», die auf weltlicher Logik und weltlichen Kategorien beruhen, das innerste Wesen der Freiheit zu bestimmen, weder nach ihrem negativen noch nach ihrem positiven, absoluten Inhalt. Denn Freiheit ist keineswegs ein «Seiendes», etwas Existierendes und darum in sich selbst Bestimmbares. Gott erschuf uns nicht auf eine theoretische Freiheit hin, sondern auf sich selbst, auf Gemeinschaft hin, denn wir, die wir aus dem «Nichtsein» ins Leben traten, haben das Leben in Fülle nur aus ihm, er ist es. Ausschließlich nach diesem Leben strebt und dürstet der Mensch. Allein dieses Leben bezeichnet der Mensch mit dem – in der Ordnung «dieser Welt» analogielosen und folglich immer erstarrten – völlig unbegreiflichen Wort *Freiheit*. Nur danach strebt er, selbst dort, wo er blind und töricht mit Gott kämpft.

Darum sollen wir «die Toten ihre Toten begraben lassen» (Mt 8,22). Sollen von der freudlosen Suche nach der Quadratur des Kreises ablassen, wozu jeder Versuch, sich dem «Problem der Freiheit» zu stellen und es zu lösen, unausweichlich wird. Wir werden es lassen und auf die *Danksagung* hören, in der sich die echte Erkenntnis Gottes erfüllt und die Begegnung mit ihm, nicht mit Begriffen über ihn, ereignet. In der Danksagung, aus der die Kirche lebt; Danksagung ist die Luft, die sie atmet. Hören wir auf sie, und wir werden, im Maß unserer Annahme dieser Danksagung, nicht nur mit unserem Verstand, sondern mit unserer ganzen Existenz begreifen, dass hier, nur hier, nur in dieser Erkenntnis und Danksagung, unser Eingehen in die allein wahre – da aus Gott stammende – Freiheit sich ereignet. Es ist die Freiheit, die der Heilige Geist, der Spender allen Lebens, uns schenkt als unseren Atem, unseren königlichen Adel, aber auch als Macht und Vollkommenheit, Fülle und Schönheit des Lebens, oder besser noch, als Leben in Fülle. Sie ist die Freiheit des Heiligen Geistes, der «weht, wo er will; du hörst sein Brausen, weißt aber nicht, woher er kommt und wohin er geht. So ist es mit jedem, der aus dem Geist geboren ist» (Joh 3,8).

Einer, der aus Gott geboren ist und ihn kennt, sagt Dank, und dankend wird er frei. Die Macht und das Wunder der Danksagung als Freiheit und Befreiung liegt darin, dass es *das Unvergleichbare* gleich macht: Gott und Mensch, Schöpfer und Geschöpf, Herr und Knecht. Und es ist nicht eine dem Menschen vom Teufel eingeflüsterte «Gleichheit», deren verborgener Antrieb Eifersucht ist und Hass gegen alles, was *oben*, was heilig und erhaben ist, eine plebejische Ablehnung von Danksagung und Gottesdienst, das Bestreben also, alles auf dem *untersten* Niveau gleichzumachen. Die aus Gott stammende Gleichheit macht vielmehr gleich, insoweit sie die objektiv unbestreitbare und vollkommene ontologische Abhängigkeit des Menschen von Gott *als Freiheit erkennt.* Sie erkennt dies von innen her, durch die Erkenntnis Gottes, durch die Begegnung mit Gott, aus der die Danksagung frei geboren wird. Wenn das Gelüst nach Gleichheit aus Unwissenheit das Verlangen eines Sklaven ist, so entspringen Danksagung und Gottesdienst der Erkenntnis und Schau, der Begegnung mit dem Heiligen und Erhöhten, dem Einzug in die Freiheit, Gottes Söhne zu sein.

Die Kirche bezeugt und schenkt uns diese Freiheit jedes Mal, wenn wir zum Höhepunkt der göttlichen Liturgie aufsteigen und den Ruf vernehmen, der sich an uns und an Gottes ganze Schöpfung richtet und alles in sich einbirgt: «Lasst uns dem Herrn Dank sagen!» Und in der Fülle der Erkenntnis antworten wir: «Würdig ist es und gerecht!»

6

«Würdig ist es und gerecht, Dir zu singen, Dich zu segnen, Dich zu loben, Dir Dank zu sagen und Dich anzubeten an jedem Ort Deiner Herrschaft.»

238

Hier wiederum wird die freie, reine, preisende, durch Christus wiederhergestellte und dem Menschen geschenkte Danksagung über der Welt aufgerichtet. Es ist seine Danksagung, seine Erkenntnis, seine Sohnes-Freiheit, die zu der unseren wurde und in Ewigkeit die unsere sein wird. Und weil sie Freiheit Christi, Freiheit *von oben* ist, hebt uns diese Danksagung empor ins Paradies, ist seine Vorwegnahme und schon gewährte Teilhabe am Reich, das auf Erden erst am Kommen ist. Darum wird jedes Mal, wenn sie emporgehoben wird, *die Erlösung der Welt vollendet.* Alles ist erfüllt, alles ist schon gewährt. Der Mensch steht wieder an dem Platz, an den Gott ihn gestellt hat, ist wiederum in seine Berufung eingesetzt: Gott einen «der Vernunft gemäßen Gottesdienst» darzubringen, Gott zu erkennen, ihm dankzusagen und ihn «im Geist und in der Wahrheit» anzubeten und durch diese Erkenntnis und Danksagung die Welt selbst in Gemeinschaft mit dem Leben zu verwandeln, das «im Anfang bei Gott war» (Joh 1,2), bei Gott dem Vater, und uns kundgetan worden ist.

Das Leben war beim Vater. Es ist äußerst wichtig zu wissen, um nicht nur die Liturgie, sondern auch das Wesen des christlichen Glaubens zu verstehen, dass *die Eucharistie Kommunion mit dem Vater ist.* Das kühne *Du* im Gebet der Danksagung ist auf den Vater bezogen, und die *Erkenntnis Gottes,* in der sich – wie wir aufzuzeigen versuchten – die Danksagung der Kirche vollendet, ist die *Erkenntnis des Vaters.* Wir haben uns schon so daran gewöhnt, das Wort *Vater* auf Gott zu beziehen, dass wir nicht mehr spüren, wie völlig unerhört, wie unmöglich es für menschliche Lippen, für den Mund eines Geschöpfes ist, dieses Wort an den Schöpfer zu richten. Wir realisieren nicht, dass diese Möglichkeit, Gott «beherzt und ohne verdammt zu werden» Vater zu nennen, *Zugang zum Vater zu haben* (Gal 2,18), nicht nur die größte aller Gnadengaben Christi an uns ist, sondern das eigentliche Wesen der Erlösung – unserer selbst wie der ganzen Welt – durch Christus ausmacht.

«Niemand hat Gott je gesehen» (Joh 1,18): Dies weiß jede echte religiöse Erfahrung, die vor allem immer Erfahrung des *Heiligen* im ursprünglichen, primären Sinn des Wortes ist – des «Heiligen» als des *absolut Anderen*, als des Unbegreiflichen, Unerkennbaren, Unfasslichen, ja letztlich Erschreckenden. Religion entsprang und entspringt immerfort der Anziehungskraft des *Heiligen*, der Erkenntnis, dass das absolut Andere da *ist*, wie dem Unverständnis dessen, *was* es ist. Somit gibt es auf Erden nichts, was mehrdeutiger und in seiner Mehrdeutigkeit tragischer ist als Religion. Bloß unsere gegenwärtige, missratene und sentimentale «Religiosität» ist davon überzeugt, dass Religion stets etwas Gutes, Positives und Nützliches ist, und die Menschen in ihrem Wesen immer an den gleichen, «guten», sich herabneigenden Gott, an einen «Vater» geglaubt haben, der in Wahrheit nach dem «Bild und Gleichnis» unserer eigenen kleinlichen Güte, unserer bequemen Moral, unseres Allerweltsmitleids und unserer Selbstzufriedenheit und unechten Großmuts geschaffen ist. Wir haben vergessen, wie nah die dunklen Abgründe der Furcht, des Unheils, des Hasses und des Fanatismus der «Religion» stehen, wie nah ihr all der unheimliche *Aberglaube*, den zu entlarven die frühe Christenheit, die darin ein teuflisches Trugbild erblickte, soviel Kraft gekostet hat. Mit anderen Worten: Wir haben vergessen, dass Religion, so sehr sie aus Gott, aus dem unstillbaren Durst und Streben des Menschen nach ihm stammen kann, auch vom «Fürsten dieser Welt» ausgehen kann, der den Menschen von Gott trennt und ihn in die furchtbare Dunkelheit der Unwissenheit eintaucht. Wir haben schließlich auch vergessen, dass das schrecklichste Wort aller Wörter, das jemals auf Erden ertönte – «ihr habt den Teufel zum Vater» (Joh 8,44) –, nicht zu halbherzigen «Agnostikern», sondern zu «religiösen» Menschen gesprochen wurde.

Nur in Bezug auf diese Dunkelheit, auf das «Tal der Todesschatten», in dem «diese» gefallene Welt dahinlebt, ist das Licht der Erkenntnis, das in Christus aufleuchtet, unserem geistlichen Bewusstsein als Erkenntnis des einen wahren Gottes und *Erkenntnis Gottes als Vater* offenbart. Denn das Vatersein Gottes, das uns Christus kundgetan hat, ist keine natürliche, anthropomorphe Vaterschaft, von deren Kenntnis her die Religion *von unten her* auf Gott schließen könnte und welche Gott folglich mit den verschiedensten irdischen «Vaterschaften» gemein hätte. Diese Vaterschaft ist allein Gott eigen, sie wurde allein durch den eingeborenen Sohn Gottes offenbar gemacht und mitgeteilt. «Niemand kennt den Sohn, nur der Vater, und niemand kennt den Vater, nur der Sohn und der, dem es der Sohn offenbaren will» (Mt 11,27). Das Christentum hat nicht mit einer «ökumenischen», universalen Botschaft eines allen Religionen gemeinsamen Vater-Gottes begonnen – wobei das Wort «Vater», um alles ineins zu fassen, vieldeutig ist, denn Gott hat Welt und Mensch nicht geboren, sondern erschaffen, weshalb sie auch nie eine «Emanation» Gottes sein können. Das Christentum begann mit dem Glauben an das Kommen, an die Inkarnation des eingeborenen Sohnes Gottes in die Welt, an unser *Werden zu Söhnen* seines Vaters – in ihm und durch ihn. Das Christentum ist die Gabe einer zweifachen Offenbarung: der Offenbarung des Sohnes, «den niemand kennt außer dem Vater», durch den Vater, und der Offenbarung des Vaters, «den niemand kennt außer dem Sohn», durch den Sohn; und in der Offenbarung des Vaters an uns, in unserem ihm übergebenen Sein, besteht die Erlösung des Menschen und der Welt, die durch Christus vollbracht wurde. «Seht, wie groß die Liebe ist, die der Vater uns geschenkt hat: Wir heißen Kinder Gottes... Geliebte Brüder, jetzt sind wir Kinder Gottes» (1 Joh 3,1-2). Folglich heißt an Christus glauben, vor allem *ihm glauben*, dass er der eingeborene Sohn Gottes ist und somit die Offenbarung der *Erkenntnis Gottes*, der Liebe zum Vater und des Lebens in ihm und durch ihn in dieser Welt; und auf gleiche Weise ist er die Offenbarung der Liebe des Vaters, mit der er «auf ewig den Sohn liebt und ihm alle Dinge übergeben hat». Es heißt ferner glauben, dass der Sohn seine einzigartige und eingeborene Sohnschaft uns mitteilt und uns zu Söhnen Gottes des Vaters macht: «Ich gehe hinauf zu meinem Vater und zu eurem Vater, zu meinem Gott und zu eurem Gott» (Joh 20,17). Und schließlich heißt es glauben und erkennen, dass der Vater, den «die Welt nicht erkannt hat» (Joh 17,25), in seinem geliebten Sohn uns sein Vatersein offenbart und mitgeteilt hat und uns mit der gleichen Liebe liebt, mit der er seinen Sohn liebt. Und weil alle Erkenntnis des Vaters, alle Liebe zu ihm, alles Einssein mit ihm in dem Sohnsein des Sohnes ist, weil der Sohn und der Vater *eins* sind (Joh 10,30), darum kennt, wer den Sohn kennt, auch den Vater und hat Zugang zu ihm und zum ewigen Leben.

Die Kirche lebt durch dieses sohnhafte Erkennen des Vaters, durch diesen Zugang zu ihm im Sohn, und verkündet sie als Erlösung und ewiges Leben. Darum ist das Sakrament der Eucharistie, in dem sich die Kirche als neue Schöpfung, als Leib Christi und als Gemeinschaft im kommenden Gottesreich vollendet, in seiner letzten Tiefe das *Sakrament der Erkenntnis* des Vaters, des Zugangs und Aufstiegs zu ihm in seinem eingeborenen Sohn. Ihn bat der Apostel Philippus: «Herr, zeig uns den Vater, das genügt uns.» Und jetzt wird uns im Sohn Gottes der Vater gezeigt und offenbar gemacht: «Wer mich gesehen hat, hat den Vater gesehen» – hat ihn nicht nur gesehen, sondern hat Zugang zu ihm, erkennt ihn als Vater.

7

«Du hast uns aus dem Nichtsein ins Sein gerufen...» Weil Danksagung Erkenntnis des Vaters ist, ist sie auch immer schon *Wahrnehmung der Welt* – Wahrnehmung der Welt, wie sie uns von Gott gegeben worden ist, und Entdeckung unserer selbst als von Gott «aus der Finsternis in sein wunderbares Licht» Gerufene (1 Petr 2,9) und als Empfänger seiner «kostbaren und größten Verheißungen, damit ... wir an der göttlichen Natur Anteil erhalten» (2 Petr 1,4). Nur wenn wir dem Vater in Christus, dem Sohn Gottes, vorgestellt werden, können wir unserer selbst und der Welt gewahr werden in einer Erkenntnis, die in der Finsternis «dieser Welt» unmöglich war, die aber in unserer Sohnschaft zum Vater wiederhergestellt und uns geschenkt worden ist.

Nun aber ist die Finsternis der Unwissenheit, in die wir durch unseren Abfall von Gott eingetaucht worden sind, nirgends offensichtlicher als im erschreckenden *Unwissen* des Menschen *über sich selbst* und dies trotz des unersättlichen Interesses, mit dem der Mensch, da er Gott verloren hat, sich selbst erforscht und untersucht, ja bestrebt ist, in den «Humanwissenschaften» hinter das Geheimnis des menschlichen Seins zu kommen. Wir leben in einer Zeit ungehemmten *Narzissmus*, einer universalen «Nabelschau». Doch so fremd, ja schrecklich dies auch scheinen mag, je elementarer dieses Interesse wird, desto offensichtlicher zeigt sich, dass es dem dunklen Begehren entspringt, den Menschen zu *entmenschlichen*. Lévi-Strauss, einer der führenden Köpfe der strukturalen Anthropologie, zeigt sich überzeugt, dass das letzte Ziel der «Wissenschaft vom Menschen» nicht seine Bejahung, sondern seine Auflösung ist. Und auf andere Weise wird dies von den heutigen Linguisten, Psychologen und Soziologen wiederholt. «Die ganze Archäologie unseres Denkens», sagt Michel Foucault, ein anderer Vordenker, «zeigt problemlos, dass der Mensch eine neuere Erfindung ist und verkündet sein vielleicht schon baldiges Ende».[6] Die Lösung des Geheimnisses des Menschen hat sich bereits nicht nur in eine Negierung des Geheimnisses, sondern des Menschen selbst verkehrt, in seine Auflösung in jene eintönig graue und bedeutungslose Welt, die nach den Worten des Nobelpreisträgers Jacques Monod vom kalten Gesetz von «Zufall und Notwendigkeit» restlos beherrscht wird.

Die von der Kirche dargebrachte Danksagung antwortet jedes Mal auf diese nicht bloß heutige, sondern schon uralte

---

[6] Aus: M. Foucault, *Die Ordnung der Dinge. Eine Archäologie der Humanwissenschaften*, Frankfurt a.M. [14]1997.

Lüge über die Welt und den Menschen und zerstört sie. Jedes Mal ist sie eine Kundgebung des Menschen an sich selbst, eine Kundgebung seines Wesens, seines Ortes und seiner Berufung im Licht des göttlichen Angesichts, und somit ein den Menschen erneuernder und ihn neuerschaffender Akt. Denn im Danken erkennen und bekennen wir zuallererst die göttliche Herkunft und göttliche Berufung unseres Lebens. Das Gebet der Danksagung bekennt, dass Gott uns «aus dem *Nichtsein* ins *Sein* gerufen», nämlich als Teilhaber am *Sein* geschaffen hat, d.h. nicht nur als etwas, das von ihm kommt, sondern als etwas, das von seiner Gegenwart, seinem Licht, seiner Weisheit und Liebe durchwirkt ist – von dem, was die orthodoxe Theologie, in der Nachfolge des hl. Gregorius Palamas, die göttlichen *Energien* nennt, durch welche die Welt berufen ist und befähigt wird zur Wandlung in «einen neuen Himmel und eine neue Erde», und der Mensch, als Herr über die Schöpfung, zur Theosis, zur «Teilhabe an der göttlichen Natur».

8

«Du hast uns, nachdem wir gefallen waren, wieder aufgerichtet…» Erst jetzt, erst in der Fülle der Erkenntnis Gottes, des Menschen und der Welt, in die uns die Danksagung eingeführt hat, sind wir in der Lage, diese doppelte Aussage – diese uns bei jeder Eucharistie gegebene doppelte Offenbarung des Geheimnisses der Sünde und der Erlösung – in ihrer ganzen Tiefe und Macht zu hören.

Warum «erst jetzt»? Weil der eben erwähnte, für das Christentum wesentliche *anthropologische Maximalismus* – die göttliche Größe des Menschen, seines Wesens und seiner Berufung – im Bewusstsein selbst gläubiger und frommer Menschen immer durch einen sich fromm gebenden, in Wirklichkeit aber häretischen *anthropologischen Minimalismus* ersetzt wird. Dieser ist häretisch, weil er in seiner falschen Demut nichts anderes ist als eine zutiefst unchristliche *Normalisie-*

rung der Sünde und des Bösen. Ist es nicht so, dass wir in unserer gewohnten, alltäglichen und halbherzigen «Religiosität» die Sünde als etwas fast Normales wahrnehmen, das sich wie selbstverständlich aus der angeblich in unserer Natur liegenden Schwäche und Unvollkommenheit ergibt, während wir in der Vollkommenheit und Heiligkeit etwas «Übernatürliches» sehen? Und jedes Wort, jede Handlung der Eucharistie deckt genau diese Normalisierung der Sünde, dieses Herunterziehen des Menschen auf das Niveau des schwächsten – und in seiner Schwäche völlig verantwortungslosen – Geschöpfs, offen gesprochen, diese Diffamierung der Schöpfung Gottes auf. Sie zeigt es auf, indem sie die Sünde nicht bloß als ein *Abfallen des Menschen* von Gott enthüllt, sondern auch als ein *Abfallen von sich selbst*, von seiner wahren Natur, von der «Ehre seiner hohen Berufung», zu der Gott ihn aufgerufen hat.

Schon die bloße Wendung «nachdem wir gefallen waren» enthält die Erfahrung der Höhe, von der aus dieser Fall erfolgte, und setzt diese Erfahrung voraus. Dieser Fall ist deshalb so furchtbar, weil er nicht etwas ist, das von Natur aus zur Schöpfung Gottes gehört. Für einen, den Gott «zu seiner Ehre und seinem Lobpreis» erwählt, ihn «über das Werk seiner Hände» eingesetzt hat, konnte dieser Fall niemals seiner Natur gemäß sein. Weil die Kirche um diese Höhen weiß, weil ihr ganzes Leben die gnadenreiche Erfahrung der *Wiederherstellung*, der Rückkehr und des Aufstiegs zu diesen Höhen ist, *weiß die Kirche* auch um den ganzen Abgrund und die Gewalt der *Sünde*. Doch dieses Wissen unterscheidet sich grundsätzlich von jenen einfachen, rational-diskursiven Erklärungen, die in ihrem fatalen Ungenügen allesamt, auf die eine oder andere Weise, der Sünde eine «legale Basis» verschaffen, aus ihr, philosophisch gesprochen, ein *phaenomenon bene fundatum* machen. In solchen Erklärungen ist die Sünde eben kein *Fall* mehr. Innerhalb eines «objektiven» Bezugssystems von Ursache und Wirkung betrachtet wird die Sünde zu etwas «Legitimem» und «Normalem», es ist nicht mehr die Sünde selbst, sondern ihre Überwindung, die als etwas die «Norm»

Überholendes gesehen wird. Für die Kirche in ihrer Erfahrung und ihrem Glauben aber sind die Sünde und das Böse wesentlich und vor allem ein *Geheimnis*, denn das Böse hat keine eigene *Existenz* und kann sie nicht haben (denn alles, was ist, ist von Gott und darum «sehr gut»), noch etwas, das der Mensch frei wählen und seinem eigenen freien Wesen als etwas «Gutes» vorziehen könnte. Das Böse ist nach einem Kirchenvater «nie gesätes Gras». Und doch, obwohl nie gesät, noch von Gott geschaffen, *ist* es: es besitzt eine so furchtbare und zerstörerische Macht, dass von der Welt selbst gesagt werden kann: «sie liegt im Bösen» (1 Joh 5,19).

Es gibt im christlichen Glauben keine Erklärung für dieses Geheimnis, da in den Kategorien unserer gefallenen Welt und berechnenden Vernunft jede Erklärung unweigerlich zur Rechtfertigung wird, wie eine falsche, und vielleicht gerade deshalb weit verbreitete Redewendung sagt: «Verstehen heißt vergeben.» Sünde aber kann weder verstanden noch gerechtfertigt werden. Und weil die Kirche sie nicht erklären kann, *überführt* sie der Sünde im ursprünglichen Sinn von «schuldig erklären»: die Kirche, und nur sie, deckt Sünde *als* Sünde, Böses *als* Böses auf, in der ganzen grenzenlosen, unerklärbaren *Unmöglichkeit* und somit Entsetzlichkeit, Inexistenz und Unheilbarkeit.

Wie, wann vollzieht sich diese Schuldigsprechung? Auf diese wesentliche und besonders bedeutsame Frage antworten wir, völlig bewusst, dass die «gelehrten Ausleger» des «Problems des Bösen» kaum darauf hören werden: Vor allem und in erster Linie spricht die Kirche die Sünde durch ihr *Danksagen* schuldig. Dadurch erkennt sie die «Lebenskraft» des Bösen, den Ursprung der Sünde als *Undankbarkeit*, als ein Herausfallen des Menschen aus dem «Loben, Rühmen, Preisen, aus der Danksagung und Anbetung», aus dem er lebt – denn der Mensch, und in ihm die ganze Schöpfung, kennt Gott und hat Gemeinschaft mit ihm. Nicht Dank zu sagen ist die Wurzel und Antriebskraft jenes *Hochmuts*, in dem alle Lehrer des geistlichen Lebens, dieser «Kunst der Künste», ausnahmslos, die Sünde sehen, die den Menschen von Gott weggerissen hat. Denn das höchst subtile geistliche Wesen des Hochmuts, das einzig auf dem Wege der geistigen Bemühung um die «Unterscheidung der Geister» auszumachen ist, besteht gerade darin, dass es, im Unterschied zu allen anderen dem Fall zugeschriebenen «Ursachen», als einzige *nicht von unten*, sondern *von oben* stammt: Sie ist Folge nicht der Unvollkommenheit, sondern der Vollkommenheit, nicht des Mangels an Gnadengaben, sondern ihres Übermaßes, nicht der Schwäche, sondern der Kraft. Anders gesagt: Der Hochmut kommt nicht aus einem unerklärlichen «Bösen» unbekannten Ursprungs, sondern von der Verführung und Versuchung des göttlichen «sehr gut» von Schöpfung und Mensch. Hochmut stellt sich der Danksagung als Undankbarkeit entgegen, weil er derselben Wurzel entstammt. Er ist eine andere, gegensätzliche Antwort auf dieselbe Gabe, ist Versuchung durch dieselbe Gabe.

Wir wissen, dass nach dem Zeugnis aller, die denselben Weg des Kampfes mit der Sünde gehen, die Versuchung noch nicht Sünde ist. Christus selber wurde versucht, gerade durch die ihm eigenen Gaben: Macht, Autorität, Wunderkraft. In der Tat ist jede Gabe Gottes an den Menschen, selbst seine Gottebenbildlichkeit und Vollkommenheit, eine *Versuchung* – vor allem auch für die Gabe seines *Ich*, das Wunder seiner absoluten, einmaligen, ewigen, unwiederholbaren und unteilbaren *Persönlichkeit*, die jeden Menschen «einem König der Schöpfung gleichmacht». Versuchung *gehört* zum Personsein, weil innerhalb der ganzen Schöpfung nur der Mensch von Gott dazu aufgerufen ist, sich selbst zu lieben, d.h. sich seiner göttlichen Gabe und des Wunders seines *Ich* bewusst zu sein. Eigentlich vermag der Mensch allein durch diese Liebe zu sich selbst Gott als das Leben seines Lebens zu begreifen, als jenes unbedingt ersehnte *Du*, in dem er sich selbst, seine Fülle, sein Glück, sein menschliches *Ich* findet, das als Bild und Abbild Gottes, der Liebe ist, geschaffen ist. Das Personsein des Menschen ist Liebe zu sich selbst und *somit* Liebe zu Gott, es ist

Liebe zu Gott und *somit* Liebe zu sich selbst, ist Wahrnehmen seiner selbst als eines Trägers der göttlichen Gabe der Erkenntnis und des Aufstiegs zur Fülle des Lebens. Hier aber liegt auch der angeborene Keim für die Verwandlung dieser dem Menschen eigenen *Liebe zu sich selbst* in die *Liebe seiner selbst*, in *Selbstliebe*, worin das Wesen des *Hochmuts* besteht. Der Mensch wird nicht durch das «Böse» verführt, sondern durch sich selbst, durch sein eigenes göttliches Bild, durch das Wunder seines *Ich*. Er vernahm das Flüstern der Schlange «du wirst sein wie Gott» nicht von außen, sondern von innen, in der gesegneten Fülle des Paradieses, und wollte das Leben in sich und für sich selbst haben. Er wollte alle Gaben Gottes als seine eigenen und für sich selbst haben: «Ich schaute auf die Schönheit des Gartens und mein Geist wurde getäuscht...» (Kanon des hl. Andreas von Kreta, Ode 2,1).

Der Fall des Menschen geschah hier auf diesen Höhen, von diesen Höhen herab: «Ihr werdet wie Götter sein.» Diese Worte waren eigentlich Gott geraubt. Gott erschuf uns und rief uns in sein «wundervolles Licht», damit wir «Göttern gleich» würden und das Leben in Fülle besäßen. Was aber hat diese Worte in eine Lüge verwandelt, zum Anfang des Falls, zum Quell von Sünde, Niedergang und Tod? Die Antwort darauf gibt die Eucharistie in der Danksagung, die uns an den Thron des Reiches zurückstellt, uns das Antlitz Gottes und seiner Schöpfung, Himmel und Erde, die Erfüllung seiner Herrlichkeit zu schauen erlaubt. Die Eucharistie antwortet nicht mit Definitionen, mit Worten über Worte, sondern mit ihrem eigenen Licht und ihrer eigenen Kraft. Denn Danksagung ist die Macht, die Verlangen und Stillung, Liebe und Besitz in Leben verwandelt, die alles in der Welt, die Gott uns gegeben hat, zur Gotteserkenntnis und Gemeinschaft mit Gott erfüllt. Somit ist es allein die Danksagung, *die der Schuld überführt*, nämlich die Sünde als ein Abfallen der Liebe von der Danksagung, als *Undankbarkeit* aufzeigt. Geschaffen als Bild und Gleichnis Gottes, der Liebe ist, kann der Mensch nicht aufhören, Liebe zu sein. Selbst in der «Undankbarkeit»

248

bleibt er die Liebe, er «bewundert» dieselben Gaben. Doch es ist eine Liebe, die aufgehört hat, Danksagung zu sein, d.h. Erkenntnis der Gabe des Lebens und alles damit Geschenkten nicht allein als Gott gehörend, nicht allein als aus Gott stammend, sondern als Offenbarung der Liebe Gottes zum Menschen, Aufruf an den Menschen, alle seine Gaben und sein ganzes Leben in Teilnahme am göttlichen Leben, in *Erkenntnis Gottes* zu verwandeln.

Leben in sich selbst... Nur der Vater hat «das Leben in sich» (Joh 5,26), allein Gott ist Leben und darum das Leben allen Lebens. Das Entsetzliche und Endgültige des Falls besteht darin: dass der Mensch, der das Leben in sich selbst und für sich selbst wollte, vom Leben abfiel. Durch die Sünde *kam der Tod in die Welt* (Röm 5,12) und die Welt wurde «Finsternis und Schatten des Todes». Da sie nicht durch Danksagung in «Speise der Unsterblichkeit» und Gemeinschaft zum Leben verwandelt wurde, ist sie Gemeinschaft zum Tode geworden, und Liebe zur Welt, nicht durch Danksagung in Gotteserkenntnis verwandelt, zu einer schwächlichen, sich selbst verzehrenden «Begierde des Fleisches», «Begierde der Augen» und zum «Prahlen mit Besitz» (1 Joh 2,16). «L'homme est une passion, mais une passion inutile...» «Der Mensch ist eine Passion, doch eine nutzlose Passion...» Bei dieser Ausssage wusste Jean-Paul Sartre allerdings nicht, was sich beim *Fall* des Menschen ereignet hatte, in jener «Erbsünde», da die Welt aufgehört hat, ein Sakrament der Danksagung zu sein, und starb, und Leben ein Sterben wurde.

9

All dies, die furchtbare Gesetzlosigkeit und Unwahrheit der Sünde, das bodenlose Leid und die todschaffende Macht unseres Abfalls von Gott, die Macht des Bösen, welche die Welt beherrscht, erkennen wir jedesmal, wenn aus der himmlischen Höhe, zu der Christi Danksagung uns emporgehoben hatte, diese Worte erklingen: «Da wir gefallen waren, hast Du uns wieder aufgerichtet.» Das können wir erkennen, weil *wir wiederhergestellt worden sind*, weil wir Zugang zum Vater haben und zu Teilhabern am kommenden Reich gemacht worden sind:

> Und Du lässt nicht nach, all dies zu tun,
> uns in den Himmel emporzuführen
> und uns Dein künftiges Reich zu schenken.

In Christus wird die menschliche Natur zum Himmel emporgehoben, geheiligt und vergöttlicht. «Was kein Auge gesehen und kein Ohr gehört hat, was keinem Menschen in den Sinn gekommen ist: das Große, das Gott denen bereitet hat, die ihn lieben. Denn uns hat es Gott enthüllt durch den Geist. Der Geist ergründet nämlich alles, auch die Tiefen Gottes» (1 Kor 2,9-10).

Das Paradies war auf Erden, doch wir sind zum Himmel aufgestiegen, wo jetzt schon unser «Leben mit Christus verborgen ist in Gott» (Kol 3,3). Die Offenbarung dieser letzten und größten Gabe, ihre *Stiftung*, ist die Kirche. Und diese Stiftung vollzieht sich im Sakrament der Danksagung, in dem die Kirche sich als *Himmel auf Erden* erfüllt.

Diese Erfüllung bezeugt auch das *Sanctus*, jener Lobpreis der Engel *heilig, heilig, heilig*, mit dem in nahezu jedem uns überlieferten Text der Eucharistie die Praefatio beschlossen wird, und der, wie wir später sehen werden, vom Sakrament der Danksagung zum Sakrament des Gedächtnisses überleitet.

> Für all dies danken wir Dir
> und Deinem eingeborenen Sohn und
>   Deinem Heiligen Geist,
> für alle Wohltaten, die wir empfangen,
> ob sie sichtbar sind oder unsichtbar,
> ob sie uns bekannt sind oder unbekannt.
> Wir danken Dir auch für diese Liturgie,
> die Du aus unseren Händen zu empfangen geruhst,
> obwohl Dich Tausende von Erzengeln

und Scharen von Engeln umstehen,
die Cherubim und die sechsflügligen, vieläugigen
Seraphim,
die sich emporschwingen, von ihren Flügeln getragen,
unter dem Gesang des siegreichen Hymnus,
rufend, verkündend und sprechend:
Heilig, heilig, heilig, Herr der Heerscharen,
Himmel und Erde sind erfüllt von Deiner
Herrlichkeit!
Hosanna in den Höhen!
Gesegnet, Der da kommt im Namen des Herrn!
Hosanna in den Höhen!

Was bezeugt dieser altehrwürdige Lobpreis der Engel, wenn nicht den *Himmel*, den auch wir *sehen* und *hören*, denn wir selber werden zu ihm emporgehoben. Und was sind diese Worte des königlichen Grußes, wenn nicht eine *Ikone*: Gabe, Schau, Offenbarung des Reiches der Herrlichkeit, wenn nicht durch Danksagung erfüllte Begegnung mit Gott, an seinem Tisch, in seinem Reich!

ZEHNTES KAPITEL

DAS SAKRAMENT DES GEDÄCHTNISSES

> *«Darum vermache ich euch das*
> *Reich, wie es mein Vater mir*
> *vermacht hat: Ihr sollt in mei-*
> *nem Reich mit mir an einem*
> *Tisch Essen und trinken.»*
>
> (Lk 22,29-30)

1

Mit dem Verkünden der Verherrlichung im «Heilig, heilig, heilig» der Engel findet das Gebet der Danksagung als Aufstieg der Kirche zum *Himmel*, zum Thron Gottes, zur Herrlichkeit des himmlischen Reiches seine Vollendung. Hier aber, auf diesem Höhepunkt, in der Fülle der göttlichen Gemeinschaft, Erkenntnis und Freude, verwirklicht sich das Gebet der Danksagung, die ganze Schöpfung, die ganze sichtbare und unsichtbare Welt in sich einschließend und die Kirche als Himmel auf Erden offenbarend, gleichsam als Gedächtnis eines Ereignisses: *des Letzten Abendmahls*, das Christus mit seinen Jüngern feierte in der Nacht, in der er sich selbst hingab zu leiden und zu sterben.

Hier ist jener Teil des eucharistischen Gebets, der in der Sprache der Liturgiewissenschaft als *Gedächtnis* (ἀνάμνησις)

bezeichnet wird und in der Liturgie des hl. Johannes Chrysostomus so lautet:

> Mit diesen seligen Mächten,
> o Herr, der Du die Menschheit liebst,
> rufen auch wir und sprechen:
> Heilig bist Du und allheilig,
> Du und Dein eingeborener Sohn und Dein Heiliger
>   Geist!
> Heilig bist Du und allheilig,
> und voller Pracht ist Deine Herrlichkeit.
> So sehr hast Du die Welt geliebt,
> dass Du Deinen eingeborenen Sohn dahingabst
> damit keiner, der an Ihn glaubt, verlorengehe,
> sondern das ewige Leben habe.
> Und als er gekommen war,
> alles zu erfüllen und zu vollenden um unseretwillen,
> in der Nacht, als er hingegeben wurde,
> ja, sich selber dahingab für das Leben der Welt,
> nahm er Brot in Seine heiligen, reinen und
>   schuldlosen Hände,
> und nachdem er Dank gesagt,
> segnete er es, heiligte und brach es,
> und reichte es Seinen heiligen Aposteln und Jüngern
>   und sprach:
> Nehmet und esset, das ist mein Leib, der für euch
>   gebrochen wird
> zur Vergebung der Sünden.
> Und ebenso nahm er nach dem Mahl den Kelch und
>   sprach:
> Trinket alle daraus, das ist mein Blut
>   des Neuen Bundes,
> das für euch und die vielen vergossen wird
> zur Vergebung der Sünden.
> Eingedenk dieser erlösenden Verheißung
> und all dessen, was unseretwillen vollbracht wurde,

Kreuz, Grab und Auferstehung am dritten Tage,
Auffahrt zum Himmel und Sitzen zur Rechten
    des Vaters,
und die glorreiche Wiederkunft,
bringen wir Dir dar das Deine,
von all den Deinen,
im Namen aller und für alle.

Was ist der Sinn dieses *Gedächtnisses*, was ist sein Ort nicht nur im Gebet der Danksagung, sondern auch im Ganzen der göttlichen Liturgie, die in diesem Gebet erfüllt und vollendet wird?

2

Trotz Hunderter von Abhandlungen, die zur Beantwortung dieser Frage geschrieben wurden, haben leider weder die Theologie der Hochschulen noch liturgische Studien vermocht, darauf eine befriedigende Antwort zu geben. Hier wiederum begegnet uns das methodische Ungenügen, das ich schon so oft erwähnte, das in einer *Aufsplitterung* des eucharistischen Gebets, ja der ganzen Liturgie, in ihre Einzelteile besteht, die dann außerhalb ihres Zusammenhangs mit den anderen Teilen und ohne Bezug zum Ganzen untersucht und erklärt werden. Dieses Ungenügen tritt gerade in den Erklärungen der Eucharistie als *Gedächtnis* besonders deutlich hervor. Denn hier wird klar, in welchem Ausmaß der dieser Methode inhärente «Reduktionismus» das Verständnis nicht nur dieses «Momentes», sondern des ganzen Sakraments der Eucharistie erschwert und schließlich verzerrt. Wir müssen uns mit diesen Reduktionen beschäftigen, die über Jahrhunderte gewissermaßen selbstverständliche Gültigkeit besaßen, da wir, ohne sie zu überwinden, nicht durchstoßen können zum wahren, in die ureigene Erfahrung der Kirche eingebetteten Sinn der Eucharistie als *Sakrament des Gedächtnisses*.

Die erste dieser Verkürzungen besteht im Verständnis des *Gedächtnisses* bzw. in dessen Bestimmung als konsekratorischer *Verweis* auf die Einsetzung des Sakraments der Eucharistie durch Christus beim Letzten Abendmahl, d.h. auf die Wandlung von Brot und Wein in Leib und Blut Christi. Die Wirkmacht dieser Wandlung, die «Aktualität» des Sakraments, wird dabei dem Gedächtnis zugeschrieben. Das Gedächtnis ist hier die «Ursache» der Aktualität des Sakraments, so wie die *Einsetzung* der Eucharistie beim Letzten Abendmahl Ursache der Aktualität des Gedächtnisses ist.

Wir stoßen auf eine solche Reduktion in der lateinischen Lehre von der Transsubstantiation der eucharistischen Gaben durch die *Einsetzungsworte* Christi, d.h. die Worte, die Christus beim Letzten Abendmahl sprach und die der Priester, während er das Sakrament vollzieht, wiederholt: «Das ist mein Leib», «das ist mein Blut». Werden diese Worte aber als «konsekratorisch», und somit als für den Vollzug des Sakramentes notwendig und ausreichend bestimmt, dann wird zugleich das eucharistische Gedächtnis des Letzten Abendmahles daraufhin verkürzt.

Diese Reduktion in einer so extremen Form wird sowohl von orthodoxen wie protestantischen Theologen abgelehnt. Sie wird aber eigentlich nur als *extrem* abgelehnt. Denn ihr Hauptpunkt, die Verkürzung des Gedächtnisses auf die Einsetzung bleibt der einzige und, ich wiederhole, scheinbar selbstverständliche Kontext zur Erklärung dieses Teils des eucharistischen Gebets. Im orthodoxen Osten wurde so, ungeachtet der einmütigen Betonung unserer Theologen, dass nicht die «Einsetzungsworte», sondern die *Epiklese*, die Anrufung des Heiligen Geistes, die Wandlung der Gaben vollbringe, seit langem schon eine besondere *Isolierung* gerade der Einsetzungsworte eingeführt und überall praktiziert. So werden etwa, während der Zelebrant wie üblich das Gebet der Danksagung still, d.h. «für sich» liest, nur diese Worte und nicht etwa die Epiklese laut gesprochen. Zudem deutet der Zelebrant (oder Diakon), während er sie spricht, mit seiner

Hand zuerst auf das Brot und dann auf den Kelch, als wolle er die Besonderheit, die Exklusivität gerade dieses Momentes betonen. Und schließlich antwortet die Versammlung auf das Sprechen jeder der beiden «Einsetzungsformeln» über das Brot und den Kelch mit einem feierlichen *Amen*, mit einem Wort, dem im Gottesdienst stets eine «konsekratorische» Bedeutung zukommt.

Was die protestantische Theologie betrifft, so verbleibt auch sie, obwohl sie jede Objektivität einer Wandlung der eucharistischen Gaben als unnötig und irgendwie «magisch» abgetan hat und die Wirklichkeit der Wandlung nicht von liturgischen Formen und Riten, sondern vom persönlichen Glauben der Teilnehmer abhängig macht, noch in diesem «Abtun» *innerhalb* derselben Reduktion befangen, denn es geht ihr um die Frage nicht der Verbindung zwischen Letztem Abendmahl und Eucharistie als solcher, sondern der «Aktualisierung», der «Wirklichkeit» dieser Verbindung in der Kirche.

Worin besteht das Ungenügen, ja die Schädlichkeit dieses Ansatzes? Weshalb bezeichnen wir ihn als Reduktion? Zweifellos weil in diesem Ansatz die – für unseren Glauben wie für unser Leben – unendlich wichtige Frage des eucharistischen Gedächtnisses des Letzten Abendmahls, und deshalb die Verbindung von Eucharistie und Letztem Abendmahl, zu einer Frage nach dem *Wie* statt nach dem *Was* wird, also danach, *wie* in der Eucharistie die Einsetzung des Letzten Abendmahles «funktioniert», nicht aber danach, *was* Christus in diesem letzten Akt seines irdischen Auftrags vollzog vor dem Verrat, vor seinem Kreuz und Tod.

Mit anderen Worten: Die Reduktion besteht hier im Ersetzen der zentralen Frage durch eine abgeleitete. Diese Ersetzung ergab sich zweifellos im Zusammenhang mit einer weiteren, weit tiefergehenden Reduktion, die, obgleich sie derselben «zersplitternden» Methode entspringt, die theologische Deutung nicht nur der Eucharistie, sondern der gesamten Erlösungstat Christi betrifft. Es ist die der scholastischen Theologie jeglicher Ausprägung eigene Identifikation des *Opfers*, das

Christus für uns und zu unserer Erlösung darbrachte, mit Golgotha: Kreuz, Leiden und Tod. Sicherlich, gemäß der Lehre der Kirche «verkündet» die Kirche in der Eucharistie «den Tod des Herrn» und «bekennt» «seine Auferstehung». Und zweifellos ist die Verbindung von Golgotha und jenem Letzten Abendmahl, das Christus hielt «bevor er litt» (Lk 22,15), also von Golgotha und Eucharistie, unbestritten. Doch verkürzt die Schultheologie ihre Auslegung der Eucharistie fast ausschließlich auf diesen Punkt. Nach ihrer Deutung setzte Christus die Eucharistie beim Letzten Abendmahl ein als ein sakramentales Gedächtnis seines Opfertodes am Kreuz, in dem er die Sünde der Welt auf sich nahm, die in seinem Leiden und Sterben gesühnt wird. Auf Golgotha einmal dargebracht, wird dieses Opfer auf ewig in der Eucharistie auf unseren Altären «aktualisiert», da es an unserer statt und für uns dargebracht wurde und wird.

Bekanntlich führte diese Identifikation von Letztem Abendmahl und Eucharistie mit dem Opfer von Golgotha die Protestanten zur grundsätzlichen Ablehnung des Opfercharakters der Eucharistie als unvereinbar mit der Lehre von der Einzigartigkeit, Unwiederholbarkeit und des «Genügens» des von Christus ἅπαξ, d.h. ein für allemal dargebrachten Opfers. Unter uns Orthodoxen wurde sie zum festen Bestandteil unserer Schultheologie – doch ohne die dem lateinischen «Prototyp» dieser Interpretation eigenen Extreme – und hatte zum Teil auch Einfluss auf die Riten und Gebete der Liturgie. Vor allem aber füllte sie in erheblichem Maß die *symbolischen* Ausdeutungen der Liturgie, über die ich schon wiederholt in den ersten Kapiteln dieser Studie gesprochen habe.

Schließlich ist hinsichtlich dieser Reduktion festzuhalten, dass sie in der Theologie wie im liturgischen Leben der Kirche zu einem fast vollständigen Bruch zwischen der Lehre von der Eucharistie als *Opfer* und der Lehre von der Eucharistie als dem *Sakrament der Kommunion* geführt hat. In unserer Schultheologie haben diese beiden Lehren sozusagen ohne jeden inneren Austausch gleichsam nebeneinander her gelebt.

Soweit es um die liturgische Praxis geht, die zweifellos das theologische Denken widerspiegelt, werden das eucharistische Opfer und die eucharistische Kommunion unter völlig anderen «Vorzeichen» aufgefasst. So haben Theologen wie Seelsorger und selbst Meister des «geistlichen Lebens» die Gläubigen gelehrt, dass es möglich ist – ja notwendig sein kann –, nur am eucharistischen Opfer teilzunehmen, nicht aber an der Kommunion: indem man an ihr durch Anwesenheit, Gebet, Darbringung der Prosphora, Empfang des Antidoron oder einfach durch «Stiftung» einer oder mehrerer Liturgien teilnimmt. Dies wurde möglich, weil im Bewusstsein und in der Frömmigkeit des Kirchenvolkes die Kommunion lange Zeit nicht mit der Eucharistie als Opfer verbunden wurde, sondern einem anderen «Gesetz» unterstellt war: dem Gesetz der individuellen «geistlichen Bedürfnisse» – Heiligung, Hilfe, Trost etc. – und dementsprechend der Frage nach der persönlichen «Bereitschaft» bzw. «Nichtvorbereitung» (zum Empfang des Sakramentes).

Alle diese Verkürzungen haben, ich wiederhole, ihren Ursprung und ihre Wurzeln in einer Theologie, einer liturgischen Wissenschaft, die zur Grundlage ihres Studiums und ihrer Interpretation der Eucharistie nicht die *lex orandi* nehmen, nicht das Gesetz des kirchlichen Gebetes in seiner Ganzheit, in der alle Teile, aus denen die Feier der Eucharistie besteht, sich gegenseitig aufbauen, sondern im Gegenteil ihre Aufsplitterung mittels apriorischer, d.h. außerhalb der Eucharistie, außerhalb ihres «Selbstzeugnisses» verorteter Kriterien.

3

Gerechtigkeitshalber ist zuzugeben, dass in den vergangenen Jahrzehnten ein bedeutsamer und im allgemeinen positiver Schub im Studium der Eucharistie stattgefunden hat. Dieser wurde gefördert einmal durch die so genannte *Liturgische Bewegung* und ihre starke Konzentration auf das frühe, vorscholastische Verständnis des Ortes der Eucharistie in der Kirche, und zum anderen durch das neue, vertiefte Studium der Verbundenheit der christlichen liturgischen Tradition mit ihren jüdischen Wurzeln. Werke von Gelehrten wie Dom Gregory Dix, Oscar Cullmann, Joachim Jeremias, Jean Daniélou und von vielen anderen erweiterten die Kenntnis der religiösen Formen des Spätjudentums, innerhalb derer das Christentum und die Kirche entstanden und von denen her die Verkündigung des Evangeliums erfolgte – der frohen Botschaft von der Ankunft des von Gott verheißenen Messias in der Welt zu ihrem Heil und von der Erfüllung in ihm der Verheißungen aller Propheten.

So wissen wir jetzt, dass das Letzte Abendmahl, ungeachtet seiner absoluten Einzigartigkeit, von der wir noch sprechen werden, *in seiner Form* ein traditionelles jüdisches Mahl war, mit den vorgeschriebenen Riten und Gebeten, und dass Christus alle diese Vorschriften erfüllt hat. Und wir wissen auch, dass diese Vorschriften, diese «Form» – gerade weil Christus sie erfüllt und sie auf sich selbst, auf sein Erlösungswerk bezogen hat – zur ursprünglichen und grundlegenden «Form» der Kirche, ihres Selbstzeugnisses, ihrer Vollendung in der Welt geworden sind.

Dieses Wissen, so nützlich und notwendig es auch sein mag, kann die Frage, die wir uns zu Beginn dieses Kapitels gestellt haben, *nicht restlos* beantworten: die Frage nach dem Sinn des *Gedächtnisses* des Letzten Abendmahls, das von Anfang an einen unveräußerlichen Teil des Danksagungsgebetes darstellte. Zudem droht uns jetzt, da uns die historische Forschung dazu verhalf, uns von der *scholastischen Reduktion* zu lösen, eine neue, dieses Mal *historische* Verkürzung. Diese besteht in der bewussten oder unbewussten Annahme, die historische Methode sei von sich her in der Lage, Bedeutung und Gehalt der Eucharistie zu erschließen – ja, nur sie könne dies bewerkstelligen. Im gegenwärtigen «Historismus», insoweit er vorgibt (eben leider nur vorgibt), alles zu wissen, begegnet uns der gleiche Rationalismus wie in der Scholastik – d.h. die Gewissheit, dass die menschliche Vernunft unfehlbar ist. Muss denn nochmals aufgezeigt werden, dass jede Art von Geschichtsforschung, auch die allerwissenschaftlichste, letztlich nie von «Voraussetzungen» frei ist, sondern stets, in ihren Fragen wie Antworten, von den – häufig unbewussten – Überzeugungen des «Fragestellers», d.h. des Historikers abhängig ist? Was das Christentum betrifft, kommt dies am besten im Konglomerat «historisch-kritischer» Studien zur frühen Kirche, zu ihrem Glauben und Leben zum Ausdruck, das die Ära des Triumphes des «Historismus» kennzeichnet, seines Triumphes gerade als Reduktion. Die Reduktion kann nämlich gerade daran abgelesen werden, dass jede dieser Theorien sich im Brustton der Überzeugung als das letzte Wort der Wissenschaft erklärte, um doch schon bald wieder von einem Nachfolger überholt zu werden, der mit der gleichen Selbstsicherheit auftrat und alsbald dasselbe Schicksal erlitt.

Darum halte ich, unter vorbehaltloser Anerkennung des unbestrittenen Nutzens, ja der absoluten Notwendigkeit historischer Forschung für eine liturgische Theologie, was ich – wie ich hoffe – in meiner *Einführung in die liturgische Theologie* hinreichend klar herausgestellt habe, die Verkürzung der Liturgik auf *Liturgiegeschichte*, die an die Stelle des früheren Gefangenseins in der Scholastik tritt, für falsch und schädlich. Ich bin zum Beispiel überzeugt, dass als Erklärung für die Hilflosigkeit, Verwirrung und Uneinigkeit der Liturgiker angesichts der tiefsten liturgischen Krise im Christentum unserer Tage als erstes diese historische Reduktion zu nennen ist. Es ist, als hätten diese Leute nichts zu sagen zu den vielen liturgischen Experimenten jeglicher Färbung, die das Ziel verbindet, den Gottesdienst «besser» an die «Bedürfnisse», «Ideen», ja «Forderungen» der Gegenwart anzupassen, ihn – kurz gesagt – in die heutige Zeit aufzulösen. Sie haben nichts zu sagen, weil sie, indem sie den Gottesdienst in Geschichte «auflösen», auch die Voraussetzungen für sein Aufgehen in der heutigen Zeit bereitgestellt und damit die Frage nach dem ewigen und unveränderlichen Wesen der Liturgie und ihrer Bedeutung für

die Kirche, den Menschen und die Welt ihres Sinnes beraubt
haben. Und zugleich als Reaktion auf alle diese Experimente
einen sterilen und liturgisch ungebildeten «Integralismus» aus-
lösten.

4

All dies musste gesagt werden, um nochmals – diesmal im
Hinblick auf das eucharistische *Gedächtnis* – die Methode zu
rechtfertigen, die das Fundament dieser ganzen Untersuchung
bildet, und die nach meiner tiefsten Überzeugung als einzige
dem Wesen wie dem Ziel liturgischer Theologie entspricht.
Die Antwort auf die Frage nach dem Sinn dieses Gedenkens,
nach dem Sinn der Liturgie als *Sakrament des Gedächtnisses*,
muss in der Eucharistie selbst gesucht werden – das heißt in
der Kontinuität, in der Identität jener nicht persönlichen, nicht
subjektiven, sondern *kirchlichen Erfahrung*, die sich in jeder
Feier der Eucharistie inkarniert und verwirklicht.

Hier haben wir ausdrücklich festzuhalten, dass die *integrale* Antwort nicht die ganze Antwort, die ganze in ihr offenbarte Erkenntnis bedeutet. Es ist uns nicht gegeben, die *ganze*
Antwort auch nur auf eine einzige wirkliche Frage zu wissen,
und zwar nicht nur aufgrund unserer Begrenztheit, sondern
aufgrund der unausschöpfbaren Tiefen des göttlichen Mysteriums, der göttlichen Heilsordnung für Welt und Mensch –
und so aufgrund der Unerschöpflichkeit unseres Suchens und
Fragens sowohl hier auf Erden wie auch in der Ewigkeit. In
der Tat, hier und jetzt, in diesem irdischen Leben, sind wir zur
Teilnahme am himmlischen Mysterium aufgerufen, zur Gemeinschaft mit dem Himmel. Doch umso mehr bleibt unsere
Erkenntnis bruchstückhaft: «Denn Stückwerk ist unser Erkennen, Stückwerk unser prophetisches Reden. Wenn aber das
Vollendete kommt, vergeht alles Stückwerk... Jetzt schauen
wir durch einen Spiegel rätselhaft, dann aber von Angesicht zu
Angesicht. Jetzt erkenne ich unvollkommen, dann aber werde

ich ganz erkennen, so wie auch ich durch und durch erkannt worden bin» (1 Kor 13,9-10.12).

Die ganze Tiefe, die ganze Freude des christlichen Glaubens und die ganze Erfahrung der Kirche besteht darin, dass dieses *Teilhafte* aus dem *Ganzen* stammt, auf dieses bezogen ist, es bezeugt, in seinem Licht leuchtet und in seiner Kraft wirkt. Wenn es uns auch in «dieser Welt» nicht gegeben ist, die *ganze* Antwort zu kennen, so ist uns doch in der Kirche, die «in dieser Welt», aber nicht «von dieser Welt» ist, der Weg des vollen Zugangs zu ihr, des Wachstums in ihr gegeben. Dieser Weg besteht darin, dass wir uns in die Erfahrung der Kirche hineinbegeben und vor allem *das Sakrament der Sakramente* empfangen, in dem uns jedes Mal, wenn die Kirche es feiert, die Fülle dieser Erfahrung gegeben ist, selbst wenn niemand jemals in der Lage sein wird, sie ganz zu begreifen. Gerade aus diesem Mit-ihr-in-Berührung-Kommen erwächst in uns die Sehnsucht, immer wahrhaftiger, immer tiefer, umfassender, vollkommener an ihr teilzunehmen und sie zu verstehen.

5

Das Erste, was sich uns im Licht der eucharistischen Erfahrungen über das liturgische Gedächtnis des Letzten Abendmahls zeigt, ist, dass es als Teil der Danksagung nicht nur von der Danksagung nicht abzutrennen ist, sich von ihr nicht «isolieren» lässt, sondern dass sich seine wahre Bedeutung allein in Bezug auf sie, von ihr her eröffnet.

Wir wissen schon, dass sich in der Danksagung die Bedeutung der Eucharistie als Aufstieg der Kirche zum himmlischen Altar, zum Sakrament des Reiches Gottes vollendet. Wir wissen ebenso, dass die ganze Liturgie in ihrem sukzessiven Selbst-Vollzug als Sakrament der Versammlung, Sakrament des Einzugs, Sakrament des Wortes, Sakrament der Darbringung und schließlich als Sakrament der Danksagung auf diesen Aufstieg angelegt ist. So wissen wir schließlich, dass in diesem

Sinn die ganze Liturgie ein *Gedächtnis* Christi ist. Alles ist ein Sakrament und eine Erfahrung einer Gegenwart: des Sohnes Gottes, der vom Himmel herabstieg, Fleisch angenommen hat, damit er uns in sich zum Himmel emporführe. Er «versammelt uns als Kirche», verwandelt unsere Versammlung in einen Einzug und Aufstieg zum Reich Gottes, er ist es, der «unseren Geist öffnet», um sein Wort zu hören, er ist es, der als «der Darbringer und der Dargebrachte» sein Opfer zu dem unsrigen und unser Opfer zu dem seinen werden lässt, er ist es, der unsere Einheit als Einheit in seiner Liebe vollendet, und er ist es, der uns schließlich in seiner Danksagung, die er uns geschenkt hat, empor zum Himmel führt und uns den Weg zum Vater auftut.

Was kann all dies anderes bedeuten, als dass das *Gedenken*, in das sich die Danksagung nun wandelt, da sie dieses Ziel erreicht, den Aufgang der Kirche zum Himmel mit ihrem eigenen Wesen erfüllt hat, die eigentliche *Wirklichkeit* des Reiches *ist*? Des Reiches, dessen wir gerade deshalb zu *gedenken* und es so als *wirklich*, als «in unserer Mitte» gegenwärtig zu begreifen vermögen, weil Christus es in jener Nacht, an jenem Tisch offenbart und eingesetzt hat.

«Darum vermache ich euch das Reich, wie es mein Vater mir vermacht hat: Ihr sollt in meinem Reich mit mir an meinem Tisch essen und trinken» (Lk 22,29-30). In der Finsternis der gefallenen, von Sünde und Tod geknechteten Welt hat das Letzte Abendmahl das überirdische, göttliche Licht des Reiches Gottes offenbart. Hierin liegt der ewige Sinn, die ewige Wirklichkeit dieses einzigartigen, mit nichts zu vergleichenden und auf nichts zu reduzierenden Ereignisses. Die eucharistische Erfahrung der Kirche macht genau diesen Sinn offenbar. Die Kirche versteht darin ihren eigenen Aufstieg zur himmlischen Wirklichkeit, die Christus im Letzten Abendmahl ein für allemal kundgetan und gewährt hat. Und wenn wir beim Vorgehen zur Kommunion beten «An Deinem Letzten Abendmahl, o Sohn Gottes, nimm mich *heute* als Teilnehmer auf», dann ist die Identifikation dessen, was *heute* vollzogen wird, mit dem, was *damals* vollzogen wurde, *Wirklichkeit* im vollen Sinn des Wortes, für *heute* sind wir im selben Reich und um den selben Tisch versammelt, an dem einst in jener nächtlichen Feier Christus unter jenen war, die «er liebte bis zum Ende».

«Er liebte sie bis zum Ende» (Joh 13,1). In der eucharistischen Erfahrung und in den Evangelien ist das Letzte Abendmahl das *Ende* (τέλος), d.h. die Vollendung, die Krönung, die Erfüllung der Liebe Christi, jener Liebe, die das innerste Wesen all seines Dienstes, seines Predigens und Wunderwirkens ist und in der Christus sich nun selbst vollkommen hingibt als die Liebe selbst. Von den einleitenden Worten: «Ich habe mich sehr danach gesehnt, vor meinem Leiden das Passahmahl mit euch zu essen» (Lk 22,15), bis zum Auszug zum Garten von Gethsemane befasst sich alles beim Letzten Abendmahl – die Fußwaschung, das Austeilen des Brotes und des Kelches an die Jünger, die letzte Rede – nicht nur mit der Liebe, sondern ist *die Liebe selbst.* Und somit ist das Letzte Abendmahl das Ziel, τέλος, die Erfüllung und Vollendung des *Endes,* denn es ist Offenbarung jenes Reiches der Liebe, um dessentwillen die Welt erschaffen wurde und in dem sie ihren τέλος, ihre Vollendung hat. Aus Liebe schuf Gott die Welt. Aus Liebe hat er sie nicht verlassen, als sie in Sünde und Tod fiel. Aus Liebe sandte er seinen eingeborenen Sohn, seine Liebe, in die Welt. Und jetzt an dieser Tafel bezeugt und schenkt er seine Liebe als sein Reich und sein Königtum, als «Wohnen» in der Liebe: «Wie mich der Vater geliebt hat, so habe auch ich euch geliebt. *Bleibt in meiner Liebe!*» (Joh 15,9)

6

So lautet die Antwort der Liturgie selbst, der eucharistischen Erfahrung der Kirche, auf die erste der aufgezeigten «Verkürzungen», die das eucharistische Gedächtnis des Letzten Abendmahls als Verweis auf die Einsetzung des Sakraments erklärt und damit die eigentliche Einsetzung auf die Befugnis und Vollmacht der Kirche reduziert, Brot und Wein des eucharistischen Opfers in Leib und Blut Christi zu verwandeln.

Gerade im Licht des Gesagten zeigt sich das völlige Ungenügen, die völlige Unvereinbarkeit dieser Deutung mit der Erfahrung der Kirche. Das Ungenügen dieser Deutung liegt nicht darin, dass sie die *Wirklichkeit* der Gegenwart von Leib und Blut Christi in den eucharistischen Gaben betont, sondern dass sie das ausschließt, was sie aufgrund ihres Abgetrenntseins von der umfassenden Erfahrung der Kirche nicht sieht, nicht hört und deshalb auch nicht weiß. Und sie schließt gerade das Entscheidende aus: die eucharistische *Erkenntnis* des Letzten Abendmahls als die letztgültige Kundgabe des Königreichs Gottes und somit der *Beginn* der Kirche, ihr Beginn als neues Leben, als Sakrament des Gottesreichs.

Gleichzeitig finden wir gerade beim Letzten Abendmahl, bei der Verwandlung *des Endes in einen Beginn,* Verwandlung des Alten Bundes in den Neuen durch Christus, das Wesen dessen, was mit dem dürftigen und schwachen Begriff «Einsetzung» bezeichnet wird, einem Wort, das uns allein schon aufgrund seines bloßen Klangs zu einer juridischen, institutionalisierten Verkürzung verleitet. Beim Letzten Abendmahl *stiftete* Christus keinerlei «Befugnis» oder «Recht», Brot und Wein zu verwandeln – er stiftete die Kirche. Er stiftete sein Reich, das er für alle seine Jünger errichtet und für alle, die «durch ihr Wort glauben» (Joh 17,20), als ein *Bleiben in seiner Liebe.* «Ein neues Gebot gebe ich euch: Liebt einander.» Dieses Gebot ist neu, von Ewigkeit her neu, weil Christus selbst es ist, die wahre Liebe Gottes, die uns geschenkt ist, damit wir durch sie einander lieben: «Wie ich euch geliebt habe, so sollt auch ihr einander lieben» (Joh 13,34). Und dieser neue Bund in Christus, der Liebe Gottes, ist die Kirche.

Ja, die Einsetzung der Eucharistie ereignete sich beim Letzten Abendmahl – aber nicht als eine «andere», von der Einsetzung der Kirche getrennte. Denn es ist die Einsetzung der Eucharistie als Sakrament der Kirche, ihres Aufstiegs zum

Himmel, der Vollendung ihrer selbst am Tisch Christi in seinem Reich. Das Letzte Abendmahl, Kirche und Eucharistie sind «verbunden» nicht in einem irdischen Zusammenhang von Ursache und Wirkung, auf den die «Einsetzung» so oft herabgestuft wird, sondern in ihrem gemeinsamen und einzigartigen *Bezug* zum Reich Gottes, das beim Letzten Abendmahl geoffenbart, der Kirche *geschenkt* und dessen – in seiner Gegenwart und Wirkmächtigkeit – in der Eucharistie *gedacht wird*.

Deshalb wird uns schließlich nur über diesen Bezug und als seine Erfüllung und seine Aktualität der wahre Sinn des tiefsten und freudenreichsten der Geheimnisse unseres Glaubens offenbart: der Verwandlung unserer Gaben in den Leib und das Blut Christi. Und von diesem Mysterium werden wir im folgenden Kapitel als vom *Sakrament des Heiligen Geistes* handeln.

7

Doch zuvor müssen wir noch bei der von der Eucharistie selbst, von der eucharistischen Erfahrung der Kirche gegebenen Antwort auf die zweite «Reduktion» verweilen: bei der Identifikation des Gedächtnisses des Letzten Abendmahls mit dem Gedächtnis des Leidens und Sterbens Christi am Kreuz, und somit der Deutung der Eucharistie vor allem als Sakrament des Opfers von Golgotha.

Wir möchten gleich zu Beginn bemerken, dass die diese Reduktion mitbegründende Verbindung zwischen dem Letzten Abendmahl und dem freiwilligen Leiden Christi von der Kirche niemals bezweifelt worden ist und nicht nur durch ihre ganze liturgische Tradition, sondern vor allem durch das Evangelium selbst bezeugt wird. Nach den Evangelien feierte Christus das Letzte Abendmahl mit Absicht vor seinem Leiden (Lk 22,15) und im Wissen darum, dass seine Stunde gekommen war (Joh 13,1). Er setzte seine Abschiedsrede an seine Jünger, in der er ihnen sein neues Gebot gab und die er noch während des Mahles begonnen hatte, auf dem Weg zum Garten Gethsemane fort («Steht auf, wir wollen von hier weggehen» Joh 14,31), so dass gerade dieses Verlassen, der Aufstieg zum Kreuz, sich uns als Vollendung des Letzten Abendmahls zeigt. Diese Verbindung bezeugt auch das eucharistische Gebet, das, ich wiederhole, ständig das Gedächtnis des Letzten Abendmahls mit dem Gedächtnis des Kreuzes verbindet.

Es geht also nicht um diese Verbindung an und für sich, sondern um ihre theologische Auslegung. Rechtfertigt all das bisher Gesagte eine Deutung der Eucharistie, die im eucharistischen Gedächtnis das *Mittel* zur sakramentalen Vergegenwärtigung des Opfers auf Golgotha sieht? Und ist das sich daraus ergebende Verständnis des Letzten Abendmahls als Handlung Christi, der vor seinem Leiden, in Voraussicht seines Opfers auf Golgotha, dieses vorweggenommen und in seine sakramentale «Form» eingesetzt hat, damit die erlösende Frucht dieses Opfers den Gläubigen immerfort zugeführt werden kann, wirklich richtig?

Im Licht all des oben zur eucharistischen Erfahrung der Kirche und zur «Erkenntnis» des Letzten Abendmahls Gesagten können wir nicht nur, wir müssen beide Fragen mit «Nein» beantworten. Dieser Ansatz ist falsch – falsch, weil er durch die Isolierung des eucharistischen Gedächtnisses und durch seine Trennung von der liturgischen Feier insgesamt bestimmt wird, die, wie wir gesehen haben, restlos auf das Gedächtnis hin orientiert ist, voll auf diesen ihren Höhepunkt zuläuft.

Der ganze Sinn, die ganze endlose Freude dieses Gedächtnisses liegt tatsächlich darin, dass es an das Letzte Abendmahl nicht als an ein «Mittel» erinnert, sondern als an eine Kundgabe, ja mehr noch als eine Kundgabe: eine Gegenwart und Gabe des eigentlichen *Ziels* – des Reiches, auf das hin Gott die Welt erschaffen, zu dem er die Menschheit berufen und hingeordnet und das er «in den letzten Tagen» in seinem eingeborenen Sohn offenbart hat als das Reich der Liebe des Vaters zum

Sohn, der Liebe des Sohnes zum Vater und der Gabe dieser Liebe an die Gläubigen durch den Heiligen Geist. «Ich in ihnen und du in mir. So sollen sie vollendet sein in der Einheit..., damit die Liebe, mit der du mich geliebt hast, in ihnen ist und damit ich in ihnen bin» (Joh 17,23.26).

Deshalb bezeichnen wir auch das Letzte Abendmahl als ein endgültiges Ereignis, denn als *Offenbarung des Ziels* ist es Offenbarung des Endes. Dieses Ende, das Reich Gottes, ist «nicht von dieser Welt», somit ist es *überirdisch*, obgleich seine Offenbarung sich in «dieser Welt» ereignet. «Ich bin nicht mehr in der Welt», sagt Christus beim Letzten Abendmahl (Joh 17,11). Weil er aber nicht länger in der Welt ist, ist auch die Herrlichkeit («ich habe ihnen die Herrlichkeit gegeben, die du mir gegeben hast» Joh 17,22), die er seinen Jüngern in jener Nacht, an jenem Mahl, offenbarte und zuteil werden ließ, «nicht von dieser Welt». Mit dem Letzten Abendmahl ist der Auftrag Christi auf Erden vollendet, Christus selbst bezeugt das in seinen Abschiedsreden wie in seinem hohepriesterlichen Gebet: «Jetzt ist der Menschensohn verherrlicht, und Gott ist in ihm verherrlicht» (Joh 13,31), «ich habe dich auf der Erde *verherrlicht* und das Werk *vollendet*, das du mir aufgetragen hast» (Joh 17,4).

Dann aber zeigt sich alles, was Christus *nach* dem Letzten Abendmahl vollbrachte und woran das eucharistische Gebet erinnert, in diesem Gebet und im Glauben und in der Erfahrung der Kirche als eine *Folge* dieser Kundgabe des Gottesreiches, als dessen erster, entscheidender und erlösender *Sieg* in der Welt und über die Welt.

8

Christus wurde durch «diese Welt» gekreuzigt, durch ihre Sünde, ihre Bosheit, ihren Kampf gegen Gott. In der irdischen Geschichte, in unserer irdischen Zeit, gehört die *Initiative* zum Kreuz zum Wesen der Sünde, so wie es heute noch, in je-

dem von uns, dazu gehört, wenn wir durch unsere Sünden
«den Sohn Gottes nochmals kreuzigen und zum öffentlichen
Gespött» machen (Hebr 6,6).

Wenn aber das Kreuz – ein Werkzeug schmählicher Hin-
richtung – zum heiligsten *Zeichen* unseres Glaubens, unserer Hoffnung und Liebe geworden ist, wenn die Kirche nicht
müde wird, die unsägliche und unbesiegliche Macht des Kreuzes zu preisen und in ihm die «Schönheit des Alls» und das
«Heil der Schöpfung» zu sehen und zu bekennen, dass «durch
das Kreuz Freude in alle Welt gekommen ist», dann weil
durch eben dieses Kreuz, in dem sich das eigentliche Wesen
der Sünde, die *Auflehnung gegen Gott*, verkörperte, diese
Sünde überwunden wurde; weil im Kreuzestod der die Welt
beherrschende Tod, der seinen endgültigen Sieg davongetragen
zu haben schien, selber vernichtet wurde; und schließlich, weil
aus den Tiefen des Sieges am Kreuz die Freude der Auferstehung aufstrahlte.

Was aber verwandelte das Kreuz und verwandelt es auf
ewig in den Sieg, wenn nicht die Liebe Christi, dieselbe göttliche Liebe, die uns Christus als das eigentliche Wesen und
die Herrlichkeit des Reiches Gottes offenbart und beim Letzten Abendmahl geschenkt hat? Und wo, wenn nicht beim
Letzten Abendmahl, finden wir den Höhepunkt der ganzen,
vollkommenen Selbsthingabe dieser Liebe, für die in «dieser
Welt» das Kreuz – Verrat, Kreuzigung, Leid und Tod – *unvermeidlich* war?

Die Evangelien und die Gottesdienste der Kirche, besonders die wunderbar tiefen liturgischen Feiern der Karwoche,
bezeugen die Verbindung zwischen dem Letzten Abendmahl
und dem Kreuz und den Zusammenhang von Offenbarung
und Sieg des Gottesreiches. In diesen Gottesdiensten wird das
Letzte Abendmahl stets auf jene es rings umgebende Nacht
bezogen, in die das Licht des Festes der Liebe ganz besonders
hell hineinstrahlt, das Christus mit seinen Jüngern im «großen,
mit Polstern ausgestatteten Obergemach» (Lk 22,12) beging,
als sei es von jeher im Voraus dazu bereitet worden. Das war

die Nacht der Sünde, die Nacht als das eigentliche Wesen «dieser Welt». Und hier verdichtet sie sich ins Äußerste, schickt sich an, auch noch den letzten Lichtschein zu verschlingen. Schon «haben sich die Fürsten dieses Volkes gegen den Herrn und seinen Gesalbten versammelt». Schon sind die Silberlinge – der Preis für den Verrat – bezahlt. Schon ist die von ihren Führern angestiftete, mit Schwertern und Speeren bewaffnete Schar unterwegs zum Garten Gethsemane.

Doch – und dies ist für das kirchliche Verständnis des Kreuzes überaus wichtig – das Letzte Abendmahl selber fand unter dem Schatten dieser Finsternis statt. Christus wusste, die Hand des Mannes, «der mich verrät und ausliefert, ist mit mir auf dem Tisch» (Lk 22,21). Vom Letzten Abendmahl, aus seinem Licht ging Judas, *nachdem er den Bissen Brot genommen hatte* (Joh 13,27), hinaus in jene furchtbare Nacht, und kurz nach ihm Christus. Und wenn in der Gründonnerstagsliturgie, am Tag des eigentlichen Gedenkens des Letzten Abendmahls, Freude stets mit Trauer verwoben ist, wenn die Kirche immer wieder nicht nur das Licht, sondern auch das es überschattende Dunkel in Erinnerung ruft, dann weil sie in dem doppelten Abgang von Judas und Christus aus diesem Licht in die Finsternis den Beginn des Kreuzes sieht und erkennt als Mysterium der Sünde und als Mysterium des Sieges über sie.

Das Mysterium der Sünde. Judas' Abgang ist der Endpunkt und die Vollendung der Sünde, die im Paradies ihren Ursprung hat und deren Wesen im Abfall der menschlichen Liebe von Gott besteht, darin, dass diese Liebe sich selbst und nicht Gott gewählt hat. Das ganze Leben, die ganze Geschichte der *gefallenen* Welt als «diese Welt», die als «Reich des Fürsten dieser Welt» unter der Sünde steht, beginnt mit diesem Abfall und ist innerlich durch ihn bestimmt. Jetzt aber – mit dem Abgang des Judas, des Apostels und Verräters – nähert sich diese blinde, verkehrte, lieblose, zur *Räuberei* gewordene Geschichte der Sünde ihrem Ende, denn sie hatte das Leben, das zur Gemeinschaft mit Gott gegeben war, geraubt und «für sich selbst» genommen. Denn der geheimnisvolle und furchtbare Sinn dieses Abgangs besteht darin, dass auch Judas *das Paradies verlässt*, aus dem Paradies flüchtet, sich selbst aus dem Paradies vertreibt. Er nahm am Letzten Abendmahl teil, Christus wusch ihm die Füße, er nahm das Brot der Liebe Christi in seine Hände und Christus gab sich ihm in diesem Brot. Er sah, hörte und fühlte das Reich Gottes mit eigenen Händen. Und hier, wie Adam, die Ursünde vollendend und die ganze schreckliche «Logik» der Sünde bis ins Äußerste treibend, *wollte er* dieses Reich nicht. In Judas hat sich die Auflehnung «dieser Welt» gegen Gott, ihre gefallene Liebe, als stärker erwiesen. Dieses Aufbegehren aber in seiner ganzen schrecklichen Logik konnte – konsequenterweise, unvermeidlich – nichts anderes sein als der *Gottesmord*. Nach dem Letzten Abendmahl blieb Judas *nirgendwohinzugehen* als in die Finsternis des Gottesmordes. Und als es getan war und dieses Begehren, und damit auch sein «lebendiges Leben», sich erschöpft hatte, gab es für Judas *keinen anderen Weg* als den Weg in die Selbstvernichtung und den Tod.

Das Mysterium des Sieges. In Christus, der durch seine Selbsthingabe sein Reich und dessen Herrlichkeit beim Letzten Abendmahl offenbarte, ist *dieses wahre Reich* mitten in der Nacht «dieser Welt» erschienen. Nach dem Letzten Abendmahl blieb Christus somit *nirgendwohinzugehen* als zu dieser Begegnung, zu diesem letzten Kampf mit Sünde und Tod. Denn die beiden Reiche, das Reich Gottes und das Reich des «Fürsten dieser Welt», konnten nicht einfach «ko-existieren»; denn um die Herrschaft von Sünde und Tod zu zerstören, um seine Schöpfung, die ihm Satan geraubt hatte, sich selbst wieder zurückzugeben, ja um die Welt zu retten, gab Gott seinen eingeborenen Sohn dahin. So *verurteilte* sich Christus mit dem Letzten Abendmahl selbst zum Kreuz und zu der darin sich ereignenden Offenbarung des Reiches der Liebe. Durch das Kreuz tritt das Reich Gottes, das im Letzten Abendmahl *im Geheimen* offenbart wurde, in «diese Welt» ein und wird darin zum Kampf und Sieg.

Dies ist die Erkenntnis und die ursprüngliche Erfahrung des Kreuzes in der Kirche, wie es die ganze liturgische Tradition der Kirche und vor allem auch ihr eucharistisches *Gedächtnis* bezeugt. So fährt das Gebet der Danksagung fort:

> Eingedenk dieser erlösenden Verheißung
> und all dessen, was unseretwillen vollbracht wurde,
> Kreuz, Grab und Auferstehung am dritten Tage,
> Auffahrt zum Himmel und Sitzen zur Rechten
>   des Vaters,
> und die glorreiche Wiederkunft...

Diese Aufzählung – in der, wir möchten das betonen, das Kreuz weder isoliert noch den anderen Ereignissen gegenübergestellt wird, sondern mit ihnen zusammen eine aufsteigende Reihe bildet – ist das Gedächtnis eines einzigen Sieges, der in Christus durch das Reich Gottes über «diese Welt» errungen worden ist. Der Sieg, der sich in einer Abfolge von Siegen ereignet, wobei jeder Sieg seine Erfüllung im je nächsten Sieg findet, ist die Handlung des siegreichen Voranschreitens auf jenes *Ende* zu, an dem Christus «seine Herrschaft Gott, dem Vater, übergibt, ... damit Gott herrsche über alles und in allem» (1 Kor 15,24-28). Die Opferliebe Christi, das eine *Opfer*, das Christus in all diesen Siegen vollumfänglich darbringt, vereint und verwandelt sie in einen einzigen Sieg.

Hier, in Bezug auf dieses eine, allumfassende Opfer Christi, zeigt sich die Schädlichkeit der in der «zergliedernden» Schultheologie vorgenommenen Gleichsetzung des Opfers, das Christus *nur* für uns darbringt, mit dem Leiden und dem Tod am Kreuz. Diese Schädlichkeit wurzelt in erster Linie in dem einseitig «juridisch» verstandenen Begriff des Opfers als einer *wiedergutmachenden* Tat in Bezug auf das Böse und die Sünde und als Sühne, d.h. als ein Akt, der wesensgemäß Leiden und letztlich den Tod «erfordert». Ein solches Verständnis aber ist – darüber haben wir bereits im Kapitel zur Eucharistie als *Sakrament der Darbringung* gesprochen – einseitig und somit falsch. Denn seinem Wesen nach ist Opfer nicht mit der Sünde und dem Bösen, sondern mit *Liebe* verbunden, ist Selbstoffenbarung und Selbstvollzug der Liebe. Liebe gibt es nicht ohne Opfer, denn Liebe als Hingabe seiner selbst an den Anderen, als Hingabe des eigenen Lebens für den Anderen, als vollkommener Gehorsam gegenüber einem Anderen, ist Opfer. Wenn Opfer in «dieser Welt» tatsächlich und zwangsläufig mit Leiden verbunden ist, entspricht dies nicht dem eigenen Wesen des Opfers, sondern dem Wesen «dieser Welt», die dem Bösen verfallen ist und deren Wesen im Abfall von der Liebe besteht.

Davon haben wir früher gesprochen und es besteht kein Anlass, es hier nochmals zu tun. Für uns ist nun wichtig, dass in der eucharistischen Erfahrung der Kirche, in der Erfahrung der *Eucharistie als Opfer* dieses Opfer das ganze Leben Christi umfasst, seinen ganzen Auftrag, oder genauer, dass das Opfer Christus selbst *ist*. Denn als vollkommene Liebe ist er das vollkommene Opfer. Er ist Opfer nicht nur in seinem heilswirksamen Amt, sondern vor allem in seiner ewigen *Sohnschaft*, in der Hingabe seiner selbst in Liebe und im vollkommenen Gehorsam an den Vater. Wir können, ohne Furcht, mit der klassischen Lehre von der vollkommenen Glückseligkeit Gottes in Widerspruch zu geraten, das Opfer bis in das innerste Leben der Dreifaltigkeit zurückverfolgen, ja sogar die wahre Glückseligkeit Gottes in der Vollkommenheit der allerheiligsten Trinität als die vollkommene gegenseitige Selbsthingabe des Vaters, des Sohnes und des Heiligen Geistes betrachten, d.h. als vollkommene Liebe und somit als das vollkommene Opfer.

Der Sohn bringt dieses ewige Opfer dem Vater dar, verwandelt es im Gehorsam an den Vater in die Hingabe seiner selbst *für das Leben der Welt*. Er bringt es dar durch seine Menschwerdung, in der Annahme der menschlichen Natur, und wird so zum Menschensohn für alle Ewigkeit. Er bringt es dar im Empfang der Taufe durch Johannes und übernimmt damit die

Sünde der Welt. Er bringt es dar durch sein Predigen und Wunderwirken. Und er erfüllt diese Darbringung, indem er beim Letzten Abendmahl das Reich Gottes, das Reich der vollkommenen Selbstentäußerung, der vollkommenen Liebe, des vollkommenen Opfers, offenbart und seinen Jüngern daran teilgibt.

Da sich aber diese Darbringung in «dieser Welt» ereignet, da sie von Anfang an dem Widerspruch der *Sünde* in all ihren Schattierungen begegnet – im Blut der von Herodes niedergemetzelten Kinder, im Unglauben und in der Skepsis der Welt bis zum rasenden Hass der Schriftgelehrten und Pharisäer –, ist diese ganze Darbringung von Anfang an *Kreuz* – Passion und ihre Hinnahme, geistiger Kampf und Sieg –, *Kreuzigung* im tiefsten Sinn des Wortes. «Da ergriff ihn Furcht und Angst» (Mk 14,33) – das wird über das letzte Ringen, die letzte Erschöpfung gesagt – in der Nacht des Verrats in Gethsemane. Doch diese letzte Furcht und Angst – Furcht vor der Sünde, die Christus umgab, und Angst vor dem Unglauben «der Seinen», für die er gekommen – ist gegenwärtig im ganzen Leben und Dienst Christi. Nicht umsonst begeht die Kirche am Fest der Geburt des Herrn, während sie sich für die freudenreiche Feier der Menschwerdung bereitet, gleichsam eine Präfiguration der Karwoche, wenn sie das seit unvordenklichen Zeiten unvermeidlich in diese Freude eingeschriebene Kreuz betrachtet.

Da der ganze irdische Dienst Christi in der Darbringung des ewigen Opfers der Liebe – in «dieser Welt» «für uns Menschen und zu unserem Heil» – besteht, ist alles – in «dieser Welt» – Kreuz. Sein Dienst, der sich beim Letzten Abendmahl als Freude und Gabe des Reiches Gottes vollendet, vollendet sich als Kampf und Sieg am Kreuz. Beide Male ist es dieselbe Darbringung, dasselbe Opfer, derselbe Sieg. Durch das Kreuz und als Kreuz aber wird schließlich diese Darbringung, dieses Opfer und dieser Sieg uns, die wir in «dieser Welt» leben, übergeben und geschenkt. Denn in «dieser Welt» und vor allem in uns selbst ereignet sich dieser Aufstieg zur Freude und

Fülle des Gottesreiches, zu der wir berufen sind, einzig und allein durch das Kreuz.

10

Einzig durch das Kreuz … In Wirklichkeit ist alles, was ich in diesem Kapitel – ja, nicht in ihm allein – über das Wesen der Kirche als Aufstieg zum Himmel in die Freude des Reiches Gottes und über die Eucharistie als Sakrament dieses Aufstiegs zu sagen versuche, absichtlich in schwachen und unzureichenden Worten ausgedrückt. Diese Worte über Freude und Fülle wären völlig *unverantwortlich*, würden sie nicht – durch die Kirche, in der Eucharistie – auf das *Kreuz* bezogen, auf den einzigen Weg dieses Aufstiegs und auf die Mittel unserer Teilnahme daran.

Es ist das Kreuz «Jesu Christi, unseres Herrn, durch das mir die Welt gekreuzigt ist und ich der Welt» (Gal 6,14). Muss eigens ausgeführt werden, dass der Apostel Paulus mit diesen Worten das ganze Wesen des christlichen Lebens in der Nachfolge Christi aussagt? *Die Welt ist mir gekreuzigt:* Wenn Nachfolge Christi antwortende Liebe auf seine Liebe, antwortendes Opfer auf sein Opfer ist, dann kann dies in «dieser Welt» nichts anderes sein als eine geistige Tat des Verzichts auf die Welt in ihrer Eigensucht, ihrem Stolz, ihrer «Lust»: auf die «Begierde des Fleisches, Begierde der Augen und Prahlen mit dem Besitz» (Joh 16,22). *Ich bin der Welt gekreuzigt:* Doch dieses Opfer kann nichts anderes sein als meine Kreuzigung, denn «diese Welt» ist nicht nur um mich herum, sondern vor allem in mir selbst, im alten Adam in mir. Sein tödlicher Kampf mit dem uns von Christus geschenkten neuen Leben wird während unseres irdischen Aufenthalts kein Ende nehmen.

«In der Welt seid ihr in Bedrängnis» (Joh 16,33). Jeder, der auch nur ein wenig dem Weg Christi zu folgen, ihn zu lieben und sich ihm hinzugeben versucht, erfährt diese Bedrängnis und weiß um dieses Leiden. Das Kreuz ist Leiden. Doch

275

durch diese Liebe und Selbsthingabe wird diese Bedrängnis zur Freude. Sie wird als ein mit Christus Gekreuzigt-Sein erfahren, als Annahme *seines* Kreuzes und somit als ein Teilhaben an seinem Sieg. «Habt Mut: Ich habe die Welt besiegt» (Joh 16,33). Das Kreuz ist Freude, «und niemand wird euch eure Freude nehmen» (Joh 16,22).

Deshalb ist das eucharistische *Gedächtnis*, das Gedächtnis des Reiches Gottes, das beim Letzten Abendmahl offenbart und eingesetzt wurde, gleichzeitig und unzertrennlich auch das Gedächtnis des Kreuzes, des für uns gebrochenen Leibes Christi, des für uns vergossenen Blutes Christi. Deshalb wird *allein durch das Kreuz* die Gabe des Gottesreiches in seinen Empfang gewandelt, seine Kundgabe in der Eucharistie – in unseren Aufstieg zum Himmel, in unsere Teilnahme am Festmahl Christi in seinem Reich.

11

Das Sakrament der Versammlung, das Sakrament der Darbringung, das Sakrament der Anaphora und der Danksagung und schließlich des Gedächtnisses sind ein einziges Sakrament, dasjenige des Reiches Gottes, des einen Opfers der Liebe Christi, sie sind somit das Sakrament der Verkündigung und der Gabe unseres Lebens als Opfer. Denn Christus hat unser Leben in sich aufgenommen und hat es Gott gegeben. Der Mensch wurde für ein Leben als Opfer geschaffen, für ein Leben als Liebe. Er hat es in seinem Abfall von Gott verloren – denn es gibt kein anderes Leben. Christus aber zeigte uns in der Selbsthingabe seiner Liebe das Opfer als Leben und das Leben als Opfer und schenkte es uns als Aufstieg zum Reich Gottes und als Teilnahme daran.

Wir haben ein Zeugnis und einen Ausdruck für dieses Opfer, das in Christus zu dem *unseren* wird, und für seine allumfassende Fülle in den Worten, die das eucharistische *Gedächtnis* beschließen:

... bringen wir Dir dar das Deine,
von all den Deinen,
im Namen aller und für alle.

Durch diese abschließenden Worte wird das *Ende* in einen
Beginn verwandelt, in den ewigen Beginn, weil ewige Erneuerung, den der Tröster, der Heilige Geist, in seinem Kommen
kundtut und erfüllt.

ELFTES KAPITEL

DAS SAKRAMENT DES HEILIGEN GEISTES

«Vereinige uns alle untereinander,
die wir an dem einen Brot und an
dem einen Kelch teilhaben, zur
Gemeinschaft des einen Heiligen
Geistes.»

(Basilius-Liturgie)

1

Wir haben nun den Höhepunkt der eucharistischen Feier erreicht. Alles ist gesagt, an alles ist vor dem Altare Gottes gedacht, für alles ist dankgesagt worden. Und nun wendet sich das Gebet, in dem die Darbringung, dieses Opfer des Lobes vollzogen wird, an den Vater und bittet ihn, seinen Geist «auf uns und die hier dargebrachten Gaben» herabzusenden:

> Wiederum bringen wir Dir dar
> diesen geistigen und unblutigen Dienst der Anbetung
> und ersuchen Dich, erbitten und erflehen von Dir:
> Sende herab Deinen Heiligen Geist
> auf uns und die hier dargebrachten Gaben.
> Mache dieses Brot zum kostbaren Leib
> Deines Christus

und was in diesem Kelch ist, zum kostbaren Blut
    Deines Christus,
sie verwandelnd durch Deinen Heiligen Geist,
    damit sie denen, die daran teilnehmen, gereichen
    zur Reinigung der Seelen,
    zur Vergebung der Sünden,
    zur Gemeinschaft Deines Heiligen Geistes...
    nicht aber zu Gericht und Verdammnis.

Doch gerade weil wir diesen Höhepunkt erreicht haben, müssen wir alles zusammentragen, was uns dorthin geleitet hat und von dem wir in den vorausgehenden Kapiteln gehandelt haben. Denn der eigentliche oben angeführte Wortlaut der Liturgie verbindet die *Epiklese*, die Anrufung des Heiligen Geistes, mit der Wandlung der eucharistischen Gaben in Leib und Blut Christi.

Diese Verbindung aber wird, wie wir wissen, unterschiedlich ausgelegt: Nach der scholastischen Tradition des Westens geht es um das Gebet, das die «Konsekrationsformel» enthält, und im orthodoxen Osten um das Gebet, das die ganze eucharistische Feier – Darbringung, Danksagung, Gedächtnis – umfasst und durch die Wandlung der heiligen Gaben die ganze göttliche Liturgie zur Vollendung führt.

Die westliche Lehre ist allmählich in den Osten eingedrungen und von ihm zum Teil auch übernommen. Ich sage «zum Teil», denn einerseits lehnt der orthodoxe Osten insgesamt die westliche Lehre über die «Einsetzungsworte» als *Ursache* der Wandlung zweifellos ab. Andererseits aber war diese Ablehnung nicht kräftig genug, so dass das Gebet der Epiklese nun ebenso im orthodoxen Osten als eine «Konsekrationsformel» verstanden wird.

Der Jahrhunderte alte Streit um die Epiklese und ihren Ort in der Liturgie veränderte sich in einen Streit hauptsächlich über zwei «Momente» der Wandlung, die voneinander nicht einmal Minuten, sondern nur Sekunden getrennt sind. Dies erklärt sehr wahrscheinlich, weshalb im Gegensatz zu der Leidenschaftlichkeit und Emotionalität, mit der die großen dogmatischen Auseinandersetzungen in der Patristik geführt wurden, die Frage der Epiklese, der Wandlung der heiligen Gaben und die Theologie der Sakramente ganz allgemein im Osten nur wenig Beachtung gefunden haben. Denn insofern die *Wirklichkeit* der Wandlung der Gaben weder im Westen noch im Osten je in Frage gestellt wurde und die Auffassung des Westens von den Sakramenten im Leben der Ostkirche sich nur *allmählich* durchsetzte, nahm das Kirchenvolk davon keine Notiz. Nach außen hin blieben ja die Riten wie die Gebete die vertrauten und *eigenen*. Als dann aber das westliche Verständnis des Sakraments – vor allem der Eucharistie – de facto in unseren Handbüchern vorherrschend wurde und sich in den «Katechismus» einschlich, nahm die überwiegende Mehrheit der Gläubigen, einschließlich der Theologen und des Klerus, diesen erfolgten Wandel schlichtweg nicht wahr.

2

Doch bin ich davon überzeugt, dass es an der Zeit ist, diesen Wandel zu *erkennen* und zu verstehen, dass es hier nicht um belanglose Einzelfragen geht, sondern um etwas für die Kirche und für unser christliches Leben überaus Wesentliches. Für die Orthodoxie bilden die Worte des hl. Irenäus von Lyon die bleibende Grundlage für die Auslegung der Eucharistie: «Unsere Unterweisung stimmt mit der Eucharistie überein, und die Eucharistie ihrerseits bestätigt unsere Unterweisung.»[1] Alles, was zur Eucharistie gehört, gehört zur Kirche, und alles, was zur Kirche gehört, gehört zur Eucharistie und wird an dieser Wechselbeziehung *gemessen*.

Inzwischen hat sich gerade diese ursprüngliche Wechselbeziehung durch die Verbreitung des nach dem Bruch mit der Patristik in der Kirche aufkommenden neuen Sakramentsver-

---

[1] Irenäus von Lyon, *Adv. haer.* 4, 18, 5.

ständnisses als *gebrochen* erwiesen. Die Eucharistie, die in der frühen Kirche als Sakrament der Einheit, als Sakrament des Aufstiegs der Kirche und ihrer Vollendung am Gastmahl des Herrn in seinem Reich verstanden wurde, ist nun nach dieser Lehre zu einem Mittel zur Heiligung der Gläubigen geworden. Das zeigt sich weitaus am deutlichsten im Wandel des *Kommunionempfangs* von einem Akt der Kirche, der Versammlung – von einem Akt der Erfüllung und Vollendung unserer Gliedschaft in der Kirche als Leib Christi – zu einem Akt persönlicher Frömmigkeit, und für die Laien zu einem Akt mit Ausnahmecharakter, der nicht von der Kirche, sondern durch die private Frömmigkeit und «Entscheidung» des Kommunizierenden geregelt wird.

Wir fahren fort in der Liturgie mit dem Gebet:

> Vereinige uns alle untereinander, die wir an dem einen
> Brot und an dem einen Kelch teilhaben,
> zur Gemeinschaft des einen Heiligen Geistes.

Was aber begründet diese Einheit in unseren Liturgien ohne Kommunizierende? Zu Beginn wie am Ende der Liturgie beten wir: «Bewahre die Fülle Deiner Kirche» – doch von welcher Fülle ist hier die Rede? Und was bedeuten die Worte, die der Apostel Petrus an uns richtet: «Ihr aber seid ein auserwähltes Geschlecht, eine königliche Priesterschaft, ein heiliger Stamm, ein Volk, das sein besonderes Eigentum wurde, damit ihr die großen Taten dessen verkündet, der euch aus der Finsternis in sein wunderbares Licht geführt hat» (1 Petr 2,9)?

Ich will hier nicht alles wiederholen, was oben bereits ausgeführt wurde zu den anderen, sich aus diesem Wandel des Eucharistieverständnisses ergebenden Folgen für die Kirche. Meines Erachtens sollte es hinreichend deutlich geworden sein, mit welch großem Schaden und daher mit welchen Entstellungen der liturgischen Tradition der Kirche, ihrer *lex orandi*, wir es hier zu tun haben. Wir sind darum mehr denn je aufgerufen, zu dieser Tradition zurückzukehren, ihr echtes Antlitz und Wesen wiederherzustellen.

Das führt uns nochmals zum vielschichtigen Wesen der göttlichen Liturgie, denn, wie wir es schon wiederholt bekräftigt haben, gerade in ihr, mit und durch *ihre Vielteiligkeit* wird die Eucharistie vollzogen.

Die Liturgie als Sakrament beginnt mit der Bereitung der heiligen Gaben und der *Versammlung als Kirche*. Nach der Zusammenkunft folgt der *Einzug* und die Verkündigung des Wortes Gottes und danach die *Darbringung*, die Bereitung der Gaben auf dem Altar. Nach dem *Friedenskuss* und dem Glaubensbekenntnis beginnt die *Anaphora*: das Emporheben der Gaben im Gebet der Danksagung und des Gedenkens. Die Anaphora schließt mit der *Epiklese*, d.h. mit dem Gebet, Gott möge den Heiligen Geist offenbaren, und die von uns dargebrachten Gaben von Brot und Wein als Leib und Blut Christi erweisen und uns würdig machen, daran teilzuhaben.

Doch die Scholastik des Westens lehnt diese Vielschichtigkeit der Liturgie, die gegenseitige Abhängigkeit all ihrer einzelnen Elemente und Riten ab. Sie hat an einer theologischen Auslegung der Eucharistie kein Interesse. Sie *bedarf ihrer nicht*, denn nach den Worten des bereits erwähnten Dom Vonier stellen die Sakramente eine Wirklichkeit sui generis dar, die allein in ihrer Einsetzung durch Christus erfüllt ist und von nichts anderem in der Kirche abhängt.[2] Worin besteht nun der Sinn dieser Auseinandersetzung und Divergenz? Um diese Frage zu beantworten, sollten wir bedenken, dass der orthodoxe Osten bis zur «westlichen Gefangenschaft» die Sakramente nie auf ein isoliertes «Objekt» des Studiums oder der Definition reduziert noch in einer individuellen theologischen Abhandlung isoliert hat. Eine solche Isolierung finden wir weder in den frühen Taufkatechesen noch in den mystagogischen Katechesen der frühen Kirche (etwa des Pseudo-Dionysius, Maximus Confessor usf.), die an ihre Stelle traten. Das Wort

[2] Vgl. A. Vonier, *Das Geheimnis des eucharistischen Opfers*, 40ff u. 182ff.

*Sakrament** war nie auf die Benennung unserer heutigen sieben Sakramente beschränkt. Es umfasste das ganze Mysterium des Heils der Welt und der Menschheit in Christus und letztlich den ganzen Inhalt des christlichen Glaubens. Die Kirchenväter verstanden die Eucharistie als Offenbarung und Vollendung des allumfassenden Mysteriums – das «den Engeln verborgen», uns aber, dem neuen Gottesvolk, in all seiner überreichen Fülle geoffenbart wurde. Ich will mich nicht bei den Erklärungen der großen «Mystagogen» aufhalten. Ihre Blütezeit begann, als die Ordnung und Struktur der Gottesdienste bereits ihre grundlegende Form gefunden hatte. Ihr Einfluss, mehr noch derjenige ihrer Epigonen (Germanus von Konstantinopel, Symeon der Neue Theologe) – der sich nicht immer als glücklich und «gesund» erwies –, begann schon in komplexe Allegorien und ausschmückende Symbolik usf. auszuufern. Das Zeugnis der echten kirchlichen Frömmigkeit, die Wahrnehmung und Erfahrung der Eucharistie im Kirchenvolk, ist für uns bedeutsamer. Nach diesem Zeugnis aber wusste jedes Kirchenglied, dass es, vom Ruf des Diakons «καιρός!» («Es ist Zeit, den Dienst des Herrn zu beginnen!») an bis zum abschließenden «Im Frieden lasst uns gehen!» an einem einzigen *gemeinsamen Auftrag*, an einer heiligen Wirklichkeit teilnahm und mit dem, was die Kirche in ihrem Aufstieg zum himmlischen Mahl des Gottesreiches im gegebenen Moment offenbart und daran teil gibt, ganz eins war.

Die Feier selbst, ich wiederhole, bezeugt dies. Darum inzensiert der Priester, während er die Gabenbereitung, die Proskomidie, zu Ende führt, die vorbereiteten Gaben und verneigt sich vor ihnen. Beim Einzug *bekräftigt* der Zelebrant, dass Gott uns, seine geringen und unwürdigen Knechte, gewürdigt hat, «auch zu dieser Stunde vor der Herrlichkeit Deines heiligen Altars zu stehen». Dann segnet er den *erhabenen Altartisch*: «Gesegnet seist Du auf dem Thron der Herrlichkeit Deines Reiches.» Schließlich verneigt sich der Zelebrant während

---

* Russisch *tainstvo*, d.h. Geheimnis, Mysterium. (Anm.d.Ü.)

des Friedenskusses, noch bevor er die Worte «Christus ist in unserer Mitte ... Er ist es und wird es sein» beendet, noch einmal vor den Gaben auf dem Altar. Dies alles wird *tatsächlich* von allen erfahren, die an der Liturgie als an etwas *Realem* teilnehmen.

Ein theologischer Purist könnte vielleicht fragen: Warum kniet das Volk beim Großen Einzug? Die Gaben sind doch noch immer bloßes Brot und bloßer Wein und noch nicht zu Leib und Blut Christi «geworden». Der einfache Mitfeiernde macht sich darüber keine Gedanken, weiß er doch, wenn auch nicht aufgrund seiner Einsicht, so doch mit seinem ganzen Herzen, dass beim Großen Einzug die Darbringung an sich vollzogen und nicht allegorisch dargestellt wird, und dass dies durch Christus, «den Darbringer und den Dargebrachten, den Empfänger und Ausgeteilten», vollzogen wird. Man kann sagen, dass die Liturgie ganz in Christus ist, und in der Liturgie Christus unter uns und wir in ihm.

4

Doch ließe sich fragen: Könnte das, was über die Vielschichtigkeit der Liturgie gesagt worden ist, nicht bedeuten, dass die Wandlung der Gaben in Leib und Blut Christi sich *allmählich*, Schritt für Schritt, vollzieht, so dass letztlich unklar bliebe, wann genau sie sich ereignet? Diese Frage an sich bestimmt, bewusst oder unbewusst, die Lehre von der *Konsekration*, d.h. von einer Konsekrationsformel, aus der ersichtlich würde, wann und wie Brot und Wein zum Leib und Blut Christi werden. Diese Frage aber konnte sich überhaupt erst in einer Zeit stellen, da sich die eschatologische Dimension und die Substanz des christlichen Glaubens in der scholastischen Theologie verflüchtigt hatten. Dies jedoch stellt uns vor die *Frage der Zeit*.

Die Liturgie wird auf Erden gefeiert, das heißt in Zeit und Raum «dieser Welt». Doch auch wenn sie auf Erden gefeiert wird, wird sie dennoch im *Himmel, in der neuen Zeit der neuen Schöpfung, vollzogen,* in der Zeit des Heiligen Geistes. Die Frage der Zeit ist für die Kirche von immenser Bedeutung. Denn im Gegensatz zu dem weltweit verbreiteten *Spiritualismus,* der in einer Ablehnung der Zeit und im Bestreben, ihr zu *entfliehen,* sowie in ihrer Identifikation mit dem Bösen begründet ist, stammt für Christen die Zeit, wie alles in der Schöpfung, von Gott und gehört ihm. Von den ersten Worten der Genesis an: «Im Anfang schuf Gott Himmel und Erde», bis zu den Worten des Apostels Paulus «als aber die Zeit erfüllt war» (Gal 4,4) und schließlich zur Verkündigung des hl. Johannes: «Die Stunde kommt, und sie ist schon da» (Joh 5,25), widerhallte und widerhallt – nicht *außerhalb* der Zeit, sondern in ihr und in Beziehung zu ihr – die göttliche Bestätigung «und Gott sah alles an, was er gemacht hatte: es war sehr *gut*» (Gen 1,31).

Die «Spiritualisten» in unserer «religiösen Welt» stellen sich gegen die «Aktivisten», deren geistiger Horizont sich auf die Zeit, die Geschichte, die Lösung sozialer Missstände beschränkt. Wenn die «Spiritualisten» die Zeit ablehnen, so scheinen die «Aktivisten» nicht imstande zu sein, die ontologische Gefallenheit der Zeit zu erspüren. Sie spüren nicht, dass die Zeit die Gefallenheit der Welt nicht nur widerspiegelt, sondern selber die «Wirklichkeit» dieses Falles ist, der Triumph von «Tod und Zeit», die auf Erden herrschen. «Denn die Gestalt dieser Welt vergeht» (1 Kor 7,31) und die «alte Zeit» ist ein Abbild davon, dass alles Irdische seinen Weg hinabführt auf einen unvermeidlichen Tod zu. Doch gerade in diese gefallene Zeit – und hier erleiden Spiritualisten wie Aktivisten Bankrott – stieg Christus in seiner Menschwerdung herab. In ihr verkündete er das Reich Gottes, das kommen soll, und die Erlösung von Sünde und Tod wie auch den «Beginn eines neuen und ewigen Lebens». Und er verkündete dies nicht nur, sondern durch sein freiwilliges Leiden, durch Kreuz und Auferstehung verwirklichte er diesen Sieg und schenkte ihn uns.

Am Pfingsttag kam der Heilige Geist – und mit ihm und in ihm stieg die *neue Zeit* – auf die Kirche herab. Doch die alte Zeit verschwand nicht, und draußen in der Welt änderte sich nichts. Der Kirche Christi aber, die im Geist und durch den Geist lebt, ist der Auftrag und die Macht gegeben, die alte Zeit in die *neue* zu verwandeln. «Seht, ich mache alles neu» (Offb 21,5). Dies heißt nicht *Ersatz* des Alten durch das Neue, ist kein Auszug in irgendeine «andere» Welt. Es ist dieselbe, durch Gottes Liebe geschaffene Welt, die wir im Heiligen Geist erkennen und empfangen, so wie Gott sie geschaffen hat: Himmel und Erde, voll der Herrlichkeit Gottes.

In der neuen Zeit zu wohnen, heißt bleiben im Heiligen Geist. «Am Tag des Herrn wurde ich vom Geist ergriffen» (Offb 1,10). Die Worte des Sehers Johannes gelten für alle Gläubigen, die – und sei es auch noch so wenig – auf den Empfang des Heiligen Geistes hin leben, von dem der hl. Serafim von Sarow sagte, er sei der Wesenskern und das Ziel des Lebens. Doch zunächst gelten sie dem Quell dieses Empfangens – dem liturgischen Leben der Kirche und darin der göttlichen Liturgie. Denn das Wesen der Liturgie besteht darin, uns im Heiligen Geist emporzuheben und in ihm die alte Zeit in die neue Zeit zu verklären.

Es ist darum falsch, den christlichen Gottesdienst und insbesondere seinen Höhepunkt, das Sakrament der Eucharistie, in Kategorien des *Kultes* zu deuten. Denn der Kult gründet nicht in der Unterscheidung von *alt* und *neu*, sondern von «heilig» und «profan». Kult «heiligt» und ist selbst Frucht solcher «Heiligung». Er unterscheidet «geheiligte Tage» und «Perioden» in der Zeit, «geheiligte Orte» im Raum und «geheiligte Gegenstände» in der Materie, doch verbleibt er darin stets in der «alten» Zeit, weil der Kult *statisch* ist und nicht *dynamisch* und um die andere, die neue Zeit nicht weiß.

Ein eindrückliches Beispiel hierfür ist der Widerstand der ersten Christen gegen den *Kultbau*. Seit unvordenklicher Zeit war der Tempel der «Brennpunkt» der Heiligung. Eine der Hauptanschuldigungen gegen die Christen während der Zeit der Verfolgung bestand in der Anklage des *Atheismus*, des Fehlens eines *Kultraums*. In der Apostelgeschichte verkündet der hl. Stephanus, der erste Märtyrer, der entfesselten Menge der ihn Steinigenden: «Der Höchste wohnt nicht in dem, was von Menschenhand gemacht ist, wie der Prophet sagt: Der Himmel ist mein Thron und die Erde der Schemel meiner Füße. Was für ein Haus könnt ihr mir bauen?, spricht der Herr. Oder welcher Ort kann mir als Ruhestatt dienen? Hat nicht meine Hand dies alles gemacht?» (Apg 7,48-50). Und der hl. Johannes Chrysostomus sagt in seiner zweiten Homilie *Das Kreuz und der Dieb*: «Als Christus kam und außerhalb der Stadt litt, reinigte er die ganze Erde und machte jeden Ort zum Ort des Gebets... Möchtest Du wissen, wie schließlich die ganze Erde *zu einem Heiligtum* und wie jeder Ort zu einem Ort des Gebets wurde?»[3]

Kein von Menschenhand errichteter Tempel, sondern die Öffnung des Himmels und die Verwandlung der Welt in ein Heiligtum und allen Lebens in Liturgie – dies ist das Fundament der christlichen *lex orandi*. Wenn wir heute ein Gotteshaus als Kirche, als Versammlung oder Zusammenkunft bezeichnen, dann nicht aus einem Verlangen nach «Heiligung», sondern aus der eucharistischen Erfahrung der Kirche, aus der Erfahrung des Himmels auf Erden.

5

Wenn wir im Licht des bisher Gesagten den Sinn und die «liturgische Notwendigkeit» des vielschichtigen Charakters der Liturgie zu verstehen suchen, haben wir zu bedenken, dass er in der Eucharistie als dem Sakrament *des Gedenkens* wurzelt. «Tut dies zu meinem Gedächtnis.» Die Tradition sieht in diesen Worten zu Recht die Einsetzung der Eucharistie beim Letzten Abendmahl. Der Irrtum, das Schädliche der scholas-

[3] Johannes Chrysostomus, *Homiliae duae in crucem et latronem* (PG 49, 409).

tischen Auslegung besteht darin, dass sie das Wort «*dies*» ausschließlich auf die Wandlung der eucharistischen Gaben von Brot und Wein bezieht und sie damit von der Liturgie als ganzer absondert, während das Wesen der Liturgie, ihre Vielfalt doch darin besteht, dass sie von Anfang an bis zum Ende ganz Gedächtnis, Offenbarung, «Epiphanie», die durch Christus vollzogene Erlösung der Welt ist.

In der Eucharistie besteht das *Gedenken* in einem Zusammenholen der ganzen Heilserfahrung, der ganzen Fülle jener *Wirklichkeit*, die uns in der Kirche geschenkt ist und unser Leben begründet. Die Wirklichkeit der Welt als Gottes Schöpfung, die Wirklichkeit der Welt als der von Christus erretteten, die Wirklichkeit des neuen Himmels und der neuen Erde, zu der wir emporsteigen im Sakrament des Aufstiegs zum Gottesreich. Gedenken heißt *sich erinnern* und in dem *Erinnerten* leben, es aufnehmen und bewahren. Aber wie soll man sich etwas in Erinnerung rufen «ohne es zu tun»? Wie kann man mit etwas leben, das nicht zu sehen ist, wie soll man es wahrnehmen, bewahren, ja gerade diese Erfahrung in ihrer ganzen Fülle bewahren? Christentum ist immer *Bekenntnis, Annahme, Erfahrung*. Doch in der gefallenen und zersplitterten Zeit «dieser Welt» ist dieses alles zusammenfassende Gedächtnis nicht anders möglich als in der Abfolge der es bildenden Teile. Denn die alte Welt ist horizontal, nicht vertikal, und somit ist jede Liturgie ein *Versammeln*, eine Restauration und «Identifikation» der Fülle unseres Gedenkens. Ich habe eben gesagt, die auf Erden gefeierte Liturgie vollzieht sich im Himmel. Dabei ist entscheidend: Was im Himmel vollzogen wird, ist bereits *vollzogen*, existiert bereits, ist immer schon vollzogen, immer schon gegeben. Christus ist Mensch geworden, am Kreuz gestorben, in das Reich des Todes abgestiegen, er ist von den Toten auferstanden, zum Himmel aufgefahren und hat den Heiligen Geist gesandt. In der Liturgie, die uns zu feiern aufgetragen ist, «bis er wiederkommt», *wiederholen* wir nicht noch *stellen* wir *dar*, sondern *steigen empor* in das Mysterium der Erlösung und des neuen Lebens, das einmal vollzogen wurde und uns «allezeit, jetzt, für immer und in alle Ewigkeit» geschenkt worden ist. In dieser himmlischen, ewigen Eucharistie einer anderen Welt steigt Christus nicht zu uns herab, wir steigen vielmehr zu ihm empor.

Die Liturgie lässt sich mit einem Mann vergleichen, der durch ein Gebäude schreitet – das sich, obwohl ihm vertraut und schön, in der Dunkelheit verbirgt – und mit einer Taschenlampe Raum für Raum durchwandert und in diesen Teilen das ganze Gebäude in seiner Ganzheit, Einheit und Schönheit wiedererkennt. So auch in unserer Liturgie, die, während sie auf Erden gefeiert wird, sich im Himmel vollzieht. In ihr offenbart und schenkt sich uns das Heilsmysterium der Welt durch Christus, in ihr erfüllt sich die Kirche selbst, in ihr triumphiert der «Beginn eines anderen, neuen und ewigen Lebens».

6

Und so wird die Liturgie durch den Heiligen Geist in der *neuen* Zeit vollzogen. Sie ist von Anfang bis Ende *Epiklese*, Anrufung des Heiligen Geistes, der alles verklärt, was in ihm begangen wird, jeden einzelnen feierlichen Ritus in das verwandelt, was uns in ihm offenbart wird. Mit anderen Worten: Nach ihrer äußeren Erscheinung in der Zeit «dieser Welt» ist die Liturgie *Symbol*, drückt sich in *Symbolen* aus. «Symbol» aber wird, wie wir zu Beginn des Buches gesagt haben, als eine Wirklichkeit verstanden, die in den Kategorien «dieser Welt», d.h. fühlbar, erfahrbar, wahrnehmbar, weder ausgedrückt noch fassbar gemacht werden kann. Es ist die Wirklichkeit, die wir anderswo als die allem von Gott Erschaffenen innewohnende *Sakramentalität* bezeichnet haben, die aber der Mensch in «dieser» gefallenen Welt nicht mehr zu verspüren noch zu erkennen vermag.

Somit ist es unmöglich, das Symbol zu erklären und zu bestimmen. Es verwirklicht oder «vergegenwärtigt» sich in seiner *eigenen* Realität durch seine Wandlung in das, worauf es verweist, was es bezeugt und wofür es *Symbol* ist. Doch diese Wandlung bleibt unsichtbar, denn sie wird durch den Heiligen Geist in der neuen Zeit vollbracht und nur im *Glauben* bezeugt. So geschieht auch die Wandlung von Brot und Wein in den Leib und das Blut Christi auf unsichtbare Weise. Nichts Wahrnehmbares geschieht – Brot bleibt Brot und Wein bleibt Wein. Denn geschähe es «greifbar», dann wäre das Christentum ein magischer Kult und nicht eine Religion des Glaubens, der Hoffnung und der Liebe.

Also ist jeder Versuch, die Wandlung zu *erklären*, sie in Formeln und Kausalzusammenhänge einzuordnen, nicht nur überflüssig, sondern schädlich. «Ich glaube, dies ist wahrhaft Dein eigener allerreinster Leib, dies ist wahrhaft Dein eigenes kostbares Blut ...» Es ist, als reichten der ursprüngliche Glaube, die ursprüngliche Erfahrung der Kirche, die sich in den Worten dieses Gebets ausdrücken, nicht aus. «Ich glaube», nicht «ich weiß», da es in «dieser Welt» keine Erkenntnis gibt – außer der im Glauben geschenkten –, und keine «Wissenschaft» zu erklären vermag, was in der neuen Zeit, im Kommen des Heiligen Geistes, in der Wandlung des Lebens in das neue Leben des Gottesreiches geschieht, das «mitten unter uns» ist.

In ähnlicher Weise denke ich, wenn ich von der Liturgie als ganzer sage, sie sei eine *Umwandlung*, an etwas sehr Einfaches: dass in der Liturgie jeder ihrer Teile, jede feierliche Zeremonie, jeder Ritus durch den Heiligen Geist in das verwandelt wird, *was er ist*, dessen «Realsymbol» er darstellt. So ist etwa die wiederholte Verehrung des *Altars* – das Inzensieren, das Küssen, die Prostrationen usf. – ein Bekenntnis, dass wir uns in der Gegenwart des Thrones der Herrlichkeit Gottes und im himmlischen Heiligtum befinden. So wird in der Liturgie die «Versammlung als Kirche» in die Fülle der Kirche Christi verwandelt und der Einzug mit den Gaben in die Darbringung des erlösenden Opfers durch die Kirche «im Namen aller und für alle».

Somit ist in der Liturgie alles *real*, doch von einer Realität, die nicht von «dieser Welt», nicht innerhalb ihrer gefallenen und zersplitterten Zeit ist, sondern in der heilen neuen Zeit. Als zu Beginn des 11. Jahrhunderts im Westen Versuche unternommen wurden, die Eucharistie rational zu erklären, schlug Berengar von Tours eine Unterscheidung vor zwischen dem, was «mystisch», d.h. symbolisch, und dem, was «wirklich» ist. Nach seiner Lehre ist das Sakrament *mystice non realiter*. Das Laterankonzil (1059), das diese Lehre verurteilt hat, antwortete, es sei *realiter non mystice*, nämlich real und somit weder mystisch noch symbolisch. Dies ist die Sackgasse, in die der Scholastizismus unvermeidlich führt und die sich in einer allmählichen Abwendung von der ursprünglichen Auffassung bzw. Wahrnehmung der *Zeit* zeigt, und damit verbunden in einer fortschreitenden «Verflüchtigung» des eschatologischen Wesens der Kirche wie der Sakramente. Seit dem dreizehnten Jahrhundert, schreibt Louis Bouyer, lag die Eucharistie im Westen unter traditionsfremden Formeln und Auslegungen begraben.[4] Was die Orthodoxie betrifft, machte sie sich, aus Mangel an einer eigenen Sakramentenlehre, die westlichen Problemstellungen «zu eigen», die wiederum ihre eigenen Auslegungen der Eucharistie beeinflussten, obgleich sie die westlichen Erklärungen und Formeln nie ganz übernahm.

7

Nun können wir fragen: Was ist die spezifische Funktion der *Epiklese*, des Gebetes um die Sendung des Heiligen Geistes, das den abschließenden Teil der anamnesis in der orthodoxen Liturgie bildet?

Es ist vor allem der eigentliche Text der Epiklese, der in beiden Liturgien, sowohl in der des hl. Chrysostomus wie in der des hl. Basilius, mit dem Wort «eingedenk deshalb» beginnt,

---

[4] Vgl. Louis Bouyer, *Eucharistie*, Paris ²1968, 366.

der die organische Verbindung dieses Gebets mit dem Gedenken bezeugt. Da ich zu Beginn dieses Kapitels bereits den Text der Chrysostomus-Liturgie wiedergegeben habe, beschränke ich mich hier auf den parallelen Text des hl. Basilius des Großen:

> Eingedenk deshalb, Allherrscher, Seines (Christi) heilbringenden Leidens, Seines lebensschaffenden Kreuzes, Seiner dreitägigen Grabesruhe und Auferstehung von den Toten, Seiner Auffahrt in den Himmel, Seines Sitzens zu Deiner Rechten, Gott und Vater, und Seiner heiligen und schreckensvollen Wiederkunft, bringen wir Dir das Deine von dem Deinigen dar, im Namen aller für alle ... und wagen nun, Deinem heiligen Altar zu nahen, und indem wir die Abbilder (τὰ ἀντίτυπα) des heiligen Leibes und Blutes Deines Christus darbringen, flehen wir Dich an und rufen: Heiliger der Heiligen, Dein Heiliger Geist komme nach dem Wohlgefallen Deiner Güte auf uns herab und auf diese Gaben hier...

Wie wir sehen, bildet das Gebet der Epiklese den Abschluss des *Gedenkens*. In den Kategorien der *neuen Zeit*, in der sich die Eucharistie vollzieht, vereint es «all das, was für uns geschehen ist», das ganze Heilsmysterium, das ganze Mysterium der Liebe Christi, das die ganze Welt umfasst und uns zuteil geworden ist. Das Gedenken ist Bekenntnis der *Kenntnis* dieses Mysteriums, Bekenntnis seiner Wirklichkeit und ebenso des Glaubens an das Heil der Welt und des Menschen. Wie die ganze Eucharistie ist auch das Gedenken keine *Wiederholung*. Es ist Kundgabe, Geschenk und Erfahrung in «dieser Welt», und deshalb, immer wieder, der von Christus ein für allemal dargebrachten Eucharistie und unseres Aufstiegs zu ihm.

Die Eucharistie vollzieht sich von Anfang bis Ende über Brot und Wein. Brot und Wein sind die Nahrung, die Gott von Anfang an für das *Leben* erschaffen hat: «Euch sollen sie als Nahrung dienen» (Gen 1,29). Doch der Sinn, das Wesen und die Freude des Lebens liegen nicht in der Nahrung, sondern in Gott, in der Kommunion mit ihm. Der Mensch, und in ihm «diese Welt», hat sich von dieser Nahrung – «im Paradies der Nahrung der Unsterblichkeit» – abgewandt. So gewann die Nahrung Herrschaft über den Menschen, nicht aber Herrschaft zum Leben, sondern zum Tod, zur Spaltung und Trennung. Darum bezeichnete sich Christus, als er in die Welt kam, als «das Brot, das vom Himmel herabgekommt und der Welt das Leben gibt» (Joh 6,33). «Ich bin das Brot des Lebens, wer zu mir kommt, wird nie mehr hungern, und wer an mich glaubt, wird nie mehr dürsten» (Joh 6,35).

Christus ist «das Brot vom Himmel». In dieser Aussage ist der ganze Inhalt, die ganze Wirklichkeit unseres Glaubens an ihn als den Erlöser und Herrn bereits enthalten. Er ist Leben und darum Nahrung. Er brachte dieses Leben zum Opfer dar «für alle und für alles», auf dass wir an seinem Leben, dem neuen Leben der neuen Schöpfung teilhaben – und uns als sein Leib erweisen.

Auf all dies antwortet die Kirche mit *Amen*. Sie empfängt all dies durch den Glauben und vollzieht all dies in der Eucharistie durch den Heiligen Geist. Sämtliche *Riten* der Liturgie, nacheinander, sind Erweis der *Wirklichkeiten*, die das Heilswerk Christi bilden. Doch nochmals weise ich darauf hin: Die *Progression* liegt hier nicht in der Vollziehung, sondern in der Kundgabe. Denn was kundgegeben wird, ist nichts *Neues*, das vor der Kundgabe nicht existierte. Nein – in Christus ist alles bereits *erfüllt*, alles ist *real*, alles geschenkt. In ihm haben wir Zugang zum Vater erhalten und Gemeinschaft mit dem Heiligen Geist und haben im voraus schon Anteil am neuen Leben in seinem Reich.

Die Epiklese am Ende des eucharistischen Gebets ist diese Offenbarung und diese Gabe und darin zugleich *ihre Annahme durch die Kirche*. «Sende herab Deinen Heiligen Geist auf uns und die hier dargebrachten Gaben.» Denn die Anrufung des Heiligen Geistes ist kein abgetrennter Akt, der sich nur mit Brot und Wein befasst. Unmittelbar nach der Anrufung des Heiligen Geistes betet der Zelebrant: «Vereinige uns alle untereinander, die wir an dem einen Brot und an dem einen Kelch teilhaben, zur Gemeinschaft des einen Heiligen Geistes.» (hl. Basilius der Große) «Damit sie denen, die daran teilnehmen, gereichen zur Reinigung der Seelen, zur Vergebung der Sünden, zur Gemeinschaft Deines Heiligen Geistes, zur Fülle des himmlischen Reiches...» Dann geht das Gebet, wiederum ohne Unterbrechung, unmittelbar zum *Fürbittgebet* über, von dem später noch die Rede sein wird. Das Ziel der Eucharistie liegt nicht in der Wandlung von Brot und Wein, sondern in unserem Anteilnehmen an Christus, der zu unserer Nahrung, zu unserem Leben geworden ist, zum Erweis der Kirche als Leib Christi.

Darum sind die heiligen Gaben im orthodoxen Osten nie zum Gegenstand besonderer Verehrung, Betrachtung und Anbetung geworden, noch zum Objekt einer besonderen theologischen Problematik: Wie, wann und in welcher Weise sich die Wandlung von Brot und Wein vollzieht. Die Eucharistie – nämlich die Wandlung der heiligen Gaben – ist ein Mysterium, das innerhalb der Kategorien «dieser Welt» – innerhalb von Zeit, Raum und Kausalität usf. – weder einsichtig gemacht noch erklärt werden kann. Nur dem Glauben wird Zugang gewährt: «Ich glaube, dies ist wahrhaft Dein eigener allerreinster Leib, dies ist wahrhaft Dein eigenes kostbares Blut.» Nichts wird erklärt, nichts bestimmt, nichts hat sich in «dieser Welt» verändert. Doch woher kommt dieses Licht, diese das Herz überflutende Freude, dieses Empfinden von Fülle und Berührung der «anderen Welt»?

Die Antwort darauf finden wir in der Epiklese. Doch die Antwort ist keine «rationale», aus den Gesetzen unserer «eindimensionalen» Logik sich ergebende: Sie wird durch den Heiligen Geist erschlossen. Nahezu in jedem uns überlieferten eucharistischen Ordo betet die Kirche in der Epiklese, die Eucharistie möge für alle, die daran teilhaben, *«zur Gemeinschaft in Deinem Heiligen Geist»* werden: «Vereinige uns alle untereinander, die wir an dem einen Brot und an dem einen Kelch teilhaben, zur Gemeinschaft des einen Heiligen Geistes» (εἰς κοινωνίαν τοῦ ἁγίου Σοῦ Πνεύματος), und überdies «zur Fülle des Himmelreichs» (εἰς βασιλείας οὐρανῶν πλήρωμα). Beide Bestimmungen des Endziels der Eucharistie sind eigentlich synonym, denn beide offenbaren das eschatologische Wesen des Sakraments und seine Ausrichtung auf das kommende Gottesreich, das uns in der Kirche bereits offenbart und geschenkt worden ist.

Darum beendet die Epiklese die *Anaphora*, jenen Teil der Liturgie, der die «Versammlung als Kirche», den Einzug, die Verkündigung des Wortes Gottes, die Darbringung, die Opfergabe, die Danksagung und das Gedächtnis umfasst. Doch mit der Epiklese beginnt auch der vollendende Teil der Liturgie, der sich in der *Kommunion* vollzieht, im Austeilen der heiligen Gaben des Leibes und Blutes Christi an die Gläubigen.

ZWÖLFTES KAPITEL

DAS SAKRAMENT DER KOMMUNION

«*Christus unser Gott, vollbracht und erfüllt ist, soweit es in unserer Kraft steht, das Mysterium Deines Heilswerkes. Wir haben das Gedächtnis Deines Todes begangen und das Bild Deiner Auferstehung geschaut. Wir sind erfüllt worden mit Deinem unsterblichen Leben und haben Deine unerschöpfliche Wonne gekostet. Würdige uns all dessen auch im kommenden Äon. Durch die Gnade Deines anfangslosen Vaters und Deines heiligen, allgütigen und lebendigmachenden Geistes...*»

(Gebet zur Konsummation der Gaben
Liturgie des hl. Basilius des Großen)

1

Die Liturgie hat im Laufe ihrer jahrhundertelangen Entwicklung viele Wandlungen durchgemacht, doch keine war tiefer und bedeutsamer als die im letzten Teil der Eucharistiefeier festgestellte – die Ordnung des Empfangs der Heiligen Gaben des Leibes und Blutes Christi. Insoweit dieser Teil das allerheiligste Sakrament der Eucharistie und somit die ganze Liturgie tatsächlich abschließt und vollendet, müssen wir uns zu Beginn dieses letzten Kapitels mit ihm, genauer gesagt mit den ihn entstellenden Änderungen befassen.

Von allem Anfang an sah die Kirche im Kommunionempfang aller Gläubigen in der Liturgie das selbstverständliche Ziel der Eucharistie und die Verwirklichung der Worte des Erlösers: «Ihr sollt in meinem Reich mit mir an meinem Tisch essen und trinken» (Lk 22,30). Deshalb war der Altar die «Form» der Eucharistie und der gemeinsame Empfang der Kommunion ihre Erfüllung. Dies alles ist nach orthodoxer Sicht selbstverständlich und bedarf keiner Beweise.

Was aber der Erklärung bedarf, ist das geschichtliche Faktum der allmählichen Abkehr einer immer größeren Zahl von Kirchengliedern von dieser Auffassung der Eucharistie sowie ihre Verkürzung auf eine *individualistische* Sicht. Der heutige kirchentreue Gläubige sieht keine Notwendigkeit, bei jeder Liturgie zur Kommunion zu gehen. Aus dem Katechismus weiß er, dass «die Kirche uns in mütterlicher Sorge heißt, unsere Sünden einem geistlichen Vater zu bekennen und den Leib und das Blut Christi mit höchster Ehrfurcht, wenigstens viermal im Jahr oder einmal im Monat, jedenfalls aber einmal jährlich zu empfangen».[1] Einer, der zu kommunizieren wünscht, hat zuvor das Sakrament der Beichte zu empfangen. Und schließlich, was zu betonen ist, wenn ein Laie wünscht, «öfter als üblich» zu kommunizieren, wird dieser Wunsch – aus Mangel, ja völligem Fehlen von Hinweisen auf den gemeinschaftlichen, auf den kirchlichen Empfang des Sakraments – gewöhnlich als Verlangen nach «häufigerem Kommunizieren» verstanden und nicht als Erfüllung seiner Berufung als Christ, als Vollzug seines Gliedseins am Leib Christi. Dies alles hat sich im kirchlichen Leben so festgesetzt, dass der Katechismus besondere Fragen dazu enthält: «Wie können jene, die sich die

---

[1] Filaret (Drosdow), *Prostrannyj Christianskij Katechizis Pravoslavnyje Kafol. Vost. Cerkvi*, Teil 1, q. 90.

göttliche Liturgie nur anhören, aber nicht zur Kommunion gehen, an ihr teilhaben?» Die Antwort lautet: «Sie können und sollen durch Gebet, Glaube und durch ununterbrochenes Gedenken an unseren Herrn Jesus Christus, der uns aufgetragen hat, dies zu seinem Gedächtnis zu tun, daran teilhaben.» Bemerkenswerterweise hat uns Christus aber *genau* das Verkosten der Gaben geboten: «Nehmt, esst..., trinkt alle davon...» Bemerken wir auch, dass diese beiden die Nicht-Kommunizierenden betreffenden Fragen und Antworten sich in Wahrheit auf die große Mehrheit der Kirche beziehen und nicht auf gewisse Ausnahmefälle. Nach dieser Lehre sind leider die Kommunizierenden die Ausnahme.

Was ist geschehen? Wie hat sich diese Metamorphose der Wahrnehmung – nicht nur im Kirchenvolk, sondern auch im Episkopat, im Klerus und schließlich bei den Theologen – des wahren Wesens der Eucharistie, ihre Reduktion auf «eines der Sakramente», auf ein «Mittel zur Heiligung» vollzogen, und warum wurde dieses Verständnis über Jahrhunderte aufrecht erhalten? So seltsam es anmuten mag, in der offiziellen akademischen Theologie finden wir kaum den Versuch einer Antwort auf diese Fragen. Dabei haben wir es hier, wie bereits bemerkt, nicht bloß mit der Entwicklung der Kirchendisziplin, mit einem Schwund der Frömmigkeit oder mit westlichen Einflüssen zu tun, sondern mit einem geistigen Wendepunkt im Selbstbewusstsein und in der Selbstwahrnehmung der Kirche als ganzer: Wir haben es, anders ausgedrückt, mit einer *ekklesiologischen Krise* zu tun, auf die wir unsere ganze Aufmerksamkeit richten werden.

2

Die häufigste und übliche Erklärung für das allmähliche Wegfallen der *Kommunion* als Teilnahme an der Vollendung der Kirche besteht bei der überwältigenden Mehrheit der Laien im Hinweis auf ihre *Unwürdigkeit*, den Kelch öfters zu empfangen, und damit ihr Bedürfnis, gleichsam zusätzliche Aufforderungen und Absicherungen auf sich nehmen zu müssen. Die Laien leben in der Welt in dauernder Berührung mit deren Unreinheit, Unwahrheit, Sündigkeit und Lüge und bedürfen daher einer besonderen Läuterung, einer besonderen Vorbereitung, einer besonderen Bemühung um Reue.

Diese Erklärung möchte ich als fromm bezeichnen, denn sie entspringt in der Tat in ihrem besten Sinn einem Bewusstsein der Sündigkeit, der «Ehrfurcht» vor dem Heiligen, der Angst vor der eigenen Unwürdigkeit. In der einen oder anderen Form ist die Furcht Teil aller Religionen. Im Christentum des Mittelalters durchdrang sie das ganze Leben: «Wir haben gesündigt, wir sind vor Dir schuldig geworden und haben gefehlt...» (Kanon des hl. Andreas von Kreta, Ode 7). Askese, oft in extremster Form, bildete die sittliche Leitvorstellung der christlichen Gesellschaft; und obgleich diese nicht immer beachtet wurde, war ihr Einfluss doch enorm. Und der Verfall des «Weltklerus» – wie er sich etwa in den Kanones des Konzils von *Trullo* (691) zeigt – führte dazu, dass auch die Leitung der Kirche an das Mönchtum überging. Es ist nicht möglich, hier auf die Ursachen und Formen dieses vielseitigen Prozesses näher einzugehen. Wichtig ist, dass er zunehmend zu einer *Klerikalisierung* der Kirche, zu einer immer größeren gegenseitigen Distanzierung von Klerus und Laien führte. Die ganze «Atmosphäre» in der Kirche veränderte sich. Gegen Ende des vierten Jahrhunderts schrieb der hl. Johannes Chrysostomus: «...doch gibt es Anlässe, da der Priester sich von den ihm Untergebenen nicht unterscheidet, etwa *wenn er an den heiligen Mysterien teilzunehmen hat.* Wir alle werden durch sie gleichermaßen gewürdigt, nicht wie im Alten Testament, als es eine Speise für die Priester gab und eine andere für das Volk, und es dem Volk nicht erlaubt war, an dem teilzuhaben, was für die Priester bestimmt war. Nun ist dem nicht so, denn der gleiche Leib und der gleiche Kelch wird allen dargeboten ... und wir alle gleichermaßen umarmen uns gegenseitig.»[2]

---

[2] Johannes Chrysostomus, *Homiliae in II Cor*, XVIII (PG 61, 527).

Schließlich aber setzten sich die «Sakralisierung» und «Klerikalisierung» durch. Dies lässt sich auch an der Entwicklung des Kirchenbaus und seiner Struktur ablesen, die zunehmend die Trennung der Laien vom Klerus betonte. Chrysostomus wiederum schrieb: «Als Christus kam und außerhalb der Stadt litt, reinigte er die ganze Erde und machte jeden Ort zum Ort des Gebets ... Möchtest Du wissen, wie schließlich die ganze Erde zu einem Heiligtum und wie jeder Ort zu einem Ort des Gebets wurde?»[3] Doch die Auslegung beider, des Kirchenbaus und der Liturgie, in dieser «Tonart» verschwand nur allzu bald. Der Zutritt zum Altarraum und zum Altar wurde den Laien untersagt, ihre Gegenwart bei der Eucharistie wurde zu einer *passiven*. Diese wird an ihrer Stelle, für sie, vollzogen; doch an ihrem Vollzug nehmen sie nicht mehr teil. Bezog die frühere Scheidelinie zwischen der Kirche und «dieser Welt» die Laien mit ein, so schloss sie diese nun aus, was ihre eigentliche Bezeichnung als *mirjane* («Weltleute», κοσμικοί) bezeugt, anstelle der älteren Bezeichnung als *laikós*, Glieder des Gottesvolkes (λαός), «Gottes besonderes Eigentum» (1 Petr 2,9).

3

Heutzutage ist die Vorbereitung auf die Kommunion – und dies im Licht des oben bereits zum Empfang der Kommunion als zu einem privaten persönlichen Akt Gesagten – ebenso zu einer *privaten* Sache geworden. Unsere Gebetbücher enthalten zwar Gebete vor der Kommunion, doch alle – bis auf zwei oder drei, die vor der Kommunion selber gelesen werden – entstammen nicht den tatsächlichen Texten und Riten der Liturgie. Die Gebetbücher enthalten auch Gebete der Danksagung nach der Kommunion, die ebenso privater Natur und in der Liturgie nicht vorhanden sind. Dies ist insoweit verständlich, als nur wenige von den der Liturgie Beiwohnenden zur

---

[3] Johannes Chrysostomus, *Homiliae duae in crucem et latronem* (PG 49, 409).

Kommunion gehen, und für sie wären folglich diese Gebete rein «formal». Die Zusammenstellung, Praxis und Zeit dieser Gebetslesungen variieren von Buch zu Buch genauso wie ihre Anweisungen zum Fasten. Für sich selbst genommen sind die meisten dieser Gebete schön, anregend und heilsam. Doch wir reden hier nicht von ihnen, sondern von ihrem Ort in der Liturgie und im Sakrament.

Wesentlich ist, dass wir nirgends in der Liturgie, vom Beginn der Anaphora, d.h. der Liturgie der Gläubigen, an bis zu ihrem Ende, keinen einzigen Hinweis auf zwei «Kategorien» von Mitfeiernden, kommunizierenden und nicht kommunizierenden, finden. Im Gegenteil, selbst die oberflächlichste Durchsicht der Gebete vor, während und nach der Anaphora wird uns davon überzeugen, dass nach der Entlassung der Katechumenen (und in der frühen Kirche auch der «Pönitenten») wir alle bei «verschlossenen Pforten» die Eucharistie feiern, die zugleich Darbringung des unblutigen Opfers und Vorbereitung der Gläubigen auf die heilige Kommunion ist:

Wieder und immer wieder werfen wir uns vor Dir
   nieder
und bitten Dich, o Gott, der Du die Menschen liebst,
wenn Du herabschaust auf unser Flehen,
dass Du unsere Seelen und Leiber reinigst
von jeder Befleckung an Fleisch und Geist,
und uns gewährst, ohne Schuld und Verurteilung
zu stehen an Deinem heiligen Opferaltar.
Gewähre auch jenen, die mit uns beten,
Wachstum an Leben und Glauben und geistlichem
   Verstand.
Gewähre ihnen, die Dir in Furcht und Liebe dienen,
ohne Schuld und Verurteilung teilzunehmen,
an Deinen heiligen Geheimnissen,
und Deines himmlischen Reiches teilhaft zu werden.
(Zweites Gebet der Gläubigen, Liturgie des hl. Johannes Chrysostomus)

301

Dir bringen wir unser ganzes Leben dar
und unsere Hoffnung,
　　menschenfreundlicher Gebieter,
und bitten, und beten, und flehen Dich an:
gewähre uns, teilzunehmen
an Deinen himmlischen und erschreckenden
　　Geheimnissen
dieses geweihten und geistlichen Opferaltars,
mit reinem Gewissen, in Abkehr von den Sünden,
in Vergebung der Schuld, in Gemeinschaft
　　des Heiligen Geistes,
in der Nachfolge des Himmelreiches,
in freimütigem Herantreten zu Dir,
nicht aber zu Gericht oder Verdammnis.

(Gebet vor dem Vater unser, Liturgie des hl. Johannes
Chrysostomus)

Herr unser Gott, der Du uns geschaffen und
　　in dieses Leben geführt hast,
zeige uns den Weg zum Heil,
gewähre uns die Erschließung der göttlichen
　　Geheimnisse;
denn Du hast uns zu diesem Dienst bestellt
in der Kraft Deines Heiligen Geistes:
Gewähre uns also, o Herr, Diener zu sein
Deines neuen Bundes,
Knechte Deiner heiligen Geheimnisse:
Nimm uns auf, die wir uns Deinem heiligen
　　Opfertisch nahen,
nach der Fülle Deines Erbarmens,
dass wir würdig seien, Dir darzubringen
dieses geistige und unblutige Opfer
für unsere Sünde und Unwissenheit.
Nimm es an auf Deinem heiligen,
über alle Himmel erhabenen und geistigen Altar,
im Duft der Wohlgerüche

sende auf uns herab
die Gnade Deines Heiligen Geistes.
(Gebet bei der Darbringung, Liturgie des hl. Basilius
des Großen)

Und schließlich:

Vereinige uns alle untereinander,
die wir an dem einen Brot und an dem einen Kelch
teilhaben,
zur Gemeinschaft des einen Heiligen Geistes.
(Anaphora, Liturgie des hl. Basilius des Großen)

Es ist kaum möglich, die organische Verbindung der Anaphora – der Darbringung der Gaben, des unblutigen Opfers des Lobes – mit der Vorbereitung auf die Kommunion klarer herauszustellen. In den heiligen Gaben erkennen wir den heiligen Leib und das heilige Blut Christi, das durch Christus «im Namen aller und für alle» dargebrachte Opfer; in der Kommunion empfangen wir es in Glaube, Hoffnung und Liebe in Einheit mit Christus, mit seinem Leben und mit seinem Reich. Und wie erschreckend ist es zu sagen: Durch ihre Trennung wird der ursprüngliche Sinn des Sakraments der Eucharistie verletzt. Es wird nicht mehr als Vollendung der Kirche, als Offenbarung des Gottesreiches und das neue Leben wahrgenommen, sondern als ein Verkosten «geheiligter Materie», das das Sakrament, nach den Worten Chomjakows, gleichsam in eine Art «anatomisches Wunder» verwandelt. Genau hier kommen alle Holzwege der Eucharistie-Auslegungen ans Licht. «Was beide Seiten» (d.h. Katholiken und Protestanten) «einzig noch tun», so fährt Chomjakow fort, «sie verneinen oder bejahen die mirakulöse Wandlung der bekannten irdischen Elemente, ohne überhaupt zu verstehen, dass das wesentliche Element eines jeden Sakraments *die Kirche ist* und die Sakramente für sie allein vollzogen werden, ohne jeden Bezug zu irdisch-natürlichen Gesetzen. Wer die Pflicht der Liebe missachtet, verliert zusammen mit der Erinnerung an ihre Macht auch die

Erinnerung an das, was Wirklichkeit in der Welt des Glaubens ist.»[4]

4

Erinnern wir uns vor allem an die Ordnung oder Abfolge der *Vorbereitung*, wie sie uns in der Tradition der Byzantinischen Liturgie überliefert worden ist. Ich meine damit nicht die Proskomidie, von der wir bereits gesprochen haben. Wir werden uns auf die Liturgie der Gläubigen beschränken. Unmittelbar nach der Epiklese beginnt der Zelebrant mit der Lesung des *Fürbittgebets*. Genauer würde dieses Gebet bezeichnet als Gebet der *Versammlung der Kirche – des Leibes Christi*, ihrer Offenbarung in der ganzen Fülle:

Vereinige uns alle untereinander,
die wir an dem einen Brot und an dem einen Kelch
teilhaben,
zur Gemeinschaft des einen Heiligen Geistes.
Lass für keinen von uns den heiligen Leib
und das heilige Blut Deines Christus
zu Gericht oder Verdammnis werden.

Lass uns vielmehr Erbarmen finden und Gnade
mit allen Heiligen,
die Dir von Anfang an wohlgefällig waren,
Vorvätern, Vätern, Patriarchen, Propheten, Aposteln,
Verkündern,
Evangelisten, Märtyrern, Bekennern, Kirchenlehrern
und mit allen im Glauben vollendeten Gerechten.

Vor allem aber mit unserer allheiligen, allreinen,
über alles gesegneten und glorreichen Herrin,
der Gottesgebärerin und Jungfrau Maria,

---

[4] A. Chomjakow, *O Cerkvi (Über die Kirche)*, in: *Werke in 8 Bänden*, Bd. II, 129, vgl. auch die Neuausgabe von L. Karsawin, Berlin 1926, 75.

mit dem heiligen Propheten, Vorläufer und Täufer
Johannes,
den heiligen, glorreichen und über alles zu lobenden
Aposteln und mit all Deinen Heiligen.
Auf ihre Fürsprache hin kehre bei uns ein, o Gott.
Gedenke auch aller, die vor uns entschlafen sind
in der Hoffnung auf die Auferstehung zum ewigen
Leben.
Schenke ihnen Ruhe und Frieden bei Dir,
wo das Licht Deines Antlitzes leuchtet über ihnen.

Wiederum bitten wir Dich: gedenke, o Herr,
Deiner heiligen, katholischen und apostolischen
Kirche,
die sich von einem Ende des Universums
zum anderen erstreckt.
Schenke ihr den Frieden, den Du erkauft hast
durch das kostbare Blut Deines Christus,
und schütze dieses heilige Haus bis zum Ende
der Zeiten.

Gedenke, o Herr, auch derer,
die Dir diese Gaben dargebracht haben,
sowie jener, für die, durch die und um derentwillen
sie dargebracht wurden.
Gedenke, o Herr, derer, die Opfergaben bringen
und Gutes tun
in Deinen heiligen Kirchen, und derer, die sich
der Armen annehmen.
Vergelte es ihnen mit Deinen reichen,
himmlischen Gaben,
gib ihnen statt der irdischen himmlische,
statt der zeitlichen ewige,
statt der vergänglichen unvergängliche.
Gedenke, o Herr, derer, die sich in Wüsteneien,
auf Bergen,
in Höhlen und Schluchten befinden.

Gedenke, o Herr, derer, die in Keuschheit,
in Enthaltsamkeit und Frömmigkeit
ein heiliges Leben führen.

(Gebet für die Behörden)

Gedenke, o Herr, des hier anwesenden Volkes
und auch derer, die aus redlichen Gründen
nicht da sind.
Erbarme Dich ihrer und unser nach der Fülle
Deines Erbarmens.
Fülle ihre Schatzkammern mit allen guten Dingen,
bewahre ihre Ehen in Frieden und Eintracht.
Erziehe die Kinder, leite die Jugend, stütze das Alter.
Tröste die Kleinmütigen, sammle die Versprengten
und führe die Irrenden zurück
in Deine heilige, katholische und apostolische Kirche.
Befreie die von unreinen Geistern Bedrängten,
segle mit jenen, die segeln,
reise mit jenen, die reisen,
stehe den Witwen bei, schütze die Waisen,
befreie die Gefangenen, heile die Kranken.
Gedenke derer, o Herr,
die vor Gericht stehen, die in Zwangsarbeit,
in Verbannung und bitterer Knechtschaft leben,
wie all derer, die in jeder Art von Trübsal, Not
und Bedrängnis sind.

Gedenke aller, o Herr unser Gott,
die Deine liebende Güte erflehen,
jener, die uns lieben, und jener, die uns hassen;
jener, die uns gebeten haben, für sie zu beten,
so unwürdig wir auch sind.
Gedenke all Deines Volkes, o Herr unser Gott.
Gieße aus Dein reiches Erbarmen über alle
und gewähre ihnen alles,
was sie zu ihrem Heil von Dir erbitten.

Und gedenke du selbst, o Gott, all derer,
   an die wir nicht gedacht haben,
aus Unkenntnis oder Vergesslichkeit
   oder ob der großen Zahl der Namen,
denn Du kennst Alter und Namen eines jeden
   vom Mutterschoße an.
Denn Du, o Herr, bist die Hilfe der Hilflosen,
die Hoffnung der Hoffnungslosen,
der Retter der vom Sturm Bedrängten,
der Hafen der Schiffe,
der Arzt der Kranken.
Sei allen alles, der Du jeden Menschen
   und sein Anliegen,
sein Haus und seine Bedürftigkeit kennst.

Befreie diese Stadt, o Herr, und jegliche Stadt
   und jedes Land
von Hunger, Zerstörung, Erdbeben,
   Überschwemmung, Feuer und Schwert,
von dem Einfall von Feinden und vom Bürgerkrieg.

(Für den Episkopat)

Zunächst gedenke, o Herr, (Namen),
gewähre ihm zum Wohl Deiner Heiligen Kirche
Frieden, Sicherheit, Würde, Gesundheit,
schenke ihm ein langes Leben, um das
   Wort Deiner Wahrheit zu verkünden.

Gedenke, o Herr, auch meiner Unwürdigkeit
nach der Fülle Deines Erbarmens,
vergib mir all meine Sünden,
die absichtlich wie die unabsichtlich begangenen.
Und halte wegen meiner Sünden
die Gnade Deines Heiligen Geistes
nicht fern von den hier ausgebreiteten Gaben.

Gedenke, o Herr, des Priestertums
und des Diakonats in Christus
und jeder Ordnung des Klerus.
Lass keinen von uns zuschanden werden,
die den heiligen Altar umstehen.
Suche uns heim, o Herr,
in Deiner liebenden Güte.
Offenbare Dich uns in Deinem reichen Erbarmen.
Gewähre uns gute und gedeihliche Witterung,
sende der Erde milden Regen, damit sie Frucht trage.
Segne den Kranz des Jahres in Deiner Huld.

Verhindere Spaltungen zwischen den Kirchen,
befriede das Toben der Heidenvölker.
Setze dem Aufruhr der Irrlehren ein rasches Ende
durch die Kraft Deines Heiligen Geistes.

Nimm alle auf in Dein Reich,
erweise uns als Kinder des Lichts,
   als Söhne des Tages.
Schenke uns Deinen Frieden und Deine Liebe,
o Herr unser Gott, denn Du hast uns alles gegeben.

Und gewähre uns, aus einem Mund
   und einem Herzen
Deinen allehrwürdigen und hehren Namen
   zu verherrlichen und zu besingen,
des Vaters und des Sohnes und des Heiligen Geistes,
jetzt und immerdar und in Ewigkeit der Ewigkeiten.

Amen. Und die Erbarmungen unseres großen Gottes
und Erlösers Jesus Christus seien mit euch allen.

Und mit deinem Geiste.

(Liturgie des hl. Basilius des Großen)

5

Ich habe den Text dieses Gebetes in seinem vollen Wortlaut angeführt, weil er sehr klar und am besten den Sinn der «Vorbereitung auf die Kommunion», die er einleitet, aufzeigt. Wie ich oben bereits ausgeführt habe, vereint dieses Gebet die ganze kosmische, ekklesiologische und eschatologische Dimension der Eucharistie, es zeigt und vermittelt uns so auch das Wesen der *Kommunion*, das Wesen des Leibes Christi und des neuen Lebens in Christus. Doch nicht zufällig, nicht aus Lust an der Wiederholung, werden wir nicht sogleich aufgerufen, uns dem Kelch zu nahen, was wir mit diesem wundervollen Gebet hinauszögern, scheinbar den Rhythmus der Eucharistie verlangsamen. Der Grund dieser Verzögerung liegt nicht darin, einmal mehr unsere Sünden zu bekennen und uns zum Empfang der heiligen Gaben bereit zu machen, er liegt vielmehr darin, dass sich die Kirche in ihrer ganze Fülle als Sakrament des Reiches, als *Wirklichkeit* der neuen Zeit und des neuen Lebens vollenden möge.

Ich habe das Fürbittgebet als *kosmisch* bezeichnet:

Suche uns heim, o Herr,
in Deiner liebenden Güte.
Offenbare Dich uns in Deinem reichen Erbarmen.
Gewähre uns gute und gedeihliche Witterung,
sende der Erde milden Regen, damit sie Frucht trage.
Segne den Kranz des Jahres in Deiner Huld.

Ich habe es *ekklesiologisch* genannt:

Verhindere Spaltungen zwischen den Kirchen,
befriede das Toben der Heidenvölker.
Setze dem Aufruhr der Irrlehren ein rasches Ende
durch die Kraft Deines Heiligen Geistes.

Und schließlich nannte ich es *eschatologisch*:

Nimm alle auf in Dein Reich,
erweise uns als Kinder des Lichts,
als Söhne des Tages.

Schenke uns Deinen Frieden und Deine Liebe,
o Herr unser Gott, denn Du hast uns alles gegeben.
Und somit: *die Welt, die Kirche, das Gottesreich.* Gottes
ganze Schöpfung, alles Heil, die Vollendung. Der Himmel auf
Erden. Ein Mund und ein Herz, eine Verherrlichung und ein
Lobgesang Deines allehrwürdigsten Namens: des Vaters und
des Sohnes und des Heiligen Geistes, jetzt und auf immer und
in alle Ewigkeit. Amen. Hier liegt das Wesen dieses großen
und krönenden Gebets, hier das letzte Flehgebet der Eucharistie, die um das Lamm Gottes die ganze geistige Welt vereint
– von der Theotokos und den Heiligen bis zur gesamten
Schöpfung –, auf dass Christus *alles für alle Menschen sei.*
Dies ist es, was wir bei jeder eucharistischen Feier aufgerufen sind zu betrachten, zu erkennen und wahrzunehmen; da
hinein haben wir unser ganzes Bewusstsein einzutauchen, all
unsere Liebe, unsere ganze *Sehnsucht* zu legen, bevor wir uns
«unserem unsterblichen König und Gott» nahen.

6

Erst nach Abschluss des Fürbittgebets kommen wir zu dem,
was wir früher als *private* Vorbereitung auf die Kommunion
bezeichnet haben, d.h. eine Vorbereitung, die wir weder durch
die volle Versammlung noch die ganze Kirche erhalten können, sondern nur durch unser eigenes Gebet um persönliche
Läuterung:

> ...auf dass wir mit reinem Gewissen Anteil erhalten
> an Deinen heiligen Gaben, um so mit dem heiligen
> Leib und Blut Deines Christus vereinigt zu wer-
> den. Damit Christus nach ihrem würdigen Emp-
> fang in unseren Herzen wohne und wir so zu Tem-
> peln des Heiligen Geistes werden. Ja, o unser Gott,
> lass keinen von uns an Deinen ehrfurchterregenden
> und himmlischen Mysterien schuldig werden, lass

keinen von uns infolge unwürdiger Teilnahme an
Seele und Leib erkranken. Doch mache uns fähig,
bis zu unserem letzten Atemzug würdig an Deinen
heiligen Gaben Anteil zu haben, als eine Unterstützung auf dem Weg zum ewigen Leben und eine
willkommene Verteidigung vor dem furchterregen-
den Richterstuhl Deines Christus, damit auch wir
mit allen Heiligen, die durch die Zeiten Dir wohlgefällig waren, teilhaben an Deinen ewigen Gütern,
die Du denen bereitet hast, die Dich lieben, o Herr.

Wie wir sehen, hat sich die Betonung von der gemeinsamen
und gleichsam freudigen eigenen Vorbereitung der ganzen
Kirche auf die persönliche Vorbereitung jedes einzelnen Kirchenglieds verschoben. Paulus schreibt an die Korinther:

«Sooft ihr von diesem Brot esst und aus dem Kelch
trinkt, verkündet ihr den Tod des Herrn, bis er
kommt. Wer also unwürdig von dem Brot isst und
aus dem Kelch des Herrn trinkt, macht sich schuldig am Leib und am Blut des Herrn. Jeder soll sich
selbst prüfen; erst dann soll er von dem Brot essen
und aus dem Kelch trinken. Denn wer davon isst
und trinkt, ohne zu bedenken, dass es der Leib des
Herrn ist, der zieht sich, indem er isst und trinkt,
das Gericht zu. Deswegen sind unter euch viele
schwach und krank und nicht wenige sind schon
entschlafen. Gingen wir mit uns selbst ins Gericht,
dann würden wir nicht gerichtet. Doch wenn wir
jetzt vom Herrn gerichtet werden, dann ist es eine
Zurechtweisung, damit wir nicht zusammen mit
der Welt verdammt werden.» (1 Kor 11,26-32)

Es kann also nicht bezweifelt werden, dass in der «Spiritualität» der ersten Christenheit das Gemeinschaftliche das Persönliche bestärkte, ja, das Persönliche ohne das Gemeinschaftliche nicht möglich war. Hier besteht allerdings ein großer
Unterschied zwischen dieser *persönlichen* und *kommunalen*

Wahrnehmung und unserer eigenen. Der Apostel Paulus über-
führte die Gläubigen, die unwürdig an der Kommunion teil-
nahmen, ihrer Schuld und drohte ihnen mit der Verdammnis.
Er forderte sie auf, sich selbst zu prüfen. Doch nie hat er sie
vor eine *Wahl* gestellt: «Ihr, die ihr würdig seid, geht zur
Kommunion; und ihr, die ihr unwürdig seid, steht zurück!»
Doch gerade diese Wahl führte allmählich zur Abstinenz einer
Mehrzahl der Kirchenglieder und zum Verlust des Erfahrens
und Wahrnehmens der Eucharistie als eines gemeinsamen
Auftrags, als einer *Liturgie*. Als auch die Erfahrung dieser
Abstinenz selber ihre Kraft verlor, verfiel sie und wurde zu
einer Art disziplinarischer Vorschrift («viermal pro Jahr»!) mit
obligatorischer Beichte, gleichsam als Eintrittskarte zur Kom-
munion.

Die frühe Kirche wusste, dass in der ganzen Schöpfung
sich keiner findet, der aufgrund eigener geistigen Anstren-
gung, eigener «Würdigkeit» *würdig* wäre, den Leib und das
Blut Christi zu empfangen, so dass die Vorbereitung nicht im
Abwägen und Prüfen des eigenen «Bereitseins» oder «Nicht-
Bereitseins» bestehen kann, sondern in einer Antwort der
Liebe auf die Liebe: «Damit auch wir mit allen Heiligen, die
durch die Zeiten Dir wohlgefällig waren, teilhaben an Deinen
ewigen Gütern, die Du denen bereitet hast, die Dich lieben,
o Herr.» Wenn der Zelebrant die Worte verkündet: «Das Heilige den Heiligen», antwortet die Kirche: «Einer ist heilig,
Einer der Herr: Jesus Christus in der Herrlichkeit Gottes des
Vaters. Amen.» Doch indem sie dieses Bekenntnis bekräftigt
und verkündet, weiß sie, dass die Pforten zu «der Heimstatt
der Sehnsucht des Herzens» allen offen stehen, «es wird keine
Trennung mehr sein, o Freunde».

Somit endet die Vorbereitung in der Einheit des Gemeinschaftlichen und des Privaten: im *Gebet des Herrn*, dem
Gebet, das Christus selbst uns geschenkt hat. Denn letztlich
hängt alles von dem Einen ab: Ob wir fähig sind und ob «wir
ernsthaft verlangen», mit unserem ganzen Sein, trotz all unseres Ungenügens, unserer Gefallenheit, unseres Verrats, trotz

all unserer Faulheit, die Worte dieses Gebets als unsere eigenen anzunehmen, sie als *unsere eigenen* zu ersehnen:

Geheiligt werde Dein Name.
Dein Reich komme,
Dein Wille geschehe,
wie im Himmel, so auf Erden.

7

In jüngster Vergangenheit hat die orthodoxe Kirche eine gewisse eucharistische Erneuerung erfahren, die sich vor allem im Wunsch einer großen Zahl von Laien, *häufiger* zu *kommunizieren*, ausgedrückt hat. Diese Erneuerung geschieht in unterschiedlichen Formen, je nach Orten und «Kulturen». So erfreulich dieses Wiederaufleben ist, es wird meines Erachtens von vielen Gefahren bedroht, deren größte in einer noch vertieften «Sakralisierung» der Kirche besteht. Im Laufe der Jahrhunderte ihrer Koexistenz mit Staaten und Reichen wandelte sich die Kirche selbst in eine Organisation, in eine Institution zur Betreuung der «geistlichen Bedürfnisse» der Gläubigen, eine Institution, die zwar einerseits diesen «Bedürfnissen» dient, sie andererseits aber auch bestimmt und regelt. Die Grenzlinie, die Welt und Kirche trennt, aber die Welt auch mit der Kirche verbindet – was für die frühe Kirche so selbstverständlich war – wurde zu einer Grenze, die die Welt von der Kirche trennt.

Ich bin überzeugt, die echte Erneuerung der Kirche wird mit einer eucharistischen Erneuerung beginnen, die diesen Namen verdient. Der verhängnisvolle Fehler in der Geschichte der Orthodoxie liegt nicht nur in der Unvollständigkeit, sondern, ich scheue mich nicht, das zu sagen, im Fehlen einer Theologie der Sakramente, in ihrer Reduktion auf westliche Schematisierungen und Denkformen. Die Kirche ist keine Institution, sondern das neue Volk Gottes; sie ist kein religiöser

Kult, sondern eine *Liturgie*, welche die ganze Schöpfung Gottes umgreift; sie ist auch keine Lehre über die Letzten Dinge, sondern freudiger Einzug in das Reich Gottes. Sie ist das Sakrament des Friedens, das Sakrament des Heils und das Sakrament der Herrschaft Christi.

Es bleibt uns nun, diese recht unvollständigen Gedanken mit einigen kurzen Bemerkungen zum Ritus der Kommunion abzuschließen. Diese sind vor allem «technischen» Charakters und betreffen das «Kultische» im eigentlichen Sinn dieses Wortes. Der Inhalt hat in dem bereits genannten Buch von Archimandrit Kiprian (Kern) hinreichend Darstellung gefunden. Soweit es die erwähnten Mängel widerspiegelt, möchte ich sie kurz in den wichtigsten Punkten zusammenfassen.

Ein erster Mangel besteht meines Erachtens in einer überreichen *Symbolik* – nicht der Symbolik, von der wir oben als von der Sakramentalität der ganzen Schöpfung Gottes gesprochen haben, sondern im Sinne jener *allegorischen* Symbolik, die jedem Element der Liturgie einen bestimmten Sinn verleiht, es zur Vergegenwärtigung von etwas macht, das nicht mit ihm identisch ist. So führt Kiprian Kern zum abschließenden Gebet anlässlich der «Brechung des Lammes» aus: «Während der Chor das ‹Amen› singt (und er soll es langsam singen – warum?), liest der Priester, bevor er das heilige Brot, das Lamm, bricht, dieses geheime Gebet still für sich... Während dieses Gebet gesprochen wird, umgürtet sich der vor den Heiligen Pforten stehende Diakon kreuzweise mit dem Orarion. Für gewöhnlich tut er dies während des Singens des Vater unser (wer tut was und wann?).»[5] Doch stellt sich heraus, dass «nach Symeon dem neuen Theologen der Diakon mit dem Orarion gleichsam wie mit Flügeln geschmückt ist und sich in Ehrfurcht und Demut zum Empfang der Kommunion einhüllt und darin die Seraphim versinnbildlicht, die, wie es heißt, sechs Flügel haben, von denen zwei ihre Füße und zwei das

---

[5] K. Kern, *Evcharistija*, 301f.

Gesicht bedecken, und mit zweien schwingen sie sich empor zum Gesang des ‹Heilig, heilig, heilig›».[6]

Der zweite Mangel besteht im *stillen Gebet*; darin liegt der Grund, dass die überwiegende Mehrheit der Laien den eigentlichen Text der Eucharistie nicht kennen, ja ihn kaum je zu hören bekommen, so dass ihnen dieser unermessliche Schatz vorenthalten bleibt. Niemand hat je zu erklären vermocht, warum «ein auserwähltes Geschlecht, eine königliche Priesterschaft, ein heiliger Stamm, ein Volk, das zu Gottes besonderem Eigentum wurde, damit es seine Großtaten verkünde, das er aus der Finsternis in sein wunderbares Licht gerufen hat», die Gebete nicht anhören soll, die es Gott darbringt.

Der dritte Mangel besteht in der Unterscheidung von Klerus und Laien während der *Kommunion*, eine Unterscheidung mit tragischen Folgen im kirchlichen Bewusstsein, von denen schon wiederholt die Rede war.

Mängel dieser Art ließen sich noch in großer Menge anführen, doch dieses Thema bleibt ein unerklärliches *Tabu*. Weder die Hierarchie noch die Theologen scheinen davon Notiz zu nehmen. Das Thema muss aber angegangen werden, doch keinem ist es erlaubt, davon zu reden. Ich wiederhole, was ich in diesem Buch schon so oft gesagt habe: Alles was die Eucharistie betrifft, geht auch die Kirche an, und alles, was die Kirche betrifft, geht auch die Eucharistie an, so dass alles, was in der Liturgie nicht stimmt, sich auf den Glauben und das Leben der Kirche auswirkt. *«Ubi enim ecclesia, ibi et Spiritus Sanctus; et ubi Spiritus Sanctus, illic ecclesia et omnis gratia.»*[7] Und wir, «die wir Deinen heiligen Altar umstehen» (Liturgie des hl. Basilius des Großen), haben eifrig zu Gott zu beten, dass er unsere innere Schau mit der strahlenden Einfalt des allerheiligsten Sakramentes erleuchte.

---

[6] Ebd.
[7] Irenäus von Lyon, *Adv. haer.* 3, 24, 1.

8

Die göttliche Liturgie ist vollendet. Den Altar mit dem Kelch segnend ruft der Priester: «O Gott, rette Dein Volk und segne Dein Erbe!» Dann inzensiert er dreimal den Altar mit den Worten: «Erhebe Dich, o Gott, über die Himmel, und Deine Herrlichkeit über die ganze Erde.» Darauf antwortet das Volk:

Wir haben das wahre Licht geschaut!
Wir haben den himmlischen Geist empfangen!
Wir haben den wahren Glauben gefunden!
Wir beten an die unteilbare Dreiheit,
die uns erlöst hat.

Der Priester nimmt den Kelch vom Altar weg. Dann folgt die kleine Litanei, die kurze Danksagung:

Am heutigen Tag
hast Du uns Deiner himmlischen
und unsterblichen Mysterien gewürdigt.
Mach gerade unseren Weg,
stärke uns alle in Deiner Furcht,
beschütze unser Leben,
mach sicher unsere Schritte.

Und danach: «Lasst uns ziehen in Frieden!»

Alles ist klar. Alles ist einfach und hell. Solche Fülle erfüllt alles. Solche Freude durchtränkt alles. Solche Liebe strahlt durch alles hindurch. Wir stehen wieder am *Anfang*, an dem unser Aufstieg zum Tisch Christi in seinem Reich begann.

Wir brechen auf ins Leben, um unsere Berufung zu bezeugen und zu erfüllen. Jeder hat die seine, aber es gibt auch unseren gemeinsamen Dienst, unsere gemeinsame Liturgie – «zur Gemeinschaft des einen Heiligen Geistes».

«Herr, es ist gut, dass wir hier sind!»

ANHANG

ZUR ERLÄUTERUNG KIRCHENSLAWISCHER AUSDRÜCKE

AER: (griech., «Luft»; russ.: *vozduch*) die abschließende, «dritte Decke» für Patene und Kelch.

ALTARRAUM: (russ.: *altar*) der Teil des Gotteshauses, der sich hinter der Ikonostase befindet und den Altar (russ.: *prestol*, ursprünglich «Thron», auch *trapeza*, «Abendmahltisch») umgibt.

AMBON: (von griech. *anabaino*, «hinaufgehen») erhöhter Platz im Mittelschiff einer orthodoxen Kirche, von dem aus das Evangelium und die Lesungen verkündet werden.

AKATHIST: (griech.: *akathistos*; russ.: *akafist*) «nicht sitzend zu singender», umfangreicher Marienhymnus.

ANAPHORA: (von griech. *anapherein*, «emporheben», «Darbringen von Opfern») bezeichnet in der Orthodoxie v.a. den Teil der Liturgie, der Hochgebet, Einsetzungsbericht, Anamnese, Epiklese und Wandlung umfasst.

ANTIDORON: (griech., «Gegengabe»; russ.: *antidor*) von der Vormesse beim Ritus der «Schlachtung des Opferlamms», der Proskomidie, übriggebliebenes, nicht konsekriertes Brot, das am Ende der Liturgie an alle verteilt wird.

ANTIMENSION: (griech., «an des Tisches statt»; russ.: *antimins*) Altartuch aus häufig mit Seide gefüttertem reinem Leinen, das zu Beginn der Liturgie der Gläubigen entfaltet wird.

ANTIPHON: Einrahmung von Psalmen oder Psalmversen im Wechselgesang.

BEMA: (griech.: *(ana)bainein*, «(hinauf)steigen»; russ.: *vima*) (auch Solea) Stufe bzw. Stufen vor den Altarschranken; kann auch den ganzen erhöhten Altarraum bezeichnen.

CHERUBIKON: (oder Cherubim-Hymnus) feierlicher Hymnus während des Großen Einzuges.

DIPTYCHON: (griech., «das zweimal Gefaltete»; russ.: *diptich*) ursprünglich Bezeichnung für die Tafeln mit den Namen der Personen, derer im Gottesdienst gedacht werden soll; später entwickelten sich daraus die liturgischen Diptychengebete, die Großen Fürbitten in der Liturgie.

319

DISKOS: Teller, auf den das eucharistische Brot gelegt wird (Patene).

EINZUG: (russ.: *vchod*) feierliche Prozession der Zelebranten und Messdiener.

EKPHONESE: (griech.: *ekphonesis*, «lautes Sprechen») meist laut gesungener trinitarischer Gebetsschluss; kann auch die feierliche, halb gesprochene, halb gesungene Vortragsweise der Lesungen bezeichnen.

EKTENIE: (griech.: *ekteneia*, «Ausstreckung»; russ.: *ektenja*, «das Angespannt-Sein im Gebet») bestimmte Gattung des liturgischen Gebetes, die vor allem Bitten für die christliche Gemeinschaft und ihre lebenden und verstorbenen Glieder enthält und in mancher Hinsicht der katholischen Litanei entspricht. In der orthodoxen Liturgie werden drei Formen der Ektenie unterschieden: Kleine Ektenie, «Flehende» Ektenie, Bitt-Ektenie oder Große Ektenie.

EPIMANIKIEN: (griech.: *epimanikia*) manschettenartige Armbinden, die allen drei Weihegraden eigen sind.

EPITRACHELION: (russ.: *epitrachil*) Stola des Priesters oder Bischofs.

GÜRTEL: (russ.: *pojas*) dient Priestern und Bischof zur Befestigung des Sticharions.

HEILIGE PFORTE: Mitteltüren der Ikonostase.

IKONOSTASE: (griech.: *eikonostasis*; russ.: *ikonostas*) Holzgerüst oder gemauerte Wand, die architektonisch Altarraum und Kirchenschiff trennt.

KANON: Zusammenstellung von Hymnen.

KONDAKION: (griech.: *kontákion*; russ.: *kondak*) hymnisches Stück, in dem eine Zusammenfassung des Heilsmysteriums, dessen am jeweiligen Tage besonders gedacht wird, im Mittelpunkt steht.

LITIJA: Fürbittgebet, entweder in der Vesper am Sonntag oder Fürbittgebet für Verstorbene nach dem Gottesdienst.

ODE: Lobgesang.

ORARION: Stola des Diakons.

PHELONION: (russ.: *felon*, *riza*) Mantel, der dem katholischen Messgewand (Kasel) entspricht.

PROISTAMENOS: (griech., «Vorsteher»; russ.: *predstojatel*) Vorsteher der Liturgie.

PROSKOMIDIE: (griech.: *proskomidé*, «das Hinzubringen») bezeichnet die der Liturgie vorangehende Vormesse, welche die Gebetsvorbereitung und Einkleidung der Liturgen, die eigentliche Proskomidie, die Bereitung der Gaben mit der «Schlachtung des Lammes», Entlassung und Weihrauchspende umfasst.

PROSPHORE: (griech.: *prosphora*, «Darbringung», «Opfergabe») Abendmahlsbrot der Orthodoxie.

PROTHESIS: (griech., ursprünglich «Tisch der Schaubrote im Tempel») Raum hinter der Ikonostase nördlich des Altarraumes, der der Gabenbereitung (Proskomidie) dient.

SOBOR: (russ., «Versammlung») kann die gottesdienstliche Versammlung, ein Konzil wie das Kirchengebäude, die Kathedrale bezeichnen.

SOBORNAL: (von russ. *sobor*) Organisationsprinzip der russischorthodoxen Kirche, nach dem ein Konzils- oder Synodenbeschluss von allen Gläubigen angenommen werden muss, bevor er verbindlich wird.

SOBORNOST: (von russ. *sobor*) Konziliarität (s. *sobornal*), Katholizität.

STICHARION: (russ.: *stichar* oder *podriznik*) Untergewand aller Kleriker; entspricht der katholischen Albe.

SYNAXIS: (griech., «Versammlung») aus der frühen Kirche stammende Bezeichnung für den Wortgottesdienst.

TRISAGION: (griech., «Dreimalheilig»; russ.: *trisvjatoje*) das einzige griechische Gebet, das auch in der katholischen Liturgie erhalten blieb.

TROPARION: (russ.: *tropar*) Strophe oder Kurzhymnus.

TYPIKON: (griech.: *biblion typikon*, «Buch der Vorschriften»; russ.: *tipik*) im Bereich der Liturgie Sammlung der liturgischen Vorschriften und Regeln für alle Gottesdienste.

WERKE VON ALEXANDER SCHMEMANN

Great Lent: Journey to Pascha, St. Vladimir's Seminary Press
(= SVS Press), Crestwood ³1989
Dt.: *Die Große Fastenzeit, Askese und Liturgie in der Ortho-
doxen Kirche*, Veröffentlichungen des Instituts für Orthodoxe
Theologie, Bd. 2, München 1994
Franz.: *Le grand Carême: ascèse et liturgie dans l'Eglise ortho-
doxe*, Abbaye de Bellefontaine, Bégrolles-en-Mauges 1984
Niederl.: *De grote vasten*, Abdij Bethlehem, Bonheiden 1993
Russ.: *Vjelikij post*, YMCA, Paris 1981

For the Life of the World: Sacraments and Orthodoxy, SVS Press,
Crestwood ²1982
Dt.: *Aus der Freude leben: ein Glaubensbuch der orthodoxen
Christen*, Walter-Verlag, Olten, Freiburg i.Br. 1974
Franz.: *Pour la vie du monde*, Desclée, Paris 1969
Russ.: *Za zizn mira*, New York 1983

*Liturgy and Life: Christian Development Through Liturgical
Experience*, DRE, New York 1974

Of Water and the Spirit: A Liturgical Study of Baptism, SVS
Press, Crestwood 1974
Franz.: *D'eau et d'esprit: étude liturgique du baptême*, Desclée
de Brouwer, Paris 1987
Russ.: *Vodoju i duchom*, Les éditeurs réunis, Paris 1986

Introduction to Liturgical Theology, SVS Press, Crestwood ³1986
Russ.: *Vvjedenije v liturgiceskoje bogoslovije*, YMCA, Paris 1961

The Historical Road of Eastern Orthodoxy, SVS Press, Crest-
wood ²1977
Franz.: *Le chemin historique de l'orthodoxie*, YMCA, Paris 1995
Russ.: *Istoriceskij put pravoslavija*, Palomnik, Moskau 2003

*Ultimate Questions: An Anthology of Modern Russian Religious
Thought*, SVS Press, Crestwood 1977

World, Church, Mission: Reflections on Orthodoxy in the West, SVS Press, Crestwood 1979

The Eucharist: Sacrament of the Kingdom, SVS Press, Crestwood ⁴2003
Franz.: *L'Eucharistie: sacrement du Royaume*, YMCA, Paris ²2005
Russ.: *Evcharistija: Tainstvo Carstva*, YMCA, Paris 1984

Liturgy and Tradition: Theological Reflections of Alexander Schmemann, SVS Press, Crestwood 1990

Celebration of Faith, 3 Bde, SVS Press, Crestwood 1991-1995

Russian theology, 1920-1965. A bibliographical survey, Union Theological Seminary in Virginia, Richmond 1969

Sacraments and Orthodoxy. The World as Sacrament, Darton, Longman & Todd, London 1966

Holy Week: a Liturgical Explanation for the Days of Holy Week, SVS Press, Crestwood, NY 1961
Franz.: *Le mystère pascal: commentaires liturgiques*, Abbaye de Bellefontaine, Bégrolles-en-Mauges 1989

The Journals of Father Alexander Schmemann 1973-1983, SVS Press, Crestwood 2000
Dt.: *Aufzeichnungen 1973-1983*, Johannes Verlag Einsiedeln, Freiburg i.Br. 2002

Our Father, SVS Press, Crestwood 2002

O Death, Where is Thy Sting?, SVS Press, Crestwood 2003